憲法の論理
Essays on Constitutional Reasoning

長谷部恭男 著

有斐閣

憲法の文字に依りて国家の本質に関する学問上の観念を求めんとするが如きは憲法の本義を解せざるものなり。

美濃部達吉

はしがき

　本書は，2013年以降，公表された論稿に書き下ろし1篇を加えた論文集である。第1章から第8章までの論稿では，権利概念の機能，論理的推論と法的基礎付けの異同，実践的判断において実定法の果たす役割および憲法の果たす役割等が扱われている。実践的判断のありようを直接に扱う論稿も含まれる。

　憲法の諸条項の果たす役割は，道路交通法や手形・小切手法のような典型的な実定法の果たす役割とは異なっていることが多い。人はいかに生きるべきか，いかに行動すべきかを理由に基づいて判断する。実践的判断である。しかし，きわめて多くの人々の行動が相互に絡み合い，影響し合う日常の社会生活では，個々人がそれぞれ自分で判断するよりも，実定法に従う方が，効率的に採るべき行動を採ることのできることがしばしばある。道路交通法や手形・小切手法が果たしているのは，そうした役割である。明確な規定に基づいて人々の実践的判断を方向付け，簡易化する。

　憲法，中でもとりわけ基本権に関する諸条項は，そうした役割は果たしていない。実定法による人々への行動の指示は，ときに良識に反する帰結をもたらすことがある。そうしたとき，判断を簡易化するための補助手段である（補助手段にすぎない）実定法を超えて，本来の実践理性の地平へ立ち戻るよう呼びかけるのが，こうした条項の果たしている主な役割である。実定法のテキストを物神化し，いかに良識に反する結果をもたらすものであっても，明確なテキスト通りに行動すべきだと考えるのは，良識を失った人である。

　もっとも，刑法や民法など，ごく普通の実定法の定める条項の中にも，人々の行動を予め明確に枠づける役割を果たす「準則 rule」ばかりではなく，おおまかにしか行動を枠づけず，採るべき行動が現に採られたか否かの結論は事後的に定まる「原理 principle or standard」も存在する。原理の内容は裁判所によって詳細化され，判例法理として定着すれば準則に近づいていくこともある。基本権の内容が，有権解釈の積み重ねによって

実定法としての色彩を濃くしていくのと同様である。

　そうした法の限界は，第9章以下の各章でも焦点が当てられている。通常時を想定して制定された法を非常時においても法文通りに適用してよいのか，既存の法を発見し，適用しているはずの司法判断は常に遡及すべきか，人々の社会生活・政治生活を支える憲法体制（politeia）そのものが危機に瀕したとき，非常の権限は認められるのか，非常事態権限を使ってでも守るべきなのは何か等の多様な論点が扱われている。憲法の背後にあるのは，純化された実体としての人民か，約定たる憲法の基本原理か，それとも神の命ずる法か。比較不能な価値観・世界観の相剋が描かれ，検討される。

　本書を編むにあたっては，有斐閣書籍編集部の中野亜樹さんに，隅々にまで行きわたる懇切なお世話を頂戴した。ここに記して厚く御礼申し上げる。

2017 年 2 月
Y. H.

目　次

はしがき

I　法と道徳の間

第1章　権利の機能序説 ──────── 3

1　論理的導出関係と正当化の関係　3
2　権利の機能──その1：義務の正当化　8
3　権利の機能──その2：思考の体系化・簡易化　9
4　権利の機能──その3：社会生活の基本的枠組み　13
5　権利の機能──その4：実践理性へ訴えかける窓口　17
6　むすび　22

第2章　法の不整合，道徳の不整合 ──── 24
　　　　──バーナード・ウィリアムズの道徳観に寄せて

1　法秩序の矛盾・抵触　24
2　規範と理論的推論　28
3　命令相互間の推論　33
4　衝突する道徳的判断　36

第3章　憲法96条の「改正」──────── 42

1　妥当性と正当化　42
2　改正規定は自身の変更の正当性を支えることができるか　45
3　ロスの問題提起の限界　48
4　改憲要件緩和の実質的正当性　50

5 むすび 52

第4章　個人の尊厳 ──────────── 53

1 はじめに 53
2 人間の尊厳 55
3 カントにおける個人の尊厳 57
4 平等な位階と尊厳 60
5 個人の尊厳と権利の制約 66
6 むすび 70

第5章　普遍的道徳と人格形成の間 ──────── 71

1 はじめに 71
2 カントの定言命法 72
3 定言命法の空虚さ 74
4 普遍的道徳と人格の衝突──その1 78
5 普遍的道徳と人格の衝突──その2 81
6 むすび 84

第6章　嘘をつく権利？ ──────────── 85
──カントと不完全な世界

1 はじめに 85
2 なぜ嘘をついてはいけないのか──定言命法の要請 88
3 嘘をついても構わないのか──悪への対処 93
4 法と道徳の区別──対立する道徳的判断への対処 96
5 コンスタンと「密告する自由」 101
6 むすび 104

第7章　絆としてのプライバシー ─────── 105

1　はじめに　105
2　プライバシーの特性　106
3　古典的な権利　108
4　共通了解が支えるプライバシー　111
5　絆としてのプライバシー　113
6　アリストテレス後の世界とプライバシー　115
7　むすび　120

第8章　漠然性の故に有効 ─────── 122

1　徳島市公安条例事件判決　122
2　法の支配とその限界　126
3　法の権威　132
4　一般人の判断能力　135

II　憲法の限界

第9章　主権のヌキ身の常駐について ─────── 141
―― Of sovereignty, standing and denuded

1　はじめに　141
2　山岳派の機会主義的転換　142
3　93年憲法の施行停止　143
4　主権独裁と委任独裁　144
5　非常事態の法理の生成　149
6　むすび　151

第10章　非常事態の法理に関する覚書 ─────── 152

1　はじめに　152
2　エイリエス判決　153
3　ウィンケル判決　155
4　ドルおよびローラン判決　158
5　デルモット判決　160
6　非常事態での法の欠缺──アンドレ・マティオ　162
7　法治主義の否定──リュシアン・ニザール　164
8　むすび　165

第11章　モーリス・オーリウ国家論序説 ─────── 168

1　国家の法的基礎　168
2　制度とその基礎　172
3　人類の定住化と文明の発生　178
4　団体の実在性　181
5　制度の均衡の意味　184
6　渾然たる渦巻からの脱出　186
7　むすびに代えて──オーリウの霧の中へ　189

第12章　判例の遡及効の限定について ─────── 193

1　はじめに　193
2　アメリカ合衆国の事例　196
3　むすび　200

第 *13* 章　砂川事件判決における「統治行為」論 ―――― 203

1　はじめに　203
2　わが国の存立の基礎　204
3　統治行為論なのか　206
4　もう一度「わが国の存立の基礎」へ　209
5　むすび　211

第 *14* 章　大日本帝国憲法の制定 ―――――――――― 215
　　　　　――君主制原理の生成と展開

1　君主制原理の生成と展開　215
2　大日本帝国憲法の基本原理　219
3　君主制原理の諸帰結と日本国憲法　224

初出一覧　229

事項索引　231

I　法と道徳の間

第 *1* 章

権利の機能序説

　本章は，近代以降の社会における権利概念のいくつかの機能について検討する。前提問題として冒頭で，権利に関する複数の言明間の論理的導出の関係と正当化の関係との異同を扱う。

1　論理的導出関係と正当化の関係

　2つ以上の言明について，一方（A）から他方（B）が論理的に導出される関係にあることと，一方（A）が他方（B）を正当化する（基礎付ける）関係にあることとは，混同されがちではあるが，区別する必要がある。次の2つの言明を考えてみよう。

　　A：達吉は小石川5丁目の土地をすべて所有している。
　　B：達吉は小石川5丁目8番の土地を所有している。

BはAから論理的に導出される。Aが真であればBもすべからく真である。しかし，AはBを正当化してはいない。実際には，Aは次のような一連の言明の連言である。

　　C：達吉は小石川5丁目1番の土地を所有している。
　　D：達吉は小石川5丁目2番の土地を所有している。
　　E：達吉は小石川5丁目3番の土地を所有している。
　　……

　これら一連の言明を「かつ」でつないだ言明は，「達吉は小石川5丁目の土地をすべて所有している」という言明Aと等値である[1]。したがって，BはAから論理的に導出される。しかし，AがBを正当化して（基礎付けて）いるわ

けではない。Bを正当化する言明は，たとえば，

　　P：達吉は小石川5丁目8番の土地をその父親からX年X月に相続した。

というものであろう。そして，小石川5丁目の他の区番，たとえば小石川5丁目1番の土地を達吉が所有している根拠は，父親からの相続ではなく前主からの購入かも知れない。言明Pが言明Bを正当化するのは，Pが真であり，か・つ・，Pが他の関連する言明とあわせて，Bが真であると信ずるに足る理由と・な・る・からである (Raz 2001: p. 261)。PがBを正当化するには，Pは真でなければならない。AからBが論理的に導出されるとき，Aが真である必要はない。

　さて，Pは，他にその内容を打ち消す（阻却する）言明が成り立つとき，たとえば，

　　Q：達吉は小石川5丁目8番の土地を父親から相続した翌年に，第三者に
　　　売却した。

という言明が真であるときは，Bを基礎付けることはない。正当化（基礎付け）の関係は，打ち消されることがあり得る[2]。論理的導出関係は，打ち消されることはない。

　同様の事態は，表現の自由についてもあてはまる。表現の自由という概念はいろいろに解釈できる。いま仮に，表現の自由を以下のように定義してみよう。

---

[1]　東京都文京区小石川5丁目は本章が執筆された2013年9月現在，1番から41番までで構成されている。番地を単位に言明を立てるとすると，Aは41個の言明の連言と等値である。

[2]　正当化の関係を打ち消す根拠，裏側から言うと，前提とともに結論を信ずる理由を提供する「関連する言明」が何かを，予め完全に枚挙して示すことは困難であるし，たとえ可能であるとしても完全な枚挙にさしたる実用性があるとは考えにくい。第5節（注23-24に対応する本文）で述べるように，具体的状況における実践的判断は時，所に関わらない永遠の真実の認識とは異なる。他方，2つの言明の間の論理的導出関係の有無は時，所に関わらない永遠の真実であり，打ち消されることはない。「BかつCならばBである（$B \land C \supset B$）」は恒真式（tautology）であり，BおよびCの内容にかかわらず常に真である。もっとも法学上の論議では，こうした厳密な意味を外れた曖昧模糊とした意味で「トートロジー」ということばが使われる例もしばしば見受けられる。

表現の自由とは，政治的表現，芸術的表現，わいせつ表現及び営利的表現の自由をいう。

話を単純化するために，政治的表現，芸術的表現，わいせつ表現，営利的表現は，内容が互いに重なり合わないものと仮定する。このとき，

　　ア：「達吉は表現の自由を有する」

という言明からは，

　　イ：「達吉は政治的表現の自由を有する」
　　ウ：「達吉は芸術的表現の自由を有する」
　　エ：「達吉はわいせつ表現の自由を有する」
　　オ：「達吉は営利的表現の自由を有する」

という4つの言明が論理的に導出される。しかし，言明**ア**は，言明**イ**，**ウ**，**エ**，**オ**を正当化しているとは必ずしも言えない。政治的表現の自由の正当化根拠は営利的表現の自由の正当化根拠とは異なるものであろう。他の自由についても同様である[3]。かりに，政治的表現，芸術的表現，わいせつ表現，営利的表現のそれぞれについて自由の保障に正当化根拠のあることが論証されれば，その結果として，言明**ア**が基礎付けられるのであって，その逆ではない。

　ちなみに，現在の標準的な法理によれば，**イ**，**ウ**，**オ**は正当化され得るが，**エ**は正当化されない。わいせつ表現は表現の自由の保護範囲に含まれない。このことは，わいせつ表現を行うことはおよそ正当化され得ないという法律家集団および社会一般の通念を反映している。したがって，「表現の自由」が上記

---

[3] 権利の正当化根拠となる利益は，権利主体の利益には限られない。政治的表現の自由を基礎付ける利益としては，国民一般の利益が強調されることが多い。もちろん，表現活動を行う権利主体の利益が無視ないし軽視されるわけではないが，主体による権利の行使を通じて，国民一般の利益が実現されることが期待されるからこそ，この権利は手厚い保護に値すると考えられている。このことは，情報へのアクセスや取材源と秘匿等の点で一般市民には認められない特権を付与されるマスメディアの表現の自由について，とくにあてはまる。この点については，たとえば Raz 1986: pp. 179-80, 253 & 256 および Raz 2001: p. 55 参照。他方で権利は，各人の平等な地位を根拠として正当化されることもある。こうした権利観念は，ある人の利益を引き下げることを正当化することもあり得る。この点については，Kamm 2002: pp. 485-86 参照。

のように定義される限りでは，**ア**が全面的に正当化されることはない。

　ここでも，論理的導出関係と正当化の関係を区別することが重要である。憲法上，表現の自由が保障されていることから，たとえば，営利的表現の自由が憲法上も保障されていることが正当化されるとは必ずしも言えない。表現の自由一般は正当化根拠を異にする複数の表現の自由から構成されているからである[4]。

　また，一般論として国民にある権利が保障されていることが正当化されるとしても，必ずしも個々の国民にその権利が保障されることが正当化されるとは限らない。一般論を打ち消す別の言明が成立するかも知れないからである。たとえば，一般論として国民には国政選挙に際して投票の権利が保障されることが正当化されるとしても，具体的国民である達吉は選挙犯罪のために，一定時点では投票の権利が否定されるかも知れない。

　もちろん，2つ以上の権利概念について，正当化の関係が成り立たないわけではない。たとえば，「達吉は政治的表現の自由を有する」という言明は，「達吉は共産党の政策を批判する自由を有する」という言明を正当化するのに役立つ。また，「達吉には一般的な行動の自由がある」という言明は，「達吉には自分の鼻の頭を掻く自由がある」という言明を正当化し得る。これらの事例においては，2つの言明の間には論理的導出の関係と正当化の関係の双方が成り立っている。論理的導出の関係が成り立つのは，政治的表現の自由は共産党の政策を批判する自由を概念上含むからであり，正当化の関係が成り立つのは，政治的表現の自由を正当化する議論は，共産党の政策を批判する自由を正当化する議論としてそのまま応用可能だからである。

　最後に，道徳的な正当化，つまり一般的な実践的正当化と法的な正当化との区別に触れておきたい。「Aが法である」ことと「Aが正当化される」ことは，そこで言う「正当化」が一般的な道徳レベルのものであれば，異なる。実定法の内容を記述する言明Aが，その内容から見て道徳的に正当化されないこと

---

[4] もちろん，表現の自由を単一の正当化根拠に基づく単一の構成要素，たとえば政治的表現の自由のみをその内容とするものと措定してしまえば，達吉の表現の自由について，論理的導出関係と正当化の関係を本文で述べたように区別する実際上の必要はなくなる。しかし，これは極端な理解であって，各国の既存の判例法理とにわかには整合しない。

はあり得る。上述の例で言えば，達吉が極悪非道の金の亡者であって，小石川5丁目のすべての土地を所有するなど言語道断であり，「正義の味方」が彼の土地を侵奪することは，それが社会公共の安全にもたらす混乱等の不利益を勘案したとしても，結論としては正しいことかも知れない。もっとも，法律家のディスコースにおいて，こうした形で実定法と道徳との乖離が意識されることは例外的である。

他方，道徳と一応切り離された「法的な正当化」を観念することもできる。これは，実定法の内容を記述する言明 A が正当であることを前提としつつ，A によって他の言明 B が（部分的に）正当化されることを指す[5]。たとえば，窃盗罪の規定の存在とその内容の正当性を前提としつつ，X が窃盗犯であるとの事実とともに，X を窃盗犯として処罰することを正当化することが，これにあたる。

法の解釈適用にあたる裁判官等の公務員が行うこうした議論は「法学的三段論法」と言われ，論理的推論であるかのように扱われることがあるが，その本来の機能は結論たる具体的規範（X は窃盗犯として懲役刑に処せられるべし）の部分的な正当化であり，したがって，何らかの阻却事由の存在によって打ち消されることがある。前提たる法言明の正当性を前提とする法的正当化が，憲法上の権利条項を通じて打ち消され得ることについては，第5節で説明する。

法的正当化は，一般的な道徳的議論とは隔離された形で，結論たる規範的言明を正当化することにその主たる機能がある。実定法の体系は，権威（authority）の体系である[6]。人によって相互に対立・衝突する道徳的判断がなされるおそれのある事項については，実定法の指令を権威として受容することで各自

5/ 言明「A が法である」が真であることを前提として「B が法である」ことを論理的に導出することが法的正当化なのではない。法の内容をなす A の道徳的正当性を前提としつつ，B 自体の道徳的正当性を（部分的に）示すことが法的正当化である（Raz 2001: p. 263）。少なくとも裁判官等の公務員は，実定法の内容が道徳的に正当であるとの立場にコミットしつつ議論を展開するものである（Raz 2001: p. 270）。

6/ Raz 2001: p. 260. ラズの権威の観念については，後掲注 **16** 参照。実定法の体系が権威の体系であることは，裁判所を典型とする法適用機関が法的正当化以外の議論で具体的結論を正当化することがないことを意味しない。第5節で述べるように，裁判所は憲法上の権利条項を利用する場合だけではなく，実定法が十分な理由付けを与えない具体的結論を道徳的な正当化に頼って正当化することがしばしばある。裁判官は法だけではなく，良心によっても拘束される。

の道徳的判断に基づく行動を抑制し，実定法の指令に従って行動することに十分な理由のあることが少なくない。こうした法的正当化の論理が近代社会において果たす役割については，第4節で説明する。

2 権利の機能——その1：義務の正当化

権利は義務と対応すると言われる。「健康への権利」や「文化への権利」等の，より良い暮らしへの願望を標語化したにとどまるかに見える抽象的な「権利」は別として，少なくとも実定法制度上も認定された具体的権利であれば，義務と対応していることが通常であろう[7]。問題はここで言う「対応する correlate」の意味である[8]。

「XがOに関して権利を有する」という言明は，X以外の者であるYが，XのOに関する権利を侵害してはならない義務をXに対して負うことと対応するように見える。たとえば，達吉が小石川5丁目8番の土地を所有しているのであれば，俊義は達吉に無断でその土地に侵入しない義務を達吉に対して負うことが通常であろう[9]。これは，論理的導出の関係ではない。緊急避難や正当防衛などの理由に基づいて，達吉が所有する土地に，達吉の許可なく俊義が侵入することができる場合もある。「達吉は小石川5丁目8番の土地を所有して

---

[7] 義務と正確に対応しない権利が存在しないわけではない。後出第4節で描かれる人々の社会生活を可能とするため，各人が自由に行動し得る領域を平等に確保する法秩序は，複数人の権利が競合的に存在する事態を含み得る。たとえば，道端に生えるタンポポの花を摘み取るAの権利は，同じタンポポの花を摘み取るBの権利と同時に存在し，両者は競合関係に立つ。この場合，Aの権利は，同じタンポポの花を摘み取ることを控えるべきBの義務とは対応しない。もっとも，Aの権利を阻害するために，BがAに危害を加えたり脅迫したりすることは認められておらず，そうした行動を差し控えるべき義務はBにある（Hart 1955: p. 179; Raz 2001: p. 275）。

他方，あらゆる義務に権利が対応するわけではない。良好な環境を実現する義務を政府が負っているからと言って，それを政府に要求する権利が誰か特定の個人・団体にあることが当然に帰結するわけでも，また，当然に正当化されるわけでもない。さらに，動物を虐待すべきでない義務を万人が負うことは，動物の側に対応する権利があることを正当化するわけではない。

[8] 権利を構成する諸要素および義務の相互の対応関係については，Hohfeld 1964 参照。ただし，Raz 1980: pp. 179-81 での批判を考慮に入れる必要がある。

[9] 一般的に言えば，権利は，他者を義務付ける十分な理由（sufficient reason）となる（Raz 1986: pp. 183-84）。しかし，この関係は打ち消されることもあるため，権利は結論として他者を義務付ける理由（conclusive reason）にはならないことも少なくない（Raz 2001: p. 262）。つまり，権利は義務を正当化する部分的な理由（partial reason）にとどまる。

いる」という言明から，「俊義は達吉の許可なしには，小石川5丁目8番の土地に侵入しない義務を負う」という言明が論理的に帰結することはない。つまり，権利が義務と対応すると言われるときに意味されているのは，権利に関わる言明が，原則として，義務に関わる言明を正当化するということである[10]。正当化の関係であるため，それを打ち消す別の言明が成立する場合には，義務に関わる言明は，結論としては，正当化されない。

　別の例を挙げると，「達吉は表現の自由を享有する」という言明は，「政府は達吉の表現の自由を侵害してはならない義務を達吉に対して負う」という言明と対応する。前者は後者を原則として正当化する。しかし，ときには政府が達吉の表現の自由を侵害（制約）することが正当化されることもある。標準的な法理によると，内容中立規制の場合は中間審査の基準に適う政府の制約であれば，また，内容に基づく規制の場合は厳格審査の基準に適う政府の制約であれば，正当化が可能である。したがって，「達吉は表現の自由を享有する」という言明から，「政府は達吉の表現の自由を侵害しない義務を負う」という一般的言明が論理的に帰結することはない。せいぜい，後者の言明が前者の言明によって原則的に正当化されるにとどまる。

　ここでも，論理的導出の関係と正当化の関係とを区別することが肝要となる。

3　権利の機能——その2：思考の体系化・簡易化

　権利概念については，それが外界の事物と対応するものではないことが古くから指摘されてきた。アルフ・ロスは，南太平洋の島に住む人々のタブーに関する言動の類比で，この事態を説明する（Ross 1957）。ロスによると，ノイト・シフ族（Noît-cif tribe）の間では，何らかのタブーが犯されたとき，たとえばある男がその義理の母親と会ったとき，自分のトーテム動物を殺傷したとき，あるいは首長のために用意された食事を食べてしまったとき，テュテュ（tû-tû）という事態が生ずる。タブーを犯した本人もやはりテュテュとなる。

10/　Cf. Raz 1986: pp. 166 & 170. 別の言い方をするならば，権利に関する言明は（それが真であれば），他の関連する言明とあわせて，義務に関する言明が真であると信ずるに足りる理由となる。

テュテュが何かを説明することは困難であるが、それはタブーを犯した者に降りかかる危険な力または感染物を意味するかのようであり、テュテュとなった者は、特定の清めの儀式に服さねばならない。

テュテュという概念自体がナンセンスであることは明らかで、それは何物をも指示していない。それにもかかわらず、テュテュはノイト・シフ族の日常生活において一定の機能を果たしている。テュテュが用いられる言明は、たとえば次のようなものである (Ross 1957: p. 813)。

(1) ある者が首長の食事を食べたなら、彼はテュテュとなる。
(2) テュテュとなった者は、清めの儀式に服さねばならない。

これら2つの言明に現れる「テュテュ」は、何物をも指示していない。それは、次のように消去可能である。

(3) ある者が首長の食事を食べたなら、彼は清めの儀式に服さねばならない。

言明(3)は、これだけで完璧に意味をなす言明であり、神秘性も帯びていない。それでも、テュテュという言及対象の欠けた概念を含む言明が意味をなさないわけではない。「Xはテュテュである」という言明は、彼が首長の食事を食べたか、自分の義理の母親に会ったか、あるいは自分のトーテム動物を殺傷した等、特定の類型の状況下に置かれたこと、そして、当該社会の規範によると、Xは清めの儀式に服さない限り、部族の他の人々による批判的な言動の対象となるであろうことを意味している。

したがって、テュテュが何を指示しているかは全く不明であるにもかかわらず、「Xがテュテュである」という言明の真偽は、Xが特定の類型の状況下に置かれたか否か、あるいは、Xが清めの儀式に服すべきこととなっているか否かを知ることで判別することができる。テュテュという概念自体は何物をも指し示していないが、テュテュを含む言明は、特定の事態に言及しており、また一定の規範的機能を果たしている (Ross 1957: pp. 814-15)。

前述したように、テュテュという概念を用いることなく、同一の事態に言及し、また、同一の規範的評価を加えることは可能である。「自分のトーテム動

物を殺傷した者はテュテュとなる。そして，テュテュとなった者は清めの儀式に服すべきである」，と言う代わりに，「自分のトーテム動物を殺傷した者は清めの儀式に服すべきである」，と述べても意味内容が変わるわけではない。しかし，特定の類型の状況を一括してテュテュと呼び，それについて一定の規範的評価を加えることで，ノイト・シフ族の人々は，統一的・整合的規範体系を念頭に置きつつ日々の暮らしを送ることができる。首長の食事，トーテム動物の殺傷，義理の母との出会いなど，個別の類型ごとに雑多な規範を意識するよりも，はるかに簡便であり，判断と行動の整理に役立つ。

そしてロスは，権利という概念も，テュテュと同じく，外界に指示対象を持たないにもかかわらず，それを含む言明は一定の規範的事態を記述することができ[11]，しかも，権利概念が人々の規範的思考を体系化し，簡易化する機能を果たしていることを指摘する。彼が例として挙げるのは，所有権（ownership）である（Ross 1957: pp. 817-21, Ross 1974: pp. 170-75, cf. Raz 1980: p. 181）。所有権に関する言明は，たとえば，以下のように個別に記述していくことが可能である。

　　ある者が合法的にある物を売買によって入手したならば，彼は，占有する他者からその物を回復する旨の判決を得ることができる。
　　ある者がある物を相続したならば，その物を毀損した他者に裁判所を通じて損害の賠償を請求することができる。
　　ある者が時効によってある物を取得したならば，彼の債権者は履行遅滞に陥った金銭債務について，その物を含めた彼の責任財産から弁済を受けることができる。
　　……

しかし，このように個別の状況に応じてその帰結を述べる言明を1つ1つ集積していくことは，きわめて煩雑であり，非効率きわまりない。これら多様な言明は，いずれも特定の類型の状況下にある者について，それぞれ特定の法的帰

11/　権利や義務という概念が，概念自体として外界に言及対象を有しないにもかかわらず，それを含む言明は有意味であり得ることは，ジェレミー・ベンサムがつとに指摘していた（Bentham 1988: p. 108, note b）。実定法上の権利・義務に関する限り，政府機関のサンクションの行使を通じて，実在の感覚である快楽または苦痛に関する言明に還元可能だからである。

結が妥当することを述べている。これらの種々様々な言明は，所有権という概念を介在させることで，簡便に整理することができる。つまり，いかなる状況である者がテュテュとなるかを描く言明と同様に，一方で，

> F_1：合法的にある物を売買で入手した者は，その所有権者である。
> F_2：ある物を相続した者は，その所有権者である。
> F_3：時効によってある物を取得した者は，その所有権者である。
> ……

という，いかなる場合に誰が所有権者となるかを確定する一連の言明を想定することができるとともに，他方で，

> C_1：ある物の所有権者は，それを占有する他者からその物を回復することができる。
> C_2：ある物の所有権者は，それを毀損した他者に損害の賠償を請求することができる。
> C_3：ある物の所有権者は，他者に対して負う金銭債務の履行を遅滞したとき，その物を含めた彼の財産から債務を弁済しなければならない。
> ……

という所有権者であることの法的帰結を述べる一連の言明を想定できる。これらの言明における「所有権」なる概念もテュテュと同様，外界の何かと対応しているわけではない。しかし，所有権という概念を含む言明は，外界の一定の規範的事態とその法的帰結を記述することができる。さらに，所有権という概念を用いることで，人々は法的思考を体系化し，はるかに簡便にすることができる。たとえば，$F_1 \Rightarrow C_1$ $F_2 \Rightarrow C_2$ $F_3 \Rightarrow C_3$ だけではなく，$F_1 \Rightarrow C_2$ $F_1 \Rightarrow C_3$ $F_2 \Rightarrow C_1$ $F_2 \Rightarrow C_3$ $F_3 \Rightarrow C_1$ $F_3 \Rightarrow C_2$ などの規範的言明も所有権概念を媒介として，統一的に観念することが可能となる[12]。

ロスは，所有権をはじめとする権利だけではなく，「請求 claim」という概

---

[12] これらの $F_n \Rightarrow C_n$ の各言明は正当化の関係を示す。したがって，何らかの事情によって法的帰結（C_n）は打ち消されることがある。

念や，国際法上の「領土 territory」という概念も，やはりそれ自体として外界に対応物が存在するわけではなく，これらの概念を含む言明によって法的事態を記述し，思考の体系化・簡易化をはかるための道具であることを指摘する（Ross 1957: p. 821）。

所有権に見られるような法的思考の体系化・簡易化という権利概念の機能は，実定法上の概念として成熟した権利について典型的にあてはまる[13]。これに対して，「健康への権利」，「文化への権利」など，いかなる状況下においてどのような法的帰結をもたらすかが判然としない，きわめて抽象的な権利は，思考の体系化にも簡易化にも役立たないであろう。体系化・簡易化されるべき対象となる法的言明が，実定法上，確立していないからである。こうした抽象的な権利概念については，非現実的な理想を掲げるもので，現実の社会紛争の解決に役立たないばかりか，人々の思考を惑わし，混乱させるとのミシェル・ヴィレイの批判があてはまりそうである[14]。

4　権利の機能——その3：社会生活の基本的枠組み

抽象的な権利と異なり，具体的な義務と対応した権利の体系は，現実の社会紛争の解決に役立つばかりではない。それは，多様な価値観の対立・相剋するこの世で安定した社会生活を可能とする基本的な枠組みとなる。カントによれば，国家の創出する客観的法秩序は，各人が自律的に活動できる範囲を共通の社会生活の枠組みとして一律に設定する点に意味がある。各自の権利の範囲内では，各自は自らの生き方を自分で判断し，自由にそれを生きる。宗教戦争後の，人々の価値観が激しく衝突する社会で，各人の自由な判断と行動の余地を平等に，しかも相互に両立するように保障することが，法秩序の目的である（カント 2000：10-11頁［A22］；長谷部 2013：第4章）。こうしたカントの思考様式を典型的に示すのは，『人倫の形而上学』の次の一節である[15]。

---

[13]/　道徳上の権利であっても，それが社会規範として確立している場合には同様である。
[14]/　Villey, 2002: pp. 162-63; Villey 2003: p. 248; Villey, 2008: chapitre I. ヴィレイは権利概念一般がこうした瑕疵を帯びると主張するが，これは言い過ぎであろう。この点については，長谷部 2013：第3章第4節参照。
[15]/　カント 2002：153頁［A312］（訳に忠実には従っていない）。この引用部分にも表れているように，各人の自律的な判断と行動の余地を平等に確保する客観秩序は，第一義的には相互の侵害を

人間は暴力行為を，また権力による外的立法がないかぎり互いに攻撃しあう悪意を，格率にしている。経験がそれをわれわれに教えている。しかしそうした経験や事実が，公的な法による強制を必然的にしているのではない。人間をたとえどのように善良で正義を愛するものと考えようとも，そうした法のない状態という理性の理念にアプリオリに含まれるのは，公的な法の存在する状態（法的状態）が確立されない限り，暴力行為に対して個々の人間や人民や国家は互いにけっして安全ではありえないということであり，しかもそうした事態は，だれもが自分にとって正しくかつ善いと思われることを行い，この点で他の人の意見に左右されないという，だれもがもつ固有の権利に由来するということである。

たとえ人々が主観的にはいかに善良で正義を愛する存在であろうとも，多様で比較不能な価値観が激しくせめぎ合う近代以降の世界では，自己の道徳的判断を各自に思いのままに実行させたのではこの世の安全は保障されない。そのため，すべての市民に共通する客観的法を単一の立法者が定立し，強制的に妥当させることで，自律的に判断し行動する余地をすべての市民に平等に保障することが必要となる。裏返して言えば，客観法の定める事項については，市民は各自の道徳的判断に基づく行動を差し控え，法の定めに従う必要がある。つまり，法は権威として機能し[16]，その権威の下で各人の尊厳が平等に確保される。

客観的法秩序が定立された法的状態以前の自然状態においても，人々は自然法に則って正当に財産を取得し，それを使用し，処分することはできるはずである。しかし，自然状態の下においては，そうした財産の保有や使用・処分は決して安全ではない。法に基づいて生きることがそもそも可能となるためには，人々は自然状態を去って，他のすべての人々とともに客観的法秩序の下で

抑止する義務の秩序として立ち現れる。しかし，この義務は侵害しないよう要求する相手の権利によって正当化されている。

[16]/ ここで言う「権威 authority」の観念については，Raz 1985 参照。簡単にまとめると，権威に関するラズの説明は次のようなものである。人はいかに行動するかを自ら判断するものであるが，ときには人は自らの判断を脇に置いて，権威の指示に従って行動することがある。なぜそうするかと言えば，それは自分の判断よりも権威に従って行動する方が，本来自分がとるべき行動をよりよくとることができるからである。法が権威として受け取られる場面での法の機能も同様に説明することができる。

生きる状態に入る必要がある[17]。

このように，カントが主に想定していた客観的権利は，市民相互間の関係を規律する私法上の権利である。この想定は，サヴィニーに受け継がれる。『現代ローマ法体系』におけるサヴィニーの次の言明は，カントの法観念と正確に対応している[18]。

> 外界のただ中にある人間にとって，この環境における最も重要な要素は，本性と規定によって自分と同等である者たちとの接触である。ところで，自由な存在者たちが，この接触において，互いに妨げることなく，助け合いつつ発展し，共存すべきだとすれば，それは，目に見えない境界線（Gränze）を承認し，その境界内で各個の存在と実効性が確実で自由な空間（Raum）を獲得することによってのみ可能である。そうした境界線を定め，それによってこの自由な空間を定める規則，それが法である。……こうした法規の定めによってこそ，各人の意思が他のいかなる意思にも依存することなく支配すべき範囲が，個人の意思に割り当てられる。

こうしたカント的な思考様式は，国家（公権力）との関係で各市民に保障される権利についても，延長することが可能である[19]。多様で比較不能な価値観が並存する状況の中で，それにもかかわらず人々が人間らしい社会生活を営むことができるよう，その便益とコストを公平に分かち合うための仕組みを構築す

---

[17] 客観的法秩序は国家による刑罰権限の執行により実効性を確保する。カントは厳密な応報刑論者であり，刑罰がもたらす効果を勘案して刑罰の類別や量を決めることに断固反対したが（カント 2002：179頁［A 332］），実定法に基づく刑罰システムが一般的な抑止効を副次的効果としてもたらすことを前提として議論を進めている（Potter 2009: pp. 183-84）。

[18] Savigny 1981: pp. 331-33；邦訳297-98頁（訳に忠実には従っていない）。もっとも，サヴィニーにとって，立法による法形成は補充的なものでしかなかった。この点については，Thomas 1984: pp. 26-27参照。サヴィニーとカントの関連については，ヴィーアッカー 1961：466頁および Jouanjan 2005: p. 169をも参照。「境界線」や「自由な空間」ということばからは，主として所有権が想起されるであろうが，F. A. ハイエクが指摘するように，契約に基づく権利のネットワークもまた，所有権と同様に重要な「保護された空間 our own protected sphere」を構成する（Hayek 1960: pp. 140-41）。

[19] 法律の規定を待ってはじめて各人の自由な行動の範囲が定まるという論理を純粋に貫くならば，そうした法を制定する国家にも対抗し得る人権あるいは基本権という観念は存立する余地はないとの見方も可能ではある（Troper 2005の描くフランス共和制の理念がそれである）。しかし，それは論理必然の結論ではないし，人々の自由を適切に保障する上で最適の立場とも言えないであろう。

ることが，近代立憲主義の根本的な企図である。

　その一環として，たとえば表現の自由が各人に保障されるべきだとすれば，それはすべての市民に平等に，しかも社会公共の利益の維持・実現や各市民の保有する他の権利の十分な享受との調整が可能な範囲で保障されるべきものであろう。各人がその奉ずる価値観に従って自由に行動し，生きる私的空間を確保すると同時に，社会公共の利益を実現するための公的空間での理性的な審議と決定を促進するために，憲法上の諸権利は保障されている。各人の思想や価値観の如何を問うことなく，権利として保護された範囲での活動であるか否か，そしてそれへの制約・侵害が公共の利益に基づいて正当化されるか否かのみを問い，各人の自律的な判断と行動の範囲を平等に確保する。各人に保障された空間の中における，各人の選択と行動については，法は無関心（irrelevant）である。同様のことは，精神的自由，経済的自由など，他の古典的権利についても当てはまるはずである[20]。

　第3節で指摘した権利概念の体系化・簡易化の機能と，本節で指摘した，多様な価値観が対立・相剋する世界における社会生活の枠組みを構成する機能とは，密接に関連している。ある権利はさまざまな考慮，さまざまな利益によって基礎付けられ得る。第1節で指摘したように，表現の自由は，多様な正当化根拠によって基礎付けられた多様な要素によって構成されている。権利に関する言明は，究極的な正当化根拠と個別具体の法的結論とを連結する中間概念である。こうした中間概念を用いることで，人々は少なくともイージー・ケースについては，各人にとっての究極的な正当化根拠に一々遡ることなく，共有可能な結論に到達することができる（Raz 1986: p. 181）。権利概念を用いることは，人々の思考を簡易化し，社会生活を安定化させる。人々に共有された，各自に確保された自由な空間という中間概念を用いることで，人々は，各自に確保された空間の内部で自由に生きることができる。そこでの判断や行動について，他者に申し開きをする責任（accountability）はない。それが，多様な価値観に基づく多様な生き方を共存させることにつながる。

---

[20] つまり，こうした古典的自由権による公私区分の正当化根拠は，各権利主体の利益には限られていない。各権利主体の自由な活動の保護を通じて，多様な価値や生き方に対して寛容な，公正で開かれた社会が形成され，維持されることも各権利の正当性を基礎付けている。

5 権利の機能——その4：実践理性へ訴えかける窓口

　私法上の権利と憲法上の権利との間には違いもある。私法上の権利と異なり，憲法上の権利は，一般的には，各人の日常的な生活空間を国家（公権力）との関係で直接に画定するわけではない。それを画定するのは，法律以下の実定法である[21]。

　しかし，そうした実定法自体の内容も，また，実定法に基づく個別の公権力の発動も，憲法上の権利を不当に侵害するものであってはならない。社会全体の利益を正当化理由とするものであるとしても，法制度を通じて市民に要求し得ることには限度がある。カントの指摘するように，実定法秩序の設営を通じて，はじめて個人の自由が具体化されるのは確かであるが，しかし，いかなる内容の実定法秩序であっても設営さえされれば善いわけではない[22]。憲法の与える保護は，保護された範囲において，実定法に基づく規範的要請を排除することを行為主体に対して，そして紛争を解決する司法機関に対して，許容している。

　ここで問題となるのは，実定法と憲法との機能上の差異である。両者の差異は，本節末尾で後述するように程度の違いではあるが，それでも差異はある。第4節で見たように，実定法秩序の機能はまず，共通の社会生活の枠組みを提示することを通じて，各人に自由に判断し，行動し得る余地を平等に確保することにある。その前提となっている認識は，近代以降の社会においては，多様な価値観の対立・相剋のため，人はいかに生きるべきかに関する共通了解が失われたというものである。だからこそ，いかなる価値観を奉じようとも遵守すべき客観的法秩序を定立し，客観法が許す範囲では，すべての人に自由に生き

---

[21]／ 法律の各規定がつねに権利・義務を直接に確定しているわけではない。法律の規定の中には，その法律の適用範囲を画定する規定（例：刑法3条）や概念を定義する規定（例：民法85条）がある。これらは，それ自体としては人の権利・義務を定めるものではなく，権利・義務を定める規範である他の諸規定と協働することではじめて人の権利・義務を確定する役割を果たす。

[22]／ カント自身は，何はともあれ，何らかの客観的実定法秩序が設定され，すべての人がそれに従うことが肝要であると考えていた節がある。この点については，長谷部 2013：68頁参照。また，前掲注*19*をも参照。もちろん，個別の権利の保障の範囲や程度については，国ごとに違いがある。すべての社会が全く同一の権利保障の体系を実施しなければならないわけではない。その限りでは，カントの観察はなお妥当する。

ることを認める必要がある。

　客観法は，一般的な要件と効果とを結びつける形で構成される。そうした客観法が妥当することで，法的問題への回答は標準化され，簡易化される。とはいえ，立法者の設定した客観法の内容を個別の事案に適用した具体的結果が，いかにも常軌を逸しているという場合もあり得よう。医学との類比が可能である。ある病名の患者に対して，一般的には効果的とされる医薬品であっても，個別の患者の体質や合併症等によっては，むしろ治癒を期待できず，病状を悪化させることもあり得る。時，所に関わらない永遠の真実の認識であるエピステーメー（epistēmē）と，具体の状況における個別の行為の善悪に関わる判断であるフロネーシス（phronēsis）とは異なる[23]。フロネーシスに関して客観法にこだわることの弊害は，つとにアリストテレスが[24]，さらにはプラトンが（プラトン 1976：316-17 頁 [294B]），指摘した点である。どのように対処すれば善いであろうか。

　憲法が提示する解決案は，憲法の条項を利用して，法秩序外の実践理性を呼び出し，面前の事案への実定法の適用を排除する途である[25]。憲法，とくにその基本権条項は，法の支配の要請に従う理路整然とした実定法の適用を通じては適切な事案の解決を得ることができないとき，法外の道徳的思考に訴えかけるための窓口となる。別の言い方をするならば，立法府が法律を制定するときも，それ相応の理由がなければ，法外の実践理性の働きを制約することができない。憲法上の権利は，人としての実践理性の働きに立法府がどこまで介入し，それを変更し得るかの限界を定めていることになる。さらに言い換えるな

---

[23]/ アリストテレス 1971：234 頁 [6 巻 8 章, 1142a]。フロネーシスは英語では prudence と訳される。フロネーシスのこうした性格を反映して，「その場かぎりの仕方で語ることを数学者にゆるすことが不可ならば，弁論家に厳密な『論証』を要求するのも明らかに同じようにあやまっている」（アリストテレス 1971：18-19 頁 [1094b]）。

[24]/ アリストテレス 1971：209 頁 [5 巻 10 章, 1137b]。アリストテレスはそこで，法準則の画一的適用から生まれる不正をただす衡平の必要性について語る。同じ趣旨は『学説彙纂』でも（D. 50. 17. 1），またトマス・アクィナスによっても繰り返されている（*Summa Theologiae*, Prima Secundae, Qu. 96, Art. 6, concl.）。

[25]/ ジョゼフ・ラズの言う，憲法上の権利による排除の許容（exclusionary permission）である。憲法上の権利の援用を通じて，実定法の権威主張を排除し，一般的な実践理性の地平に立ち戻って何が衡平を得た正しい行動かを判断する余地が認められる。この考え方については，差し当たり，長谷部 2016：113-15 頁参照。

らば，基本権条項は，それ自体が権威として機能するわけではなく，実定法の権威としての機能を解除する役割を果たす[26]。

このとき，基本権条項は，国際私法のルールとパラレルな役割を果たしている（Raz 2009: pp. 193-98）。国際私法のルールに従って，外国法が適用されて事案が解決されるとき，その外国法は国内法となるわけではない。同様に，基本権条項を窓口として法外の道徳が呼び出され[27]，それに基づいて事案が解決されるときも，道徳が国内法となるわけではない。道徳は裁判官の思考を支配するが，それは裁判官も人間だからである。アンドレイ・マルモアが言うように（Marmor 2011: p. 114），裁判官職は人間であることからの有給休暇を意味しない。一般の実践理性の要請，言い換えれば裁判官の「良心」は実定法として認定されるわけではない。

基本権条項を通じて，実定法の権威としての機能が解除され，道徳的考慮が

---

[26] もっとも，司法裁判所は違憲とされた実定法令の適用を排除したとき，それに代わって適用されるべき法を表立って自ら立法することはできない。このため，違憲とされる実定法令を排除したとき，立ち帰るべきベースラインを，既存の制度の枠組みの中から発見・構築することができるか否かが，司法裁判所が違憲判断に踏み切るか否かを大きく左右することになる。この点については，長谷部 2016：133-36 頁および長谷部 2009：63-73 頁参照。藤田 2012：152-53 頁が指摘するように，個別具体の事案の解決を本務とする司法裁判所にとっては，ある国家行為を違憲と宣言すること自体よりも，違憲と宣言した後の事案の後始末（どのように紛争を解決するか）の方が，より困難で核心的な課題を提起する。

[27] 呼び出される道徳的考慮としては，たとえば憲法 21 条に関連しては，人々の自由な表現活動を認めることは，人々の自己実現や適切な理論の発見に役立つとか，民主的な政策決定は長期的に見て社会公共の利益を促進する等がある。

こうした道徳的考慮はしばしば相互に衝突する。対立する道徳的考慮にどれほどの重みを与えるべきか，また，どれほどの重みがあるときに実定法の権威からの解除を認めるべきかについては，さまざまな選択肢を想定することができ，しかもそれらの選択肢は往々にして比較不能である。そのときも，特定の選択肢をとることが非合理となるわけではない。それぞれ十分に合理的な理由によって支えられた選択肢同士であるからこそ，比較不能となる。個人であれば，比較不能な複数の選択肢に直面した場合，自らの自由な意思決定を行えば足りる。しかし，裁判所は比較不能であるはずの選択肢の中から選択する場合，それを何らかの議論によって支える必要がある。比較不能である以上，本当はそうした決定的な議論はないはずなのに。そして，採用された議論は，それを打ち消す道徳的理由が新たに現れない限り，その後の類似する事案にあたって用い続けることが法律専門家集団の，ひいては社会一般の期待するところとなる。憲法訴訟における違憲審査基準論をはじめとする種々の「解釈論」や「法理 doctrine」の中には，こうして形成されるものも少なくない。司法的決定を支える道徳的理由の比較不能性と解釈論との関係については，Raz 2001: pp. 338-40 および Marmor 2007: Ch. 7 参照。

紛争解決の場に呼び出されるという考え方は，第4節で描いた近代以降の社会における多様な価値観の対立・相剋という状況認識と整合しないのではないかとの疑念が浮かぶかも知れない。人はいかに生きるべきかについての共通の道徳観念が失われたことが，近代以降の社会の特質であり，だからこそ各自に独自の判断と行動の余地を保障する近代法秩序が必要とされたはずだからである。実定法の権威が排除され，道徳的考慮が呼び出されるとき，裁判所は人々が共通して受容可能な結論を提供することが果たしてできるのだろうか。

しかし，この疑念は解消可能である。呼び出されるべき道徳は，個々人がいかに生きるべきかに関わる道徳ではなく，人々が社会生活の便宜とコストを公平に享受し得るための枠組みとしての道徳である。公的領域と私的領域とをいかに区分けしていくか，個々人の信条に関わる問題について，他者が干渉することがいかなる場合に許されるか等，相互に対立・相剋する多様な価値観が並存する状況を前提として，寛容で公正な，開かれた社会を可能とする共通了解としての道徳であり，実践的判断である。個々人が自分の生き方を選択する際の道徳的判断とはレベルが異なる。もちろん，そうした共通了解としての道徳は存在し得ないという立場はあり得ないではないが，そのとき，人間らしい社会生活そのものがあり得なくなるであろう[28]。

そして，なぜ基本権条項を通じて，そうした実践的判断への訴えかけがなされるかと言えば，そうした共通了解としての道徳が，その時々の政治的多数派の決断によっては左右されるべきではない，われわれの社会生活を長期的に，より根底から支える道徳だからである。通常の立法手続を通じては変更することのできない基本権条項が手掛かりとされる理由は，政治部門と司法部門とで，そうした一種の制度上の分業をはかる点にある（Raz 1986: pp. 258-61）。

この種の実践理性を呼び出す窓口となるのは憲法だけではない。私法上の一般条項を通じて裁判所が私的自治に対する社会的許容性の限界を引く際には，一般条項が実定法外の道徳的考慮を呼び出す経路となる。私的自治という標語

---

[28]／ とはいえ，開かれた公正な社会を支えるそうした道徳の帰結がつねに一義的に定まるわけではない。ハード・ケースに際して裁判所が，道徳的に支持しがたい帰結をすべて排除した後も，なお比較不能な複数の選択肢に直面することは少なくないであろう。そうした場面でいわゆる「解釈論」が果たす役割については，前掲注 27 参照。

が示すように，国家機関と異なり，私人はその自律的なイニシァティヴを通じて実践理性の要求をより広い範囲で変更することが可能である[29]。とはいえ，その変更には社会的許容性という観点からの限界がある[30]。契約によっても人の道を外れることはできない。奴隷契約の可能性のように，社会的許容性の枠がゼロにまで収縮することもある。なぜ，そうした社会的許容性の限界線が引かれているかと言えば，それも法外の道徳的考慮に基づくものであり，そうした考慮に基づく限界線の維持は，人であることを離れることのできない，裁判官の任務だからである。一般条項を用いない，より標準的な法解釈の過程においても，そうした道徳の招喚は生じ得るであろう。

　最高裁判事であった藤田宙靖教授は，憲法76条3項の裁判官の良心に言及しつつ，「最高裁判例の在り方は，結局，各裁判官が，各自の『良識』に基づき，何をどのようにして『最適の解決』と考えて来たか（また現在考えているか）に掛ることになる」と指摘する（藤田 2012：121-22頁）。「裁判官にとっては，まず何よりも，目の前にある当事者間の現実の争いについて，そのいずれかに軍配を挙げることこそが基本的な課題なのであって，しかもそれを，できるだけ速やかに行わなければならない。そして，その場合の決定基準は，いわば，一重に『適正な紛争解決』であるかどうか」（藤田 2012：136頁）である。そして，「『憲法及び法律』の内容は，結局，『当該事案における最適の解決』を導く目的のために，各裁判官の良心に基づき解釈される」（藤田 2012：121頁）。藤田教授のこうした指摘は，司法作用が，つまるところは実践理性に基づく，個別の事案に即した具体的正義の実現にあることを示唆しているように思われる。最終的にその答えを決めるのは，各裁判官の「良識」であり，実践理性に基づく判断である。

---

[29] ケルゼンであれば，私人は，裁判所の課すサンクションの前提条件となる具体的規範を法律行為を通じて創設する権限を，より広い範囲で与えられている（に過ぎない）と言うであろう。この点については，Kelsen 1945: pp. 136-38；邦訳：230-32頁参照。
[30] 最大判昭和48・12・12民集27巻11号1536頁〔三菱樹脂事件〕等参照。

6 むすび

　本章は，権利概念が近代法の世界において果たすいくつかの役割を検討した。もちろん，本章で考察の対象としたもの以外にも，権利概念が果たす機能は少なからず存在するであろう。筆者としては，権利概念が果たす中心的な役割のいくつかを描いたつもりであるが，その通りであることを証明することは不可能のように思われる。権利の機能の「序説」にとどまる所以である。

参照文献

アリストテレス 1971　高田三郎訳『ニコマコス倫理学(上)』岩波文庫
ヴィーアッカー 1961　鈴木禄弥訳『近世私法史』創文社
カント 2000　福田喜一郎訳「世界市民的見地における普遍史の理念」『歴史哲学論集　カント全集(14)』岩波書店
カント 2002　樽井正義＝池尾恭一訳『人倫の形而上学　カント全集(11)』岩波書店
ケルゼン 1991　尾吹善人訳『法と国家の一般理論』木鐸社
サヴィニー 1993　小橋一郎訳『現代ローマ法体系　第1巻』成文堂
プラトン 1976　水野有庸訳『ポリティコス（政治家）　プラトン全集(3)』岩波書店
長谷部恭男 2009『憲法の境界』羽鳥書店
長谷部恭男 2013『憲法の円環』岩波書店
長谷部恭男 2016『憲法の理性』〔増補新装版〕東京大学出版会
藤田宙靖 2012『最高裁回想録――学者判事の七年半』有斐閣

Bentham, Jeremy 1988 *A Fragment on Government*, eds. J. H. Burns and H. L. A. Hart, Cambridge University Press.
Hart, H. L. A. 1955 'Are There Any Natural Rights?', *Philosophical Review* 64.
Hayek, Friedrich 1960 *The Constitution of Liberty*, University of Chicago Press.
Hohfeld, Wesley Newcomb 1964 *Fundamental Legal Conception as Applied in Judicial Reasoning*, ed. Walter Wheeler Cook, Yale University Press.
Kamm, Frances 2002 'Rights', *The Oxford Handbook of Jurisprudence and Philosophy of Law*, eds. Jules Coleman and Scott Shapiro, Oxford University Press.
Kelsen, Hans 1945 *General Theory of Law and States*, Harvard University Press.

Marmor, Andrei 2007 *Law in the Age of Pluralism*, Oxford University Press.
Marmor, Andrei 2011 *Philosophy of Law*, Princeton University Press.
Jouanjan, Olivier 2005 *Une histoire de la pensée juridique en Allemagne (1800–1918)*, PUF.
Potter, Nelson 2009 'Kant on Punishment', *The Blackwell Guide to Kant's Ethics*, ed. Thomas Hill, Wiley-Blackwell.
Raz, Joseph 1980 *The Concept of a Legal System: An Introduction to the Theory of Legal System*, 2nd ed., Clarendon Press.
Raz, Joseph 1985 'Authority and Justification', *Philosophy and Public Affairs*, Volume 14, Number 1.
Raz, Joseph 1986 *Morality of Freedom*, Clarendon Press.
Raz, Joseph 2001 *Ethics in the Public Domain*, rev. ed., Clarendon Press.
Raz, Joseph 2009 *Between Authority and Interpretation*, Oxford University Press.
Ross, Alf 1957 'Tû-Tû', 70 *Harv. L. Rev.* 812.
Ross, Alf 1974 (1958) *On Law and Justice*, University of California Press.
Savigny, Friedrich Karl von 1981 (1840) *System des heutigen römischen Rechts*, Band 1, Scientia Verlag Aalen.
Thomas, Yan 1984 *Mommsen et "l'Isorierung" du droit*, Boccard.
Troper, Michel 2005 'Who Needs a Third Party Effect Doctrine? ― The Case of France', *The Constitution in Private Relations: Expanding Constitutionalism*, eds. András Sajó and Renáta Uitz, Eleven International.
Villey, Michel 2002 (1962) *Leçons d'histoire de la philosophie du droit*, 2nd ed., Dalloz.
Villey, Michel 2003 *La formation de la pensée juridique moderne*, PUF.
Villey, Michel 2008 (1983) *Le droit et les droits de l'homme*, PUF.

第2章

法の不整合，道徳の不整合
―― バーナード・ウィリアムズの道徳観に寄せて

1　法秩序の矛盾・抵触

　法秩序は内部に矛盾・抵触のない整合的なものであると想定されがちである。「人の支配」ではなく，「法の支配」する社会であるべきだという観点からしても，複数の法が相互に矛盾・抵触していることは好ましくない。同時に従うことのできない複数の法のうち，いずれの法に従うべきかが不明であれば，法に従って社会生活を送ることはできない。とはいえ，法の支配という理念が，あくまでその実現が希求されるべき理念であり，つねに100パーセント妥当しているわけではないことは，よく知られているし，また，つねに全面的に妥当することが望ましいこととも言い難い。法の支配と矛盾・衝突する別の，少なくとも同程度に尊重されるべき理念が複数あるからである[1]。

　しかし，内部に矛盾・抵触を含む法秩序は，そもそも法秩序とも言えないのではないだろうか。法は規範である。規範自体は真であったり，偽であったりすることはない。法についても同様である。しかし，たとえば日本という社会において妥当している法は何かについては，真理値を持つ言明を構成することができる。

　　　A：日本においては，殺人犯は処罰されなければならない。

という文は，規範としても解釈できるが，日本において妥当する法を記述する言明としても解釈できる[2]。後者の解釈をとったとき，

---

[1]　この点については，差し当たり長谷部恭男『比較不能な価値の迷路』（東京大学出版会，2000）第10章「法の支配が意味しないこと」参照。

[2]　同一の文が，規範としても，また言明としても解釈できることは，多くの論者によって受け入れられている。たとえば，Hans Kelsen, *The Pure Theory of Law* (University of California Press,

B：*日本において，殺人犯は処罰されなければならないわけではない。*

という言明とAとは矛盾し，両立しない。したがって，Aに対応する法とBに対応する法とが，両方存在する（妥当する）ことは，あり得ないのではないだろうか。

　この疑問に対する回答は，さまざまであり得る。簡単な回答は，あり得ないというものである。上述のAとBとは，若干意味が不明瞭である。もう少し意味を明確にすると，

A₁：*日本においては，人を殺した者はすべて（例外なく）処罰されなければならない。*

B₁：*日本においては，人を殺した者はすべて（例外なく）処罰されなければならないわけではない。*

と言い換えることができる。一見明瞭であるが，A₁は偽である。情状によって，あるいは，違法性阻却事由がある等の事情で，殺人を犯した者が処罰されない事例は存在する。全称言明を否定するためには，一個の反証で十分である。「人を殺した者はすべて（例外なく）処罰されなければならない」という言明は，あり得ないほど強すぎる言明であり，日本ばかりでなく，おそらくあらゆる歴史上の社会において，偽であろう。

　しかし，このことは，内部に矛盾・抵触を含む法秩序が存在しない，という結論を直ちにはもたらさない。もう少し正確に言えば，相互に衝突し，同時に従うことのできない複数の法を内部に含む法秩序が存在しない，という結論を直ちにはもたらさない，と言うべきであろう。法を記述する言明同士は，相互に矛盾することがあり得るが，法そのものは真理値を持たないため，複数の法が論理的に矛盾することはないからである。

　複数の法が衝突すること，それぞれの法の命ずる事態が相互に両立しないことは，珍しくない。日本の刑法は，一方で「人を殺した者は，死刑又は無期若

1967), p. 75; Georg von Wright, *Norm and Action: A Logical Enquiry* (Routledge, 1963), p. 105; Joseph Raz, *The Concept of a Legal System*, 2nd ed. (Clarendon Press, 1980), p. 47; John Finnis, *Natural Law and Natural Rights*, 2nd ed. (Oxford University Press, 2011), p. 235.

しくは5年以上の懲役に処する」(199条)としながら，他方で，「法令又は正当な業務による行為は，罰しない」(35条)としている³。個別の実定法規の命ずることと，憲法の保障する基本権が衝突することもある。後者は，下位の法令と上位の法令とが衝突する場合として，一般化することができる。

　これに対しては，法秩序の記述の仕方としてそれは誤っているという応答があり得る。たとえば，刑法199条と35条の場合で言えば，「人を殺した者は，死刑又は無期若しくは5年以上の懲役に処する。ただし，法令又は正当な業務による行為として人を殺した者を除く」というのが，日本の法秩序を適切に記述する言明であって，個別の条文同士が衝突するか否かを論ずるのは，木を見て森を見ない態度だというものである。同じことは，憲法に違反する下位の法令についても言えるはずである。違憲の法令は，憲法と抵触する限りにおいては，そもそも妥当性を欠いて無効であり（憲98条），それらを総合した結論をこそ記述しなければならない。衝突しているかに見えるのは，部分的規範にすぎない⁴。

　こうした応答の問題点は，これでは，法秩序を「適切に」記述する言明は，途方もなく長たらしく，かつ，複雑極まりない言明となってしまうであろうことにある。殺人の場合で言えば，刑の加減や犯罪の不成立にかかるあらゆる事情を付加するとともに，犯罪事実等が適法に構成された裁判所によって，法令に従った手続に則って認定されたこと，さらには，すべての点において，適用された手続法および実体法が，憲法の各条項に照らして問題のないものであったこと等をすべて言い尽くさなければ，法秩序を適切に記述する言明ではあり得ないことになる。そして，規範相互の衝突の可能性を排除し尽くすことは，原理的に不可能であろうから⁵，法秩序を適切に記述する言明は，永遠に完成しないこととなる。同様に，「部分的」にとどまらない，完全な規範は永遠に

3/ 　文法的には直説法が用いられているが，規範が意味されていることは明白である。各国の法文上，規範の意味でしばしば直接法の文が用いられることについては，von Wright, *Norm and Action*, p. 102 参照。

4/ 　これは，一時期においてハンス・ケルゼンが採っていた立場に近い。Hans Kelsen, *General Theory of Law and State* (Harvard University Press, 1945), pp. 143-44 参照。

5/ 　衝突の可能性は，こうした応答の仕方自体が予定している。

把握できない[6]。

　困難な事案（hard case）について判決を書こうとする裁判官は，関連する法令や先例に関しては，それらを相互の矛盾・抵触なく記述する部分的な法秩序像を構想するものであろうが，それは，彼（彼女）が考察の対象とする法規範相互が現実に衝突していないことを保障するわけではない。相互に衝突する法規範をそのままに記述したのでは，判決を書くことはできない。上位の規範と衝突する下位の規範は，上位規範の趣旨に沿って解釈し（つまり，意味を読み替えられ），場合によっては一部の効力が否定される。同位の規範が衝突するときには，不整合が発生しないように，時には政治道徳の力を借りつつ，両者の妥当領域を画定する等の工夫を経て，ようやく一箇の結論にたどり着くことができる。「法秩序は内部に矛盾・抵触のない整合的なものであるはずだ」という想定は，むしろ，「法秩序は矛盾・抵触を含まないものとして，個別の諸法令を解釈・適用すべし」という，裁判官を名宛人とする職業遂行上の指針として理解されるべきものである[7]。そのことは，「後法は前法を廃する」「上位法は下位法に優越する」あるいは「特別法は一般法に優越する」等の，この指針を遂行するためのより具体的なレベルの指針についても言えることである[8]。

　相互に衝突する複数の法を，どのように整合したものとして読み替え，描き出すかについて，唯一の正解があるわけではない。下級審の裁判官と上級審の裁判官との回答が異なることは，しばしば見られる。上級審の回答は，さらに上級の裁判所によって覆されない限り，個別の事案に関しては，妥当する（当該裁判所の出した個別の法規範が規範として妥当する）。妥当することと，正しいこと（客観的に存在するものと想定された正解と一致すること）とは異なる。

　こうした事態について，デイヴィッド・ロスの用語を借用して，立法府ない

---

[6] 罰則規定なくして犯罪なし，という法格言は，こうした完全な規範の存在を前提としなければ，確定的（conclusive）意味を持たない。実際にはそうした規範は存在しないので，この法格言が持つ人の自由を保障する意味も，かなりの程度あやふやなものである。

[7] 個別の論点について解釈論を展開する法学者も，同様の指針を参照することがあり得るが，法学者の場合，一箇の結論にたどり着く必要は必ずしもないので，衝突は衝突として放置することもできる。

[8] フォン・ウリクトは，法秩序内部に相互に衝突する法は存在しないと主張するが（von Wright, Norm and Action, p. 206），これは，整合的に解釈された後の法秩序についてのみあてはまる主張であろう。

し行政府の定立した相互に衝突する法は「表見上の法 prima facie law」であり，裁判所の定立した個別の法およびそれを支える（部分的）法秩序像が，本当の法であると言いたくなるかも知れない[9]。どのような用語を用いるかは，論者の裁量の問題であるが，見過ごしてはならないのは，「表見上の法」も現実に存在する（妥当する）法であることである[10]。ある社会に現に存在する法は，相互に衝突する。衝突する法を記述する言明は，それぞれ真の言明である。それを「法秩序」として描こうとするのは，個別の事案を解決するよう迫られた裁判官の立場でものごとを把握しようとするからである。法が整合的な秩序であるのは，職業上の指針に導かれた裁判官によって，そのように人為的に構成されるからであり，現実の法がそのまま，整合的な秩序を構成しているわけではない[11]。

2　規範と論理的推論

現実社会の法は相互に衝突する。このことは，規範には論理的推論規則が適用されないという後期ケルゼンの指摘とどのように関連するであろうか。簡単に答えるならば，前述したように，規範は真理値を持たず，真でも偽でもない。したがって，いかなる言明も真であり，かつ，偽であることはないという矛盾律は，規範には妥当しない。相互に衝突する規範が存在することは，とくに不思議なことではない。ただ，問題はそこにとどまらない。

ケルゼンは，法を含めて，規範は名宛人に向けられた意思行為の意味であるとする。何者かの意思行為により規範が定立されない限り，規範は存在しない。したがって，たとえば，

---

[9]　David Ross, *The Right and the Good* (Hackett, 1988 (1930)), pp. 19 ff.
[10]　Cf. Ross, *The Right and the Good*, p. 20. ロスが語っているのは，道徳規範についてである。
[11]　アルフ・ロスが指摘するように，この点での規範と言明の違いは，程度の問題とも言い得る。外界を記述するときも，日常生活の視点から見れば「草は緑」であるが，物理学の視点から見れば「この世界に色はない」(Alf Ross, *Directives and Norms* (Routledge, 1968), p. 153)。視点の違いによって，また，背景となる理論の違いによって，一見したところ相互に矛盾する言明がそれぞれ真となる。この点については，さらに，Hilary Putnam, *Representation and Reality* (MIT Press, 1988), pp. 114-15; Dennis Patterson, *Law and Truth* (Oxford University Press, 1996), pp. 167-69 参照。

P：あらゆる窃盗犯は処罰されなければならない。
　　Q：トムは窃盗犯である。
　　R：トムは処罰されなければならない。

という典型的な「法学的三段論法」通りに，Pという大前提たる一般的法とQという事実認識から，Rという具体的法が帰結するわけではない。Rが法規範として存在するとすれば，それは権限ある裁判官が，判決という意思行為を通じて，Rという法規範を定立したからこそである。

　そもそも論理的推論規則は，思考行為の意味である言明と言明の間にあてはまる。論理的推論規則は前提に含まれる真理値を結論へと伝達する。

　　S：すべての人は死ぬ。
　　T：ソクラテスは人である。
　　U：ソクラテスは死ぬ。

という推論の場合，もしSが真であり，かつ，Tも真であれば，Uも真である。この場合，Uが真であることは，すでにSとTが真であることに含まれている。たとえば，Tが偽であるとすれば（ソクラテスは，実はクマのぬいぐるみの名前かも知れない），Uは帰結しない。言明が真であるか否かは，当該言明が実際に思考されるか否かには依存しない。誰によっても思いつかれないとしても，Tが真であれば，それはソクラテスが生まれる前から真であり，死んだ後も，もちろん真である。

　規範はこれとは異なる。権限ある機関が意思行為を通じて定立して，はじめて規範は存在するに至る。論理的推論規則が規範相互の関係に当てはまらないのは，そのためである。

　とはいえ，実際にRという具体的規範を創設する裁判官は，Pの存在とQという認識を前提としつつRを定立するのではないだろうか。そうでなければ，法の支配は幻想にすぎないことになる。

　ケルゼンはそのことを否定しない。裁判官の結論は基礎付けられる（found, warrant）必要がある。正当性の基礎となるのは，立法府の定立した一般的法規範「あらゆる窃盗犯は処罰されなければならない」である。この規範を記述

する言明「あらゆる窃盗犯は処罰されなければならない」と,「窃盗犯であるトムは処罰されなければならない」という個別的規範言明とは,内容において一致(coincidence)している。そのことに基づいて,裁判官は「トムは処罰されなければならない」という個別的法規範を定立する[12]。ときには,立法府の定立した一般的法規範と衝突する個別的法規範を裁判官が定立し,それが有効な法規範として確定することもあるが[13],それはあくまで例外である。大部分の場合,裁判官の基礎付けの必要性が,一般的法規範を記述する言明に対応する,つまり「法の支配」の要請にかなった,個別的法規範の定立を現実に招来する[14]。

しかし,そのことと,その個別的法規範が立法府の定立した一般的法規範から論理的に導出されることとは全く別である。個別的法規範が,一般的法規範から論理的に導出されることはない。あくまで,裁判官の意思行為による定立が必要となる[15]。

12/ ケルゼンは,裁判官によって適用される一般的規範と,裁判官によって定立される個別的規範の内容上の一致(coincidence)が,判決が基礎付けられるために必要であるとする(Hans Kelsen, 'On the Practical Syllogism', in his *Essays in Legal and Moral Philosophy*, ed. Ota Weinberger (Reidel, 1973), p. 260)。ここでケルゼンが言う「基礎付け」の理解については,ジョゼフ・ラズの「正当化」に関する説明が参考となる。ラズによると,言明 A が言明 B を正当化するのは,A が真であり,かつ,A が他の関連する言明とあわせて,B が真であると信ずるに足る理由となるからである(Joseph Raz, *Ethics in the Public Domain* (Clarendon Press, 2001), p. 261)。A が B を正当化するには,A は真でなければならない。他方,A から B が論理的に導出されるとき,A が真である必要はない。以上の点については,さしあたり長谷部恭男「権利の機能序説」本書第1章第1節参照。なお,ラズは,ケルゼンが一般的法規範による具体的法規範の正当化を否定したかのように述べるが(op. cit., p. 264),これはラズの誤解であろう。ケルゼンが否定しているのは,本文で説明したように,具体的法規範の妥当性が一般的法規範の妥当性から論理的に帰結することである。

13/ Hans Kelsen, 'Law and Logic', in his *Essays in Legal and Moral Philosophy*, ed. Ota Weinberger (Reidel, 1973), p. 241; Hans Kelsen, *General Theory of Norms* (Clarendon Press, 1991), pp. 248-49 and pp. 252-54.

14/ ケルゼンは,個別的法規範の基礎付けとして,一般的な実定法規範のみを念頭に置いて議論を進めているが,現実には道徳規範,それも実定法規範と衝突する道徳規範によって個別的法規範が基礎付けられることも稀ではない。この点については,さしあたり長谷部恭男『憲法の円環』(岩波書店,2013) 12 章参照。また,一般的な実定法規範による正当化の力が衝突する他の実定法規範によって打ち消され得ることについては,本章第1節参照。

15/ Kelsen, 'Law and Logic', p. 240; Kelsen, *General Theory of Norms*, pp. 237-39. 駐車禁止の道路で駐車した者に反則キップを切るような単純な適用行為についても,当該適用行為がなされるま

以上のようなケルゼンの議論の問題は、規範の存在が常に、権限ある者による意思行為の存在を前提とするというケルゼンの出発点が、窮屈にすぎることにある[16]。

第一に、この前提からすると、道徳規範の存在を説明することができない。ケルゼンは、あらゆる道徳規範は、神によって定立された規範であるとするが[17]、これは、およそあらゆる規範は何者かの意思行為の意味であり、意思行為によって定立されたものであるとの立場を貫こうとすれば、国家機関によって定立されたわけではない道徳規範は、神（あるいは自然）によって定立されたものと考えざるを得ないということであろう[18]。

たしかに、規範はすべて何者かの意思行為の意味であるとの前提に立つと、そのように議論を進めざるを得ないのであるが、問われているのは、そのような前提に立つ理由がそもそもあるか否かである。道徳規範の中には、あるべき結果のみを示して、誰にそれを実現する義務があるかを指定していないものも珍しくない。あらゆる道徳規範は神（あるいは自然）によって定立されたものだという理解は、多くの人にとって受け入れがたいものであろう[19]。神によって、あるいはそもそも誰かによって定立されたか否かにかかわらず、そうすべき理由のあることはしなければならないし、そうすべきでない理由があるならばそうすべきではないというのが、道徳に関する多くの人々の理解ではなかろうか[20]。そして、何者かの意思行為とは独立に道徳規範が存在し得るのであれ

では、具体的に反則金の支払い義務が生ずることはない。

[16] 権限ある者による特定の名宛人に向けた意思行為の意味が規範であるとのケルゼン流の規範の定義は、H. L. A. ハートによる法命令説への壊滅的な批判の後は、さほど広く受け入れられてはいない。ここでは、この点については論じない。

[17] Hans Kelsen, 'On the Concept of Norm', in his *Essays in Legal and Moral Philosophy*, ed. Ota Weinberger (Reidel, 1973), p. 219; cf. Kelsen, *General Theory of Norms*, p. 254.

[18] こうしたケルゼンの思考様式の背後には、彼の徹底した価値相対主義を見てとることができる。彼の価値相対主義と道徳観の関係については、長谷部・前掲注 *14*『憲法の円環』212-14頁参照。

[19] Cf. von Wright, *Norm and Action*, pp. 78 and 99.

[20] 道徳的判断が、つねに理由 (reason) によって根拠づけられるか否かについては見解が分かれる。「自分はそんなことをする人間ではない」という判断は、少なくとも普遍的な道徳指針ではないが、そうした判断に基づいて人が「道徳的」結論を決めることもあり得るように思われる。この点については、さしあたり、本書第5章参照。

ば，裁判官の結論は，上位の一般的法規範だけではなく，道徳規範によっても基礎付けられ得ることとなる。

　第二に，このケルゼンの前提からすると，裁判官の判決が，立法府の定立した一般的規範によって基礎付けられるという彼の説明が理解不能となる。判決の基礎付けに関する彼の説明は，一般的規範を記述する言明が真であるとともに，当該言明が個別的事実の認識に関わる言明とあわせて，個別的規範を記述する言明が真であると信ずるに足る理由となっている必要がある[21]。しかし，その個別的規範に関する言明は何を記述しているのであろうか。それが，裁判官によって未だ定立されていない個別的規範を記述しているのであれば，それは妥当していない規範を記述する偽の言明である。偽の言明が真の前提群によって正当化されることになってしまう。他方で，結論たる言明が，すでに裁判官によって定立された規範を記述しているのであれば，それは，定立された規範を記述することによって真の言明となるのであって，一般的規範と個別的事実を記述する言明群により正当化されることによって真となるのではない。そうした結論たる言明が，なぜ裁判官の判決を基礎付けることができるのか，謎としか言いようがない。

　結局のところ，判決の基礎付けに関する彼の説明を妥当なものとして受け入れるためには，法規範を記述する言明は，記述対象たる法規範が実際に定立されているか否かにかかわらず，真理値を持つと言わざるを得ないのではなかろうか[22]。

21/　前掲注 *12* におけるラズの正当化に関する説明を参照。一般的規範が事実の認識に関する言明とあわせても，新たに定立されるべき個別的規範を特定していない場合——裁判官に裁量の余地がある場合——でも，裁量の範囲内における選択可能な個別的規範であることを信ずるにたる理由は存在する必要がある。

22/　この謎を解決する１つの方法は，法規範を記述する言明は，法規範と内容を等しくする道徳規範を記述しているのであり，したがって，それによって未だ定立されていない法規範と内容を等しくする道徳規範を記述することができるというものである。無駄な重複となっていないか，慎重な検討が必要である。

3 命令相互間の推論

ケルゼンが規範相互の関係に論理的推論規則が当てはまらないと指摘したのとほぼ同時期に、バーナード・ウィリアムズは、命令 (imperative) について一般的には論理的推論規則は妥当しないとの指摘を行った。ウィリアムズがまず採り上げるのは、次のような例である[23]。

E：aをせよ、またはbをせよ；aをするな；したがって、bをせよ。

一見したところでは、選言的命令の一方を否定することで、他方を遂行すべきことが論理的に導かれているかに見える。しかし、ウィリアムズは、こうした推論は成り立たないと言う。なぜなら、「aをせよ」という命令は、「aをしてもよい」という許可を含意しているはずである。ところが、この許可は、上記Eの第二の前提である「aをするな」と衝突する。前提が相互に整合していない。「aをせよ；aをするな」という命令は、自己破壊的である。「aをするな」という第二の命令は、「aをせよ、またはbをせよ」という第一の命令を撤回 (cancel) し、それに置き換わるものと考える必要がある[24]。両方がともに妥当し、そのことを前提として論理的推論が行われるわけではない。

記述的言明の相互関係は、これとは異なる。

F：aまたはbである；aではない；したがって、bである。

は論理的に妥当な推論である。ウィリアムズは、記述的言明と命令とでは、世界との関係が逆転していると言う[25]。記述的言明は世界を記述する。「aまたはbである」という世界に関する知識に、「aではない」という知識が積み重なっていく。そして、両者の組み合わせから、「bである」という結論が導出される。

---

[23]/ Bernard Williams, 'Imperative Inference', in his *Problems of the Self* (Cambridge University Press, 1973), p. 153 (originally published in 1963). なお、命令形の文のすべてが命令を構成するわけではない。「神よ、日々の糧を与え給え」は祈りではあっても命令ではなく、したがって、規範も構成しない (von Wright, *Norm and Action*, pp. 96-97)。

[24]/ Williams, 'Imperative Inference', p. 155.

[25]/ Williams, 'Imperative Inference', p. 156.

他方，命令の目的は，命令の内容に合わせて世界を変える（あるいは変えない）ことにある[26]。「aをせよ，またはbをせよ」という命令と「aをするな」という命令とは，積み重なるわけではない。前者と後者とでは，目指す世界のあり方は異なる。第二の命令は，したがって，第一の命令の撤回を含意する。

 こうしたウィリアムズの指摘に対し，アルフ・ロスは，外的（external）な選言的命令と内的（internal）な選言的命令とを区別する必要性を示唆する[27]。「aをせよ，またはbをせよ」は，外的な選言的命令である。命令の名宛人には，aをするか，またはbをするかを選択する裁量の余地が認められている。この場合，上記のEは，2つの前提が不整合を起こすため，自己破壊的となる。

 これに対して，命令する者が，「aまたはbをせよ（ただし，いずれをすべきかについては，後の命令を待て）」と命ずることもある。これが内的な選言的命令である。括弧の中は，明言されないこともある。この場合，命令の名宛人には，aをするか，またはbをするかの選択の余地は認められていない。いずれをすべきかについては，改めて命令が下されるのを待つ必要がある。ロスは，この場合，2つの前提は相互に不整合ではないと考えているようである[28]。

 たしかに不整合は起こっていないかに見えるが，それは最初の命令（らしきもの）が，実は完全な命令ではないからではなかろうか。それは，aまたはbをすべきことを命令する可能性を予告した上で，後の命令を改めて待つように命じているにとどまる。第二の命令「aをするな」が下されたとき，当然のように名宛人が「bをせよ」との命令として，それを理解すべきだとは限らない。命令者としては，「bもするな」と，さらに命ずる可能性が残されている。いずれにしても，Eのような「推論」が当然に成り立つわけではない。

 以上の考察から分かることは，いかなる命令が妥当しているかを判断する上で肝心なのは，命令する者の意図（意思）であることである[29]。そして，命令

26/ 別の言い方をするなら，命令の対象となる行為はすべて，世界の変化（ないし不変化）と論理的に対応する。この点については，von Wright, *Norm and Action*, p. 39 参照。

27/ Ross, *Directives and Norms*, pp. 158-63.

28/ ウィリアムズは，「aをせよ，またはbをせよ」と「aまたはbをせよ」は，同一の意味内容を有すると考えている（Williams, 'Imperative Inference', p. 153）。

29/ Williams, 'Imperative Inference', p. 156.

第2章　法の不整合，道徳の不整合　35

者の意図が何か，命令者がどのような世界の実現を目指しているかは，その時点ごとに改めて判断する必要がある。発せられた命令を時間とは無関係に並べ，相互に存在するかに見える「論理的関係」に基づいて，当然にある命令が妥当すると結論づけることはできない[30]。

もっともウィリアムズは，規範的言明の間に正当化の関係が成立しないと主張するわけではない[31]。たとえば，上記Eの前提を構成する2つの命令を受けた者が，「aまたはbをすべきである」，「aをすべきではない」との規範が同時に自分を名宛人として妥当していると判断し，そこから，「私はbをすべきだ」との規範的言明が結論として正当化されると考えることはあり得る[32]。そうした思考様式自体が禁止されるわけではない。実定法規範の間に論理的推論は成り立たないと主張したケルゼンが，判決について，一般的法規範に基づく基礎付けがあり得ることを認めたことと同様である。

もっとも，名宛人のそうした判断が命令者の意図に沿っている保障はない。立憲体制における立法府は，個別の裁判の結論を自ら覆すことはないが，命令者は名宛人の判断を直接に覆すことがあり得る。「勝手に判断するな。私の言うことを聞け」，と言う上司は珍しくない。

また，場合によっては命令者が複数存在し，相互に必ずしも整合しない命令を次々に発して名宛人に混乱をもたらすこともあり得る[33]。「法の支配」の観点からして，それが望ましくない事態であることは確かであるが，望ましくな

30/　「aである」から「aまたはbである」を論理的に導出することはできるが，「aをせよ」から「aまたはbをせよ」との命令を推論することができないのも（Alf Ross, 'Imperatives and Logic', *Theoria*, vol. 7, pp. 65-66で指摘されたことから，「アルフ・ロスのパラドックス」と呼ばれている問題），そのためである。「この手紙をポストに投函せよ」と命じた者は，「この手紙をポストに投函せよ，または，焼き捨てよ」と意図しているはずはない。同じことは，「この手紙をポストに投函せよ，または，現首相を暗殺せよ」という，両方の選言に服従し得る命令についても言える。最初の命令を発した者が，第二の命令を意図しているはずはない。

31/　Williams, 'Imperative Inference', p. 158.

32/　フォン・ウリクトは，複数の規範の間に論理的帰結の関係が成り立つとするが，この関係は規範的言明の関係と対応する（von Wright, *Norm and Action*, pp. 155-58 and 165）。

33/　フォン・ウリクトの描くシーシュポス命令：「窓が開いていたなら閉めよ，閉まっていたなら開けよ」のように，相互に整合はするものの，永遠に遂行し終わることのない複数の命令を単一の命令者が発する場合も，名宛人は困った立場に追い込まれる（von Wright, *Norm and Action*, pp. 146-47）。

いことは，存在しないこととは異なる。

　さらに，ウィリアムズは，道徳的規範を含めて，あらゆる規範は何らかの者の意思行為によって定立されるとの硬直的な立場を採っているわけではない。そうした立場を採らずとも，命令相互間に論理的推論規則は妥当しないとの主張は成り立ち得る。それは，命令が命令者によって発せられた（定立された）ことを前提とする存在であり，命令者の意思の実現を目的としていることのみによって成り立つ。したがって，命令相互間に論理的推論規則は妥当しない。

　しかし，あらゆる規範が一定時点での命令者による定立を存在の前提とするわけではないし，命令を発する者が名宛人にとっての規範を定立する意図で命令を発したとしても，当然に妥当な規範が成立するわけでもない。飲酒した直後は自動車の運転はしないという指針を自らに課している人は，誰に命令されたわけでもないが，その規範に基づいて行動していると言うことができる。他方，命令によって名宛人にとって妥当する規範が成立するか否かは，名宛人にとって，その命令者の命令に従うべき理由があるか否かに依存する問題であり[34]，それを決めるのは命令者自身ではない[35]。

4　衝突する道徳的判断

　複数の法が相互に衝突し得ること，論理的推論規則が命令相互間には一般的に妥当しないこと，しかし，規範的言明の間では論理的推論が可能であること，これらのことが判明したとして，さして問題は前進したわけではない。そんなことは当然，分かっていたという人も少なくないであろう。

34/　これは，実践的権威はいかなる場合に認められるかという問題である。一般論として言えば，名宛人自身が独自に判断するより，命令者の命令に従った方が，本来，名宛人が採るべき行動をより良く採ることができる場合，命令者は権威として認められるべき理由がある。この点については，Joseph Raz, *Practical Reason and Norms* (Princeton University Press, 1990 (1975)), pp. 62-65 参照。命令を発する者は，自己が権威であると主張するであろうが，実際にそうであるとは限らない。規範は特定の行動を採るよう指示する一次の理由であると同時に，それと衝突する理由を考慮しない（排除する）よう命ずる二次の理由でもある。一般的法規範と衝突する判決が確定し，個別的規範としての効力を有するのも，それが排除的理由（exclusionary reason）としての性格を帯びることによる（ibid., p. 65）。

35/　ことばの一般的な用法としては，個別の場面のみに妥当する命令を規範と呼ぶことは稀である（Raz, *Practical Reason and Norms*, p. 78）。国家や団体の法制度内部で「個別具体の規範」について語ることはあるが。

衝突する複数の法に直面した裁判官は，前述したように，面前の事案に対して一箇の確定的な回答を与えるために，「法秩序は矛盾・抵触を含まないものとして，個別の諸法令を解釈・適用すべし」という指針に基づいて，さまざまな法令を解釈し，整合的で調和のとれたものとして，法秩序（の一部）を描こうとする。同じことは，衝突する複数の道徳規範に直面した個人あるいは団体についても，妥当するはずである。何らかの行動をとるためには，何をし，何をすべきでないかについて，確定的な答え，それも全体として整合した答えを得る必要がある。そして，人が相互に衝突する複数の規範に直面することは，さほど珍しいことではない。複数の道徳規範が衝突するのは，神（あるいは自然）が折々に異なる道徳を命ずるからではない。人の住まうこの世において，神を含む諸価値は分裂し，互いに衝突するからである。価値の衝突は，アイスキュロスの作品に描かれるように，ときには悲劇的である。一人がすべての価値に同様に忠誠を尽くすことはできない[36]。

　判決を書く裁判官と異なり，人は自らの決断について，筋の通った説明の公表を求められることは，通常はない。「それは私が決める問題だ」と言えば，済むことが多い。それでも，衝突する複数の規範に直面した人は，思い悩み，熟慮することが普通であろう。

　そのとき，何が起こっているかが，ここでの問題である。裁判官の場合，彼（彼女）が整合的な（部分的）法秩序像を作り上げ，それに基礎付けられる特定の具体的法規範を定立したときは，それと衝突する法規範は法ではないし，そもそも法ではあり得ない。裁判官としては，その結論を下す以外に，採るべき途はない。基礎付けの判決理由で限定解釈された法規範は，そのように意味内容を限定された法規範としてのみ存在する。それ以外の存在のしようはない。少なくとも，表向きはそうである[37]。

　他方で，個人が複数の相互に衝突する規範に直面し，いかに行動するかについ

---

[36]　Cf. Bernard Williams, 'Conflicts of Values', in his *Moral Luck* (Cambridge University Press, 1981). 道徳的な価値の多元性と相互の衝突は，客観的な情勢の変化等とともに，実定法を定立する機関が相互に衝突する法規範を定立する主要な背景の一つである。

[37]　説明を求められれば，裁判官はそのように主張し，その主張にコミットせざるを得ないという意味で，そうである。

いて悩んだ末，1つの決断をしたとき，それと衝突する結論を基礎付ける他の規範は，妥当性を失った，もはや存在しない規範なのだろうか。

バーナード・ウィリアムズは，最終的に従われなかった規範も，規範でなくなるわけではなく，なお妥当し続けると言う。たとえば，「aをすべきだ」という規範と「bをすべきだ」という規範とが妥当しており，しかも，aとbとを同時に行うことができず，両方の規範に同時に従うことができないとき，最終的には，aをするか，あるいはbをするかを選択せざるを得ない。このとき，衝突する規範のうち一方が完全に否定され，撤回されたと考えるのは間違いだとウィリアムズは言う[38]。もちろん，一方の規範が完全に撤回される場合があり得ないとは言えない。しかし，通常は，従われなかった規範は，その後も行為主体に妥当し続け，そのため，彼（彼女）は悔悟（regret）を抱き続ける。自分の決断が結論としては最善であり，それ以外の選択はできなかったと考えるときでさえ，そうである[39]。

この世には，法律家，ジャーナリスト，政治家等，一般市民とは異なる職業倫理が妥当する職種がある[40]。弁護士は，対立する当事者のための証人に法廷内外で不快な思いをさせ，普通の人間として考えれば，他人に対してそんな無礼で高圧的な態度はとるべきではないという態度をとることも，立場上，要求されるかも知れない。ジャーナリストは，一般市民であれば，適正な司法の実現のために知っていることを残らず証言すべきであっても，取材源を保護するために，証言を拒否せざるを得ないことがある。責任ある立場にある政治家

38/ Bernard Williams, 'Ethical Consistency', in his *Problems of the Self* (Cambridge University Press, 1973), pp. 183-84; Williams, 'Conflicts of Values'.

39/ ウィリアムズは，こうした行為主体が過去の自己の行為について感ずる「悔悟」を，第三者が感ずる「遺憾」の念と区別するために，「行為者―悔悟 agent-regret」と呼ぶ。Bernard Williams, 'Moral Luck', in his *Moral Luck* (Cambridge University Press, 1981), p. 27.

40/ Bernard Williams, 'Politics and Moral Character', in his *Moral Luck* (Cambridge University Press, 1981). この論文は1978年が初出である。ウィリアムズは1972年のはじめ，妻のシャーリーと別れ，クェンティン・スキナー夫人であったパトリシアを選んだ。この決断を報告する彼の私信に対し，アイザィア・バーリンは，「複数の目標は衝突する。いずれを選んだとしても，君は損失と苦痛を被り，そして人に与えることになる。思考を突き詰め，見かけの衝突を調整し，高次の総合と弁証，究極の調和に到達しようとすることはすべて，……衝突は衝突であって避けようがないという事実からの逃避に過ぎない」と応答する（Isaiah Berlin, *Building: Letters 1960-1975*, eds. Henry Hardy and Mark Pottle (Chatto & Windus, 2013), p. 475)。

は，社会全体の中長期的な利益のためになると分かれば，一般市民としての道徳指針に反する判断を是認することがあり得る。

法律家やジャーナリストの場合，それはある種の道徳的な分業として説明される。一見したところ，一般的な道徳に反する行動をとることが，中長期的に見れば，社会全体に流通する市民生活にとって必要な情報の量の増加につながる，あるいは，主張立証活動に関する激しい攻撃・防御を通じて，より適正な司法の実現に必要な情報が法廷により多く提供されることにつながる。だから，当該職業に就いている者は，そうした一見したところ，一般市民としての道徳と衝突する道徳規範に従うべきである。

政治家の場合も，正当化の筋道は基本的には変わらない。知っていることのすべては，敢えて言わない。政敵のスキャンダルを密かにリークする。自分の信ずる宗教の教えに背く政策を敢えて遂行する。恩義のある先輩政治家を公の場で面罵する。自分を支持してくれる団体に実現できそうもない約束をする。その方が結果として，社会の中長期的な利益に資することになるから[41]。

あるいは，国の命運のかかる究極の危機に際しては，剥き出しの功利計算に基づいて国家権力の核心にある暴力機構の発動を決断せざるを得ないことも起こり得る[42]。オムレツを作るには，卵を割る必要がある。政治家であっても，個人として反道徳的だと考えるような行動は一切採るべきではないという主張は，自分で動物を屠る覚悟がないのなら，牛ステーキは食べるべきではないという主張と同程度に偽善的である。われわれを統治する政治家が道徳的に完全に潔白であり得ると正気で信ずる者はいない[43]。

政治家の場合，判断に迷う余地はないという議論もあり得る。マックス・ウ

---

[41] それが個人的な利益に適うからとか，嫌な奴を痛めつけて愉快であるから，というのでは，そもそも「正当化」にならない。

[42] マキアヴェッリ『リウィウス論』第3篇第41節の次の文章を参照。「祖国の安全がかかっているとき，正か不正か，慈悲深いか冷酷か，称賛されるべきか卑劣か等を考慮する余地はない。他のあらゆる考慮を除外して祖国を救い，その自由独立を維持する途のみをとるべきである。」近年の具体例としては，ドローン攻撃によってアメリカ市民を含むテロ容疑者（容疑者にとどまる）を多数殺害したオバマ政権の行動がある（Scott Shane, *Objective Troy: A Terrorist, A President, and the Rise of Drone* (TIM Duggan, 2015)）。

[43] Michael Walzer, 'Political Action: The Problem of Dirty Hands', in his *Thinking Politically: Essays in Political Theory*, ed. David Miller (Yale University Press, 2007), p. 279.

ェーバーの『職業としての政治』は，そのように理解されることがある。個人としての道徳的判断（心情倫理）と政治家として，社会に責任を負う立場としての道徳的判断（責任倫理）とは異なる。そして，政治家は後者と一体化すべきだとの議論である[44]。

さらには，功利主義を一貫させる立場から，道徳的ディレンマは見かけのものに過ぎず，本当はディレンマは存在しないと言い張ることも考えられる。政治家を含めて，われわれが目指すべきなのは社会の利益の最大化のみであり，われわれ一般市民が日常生活で従っている道徳規範の数々も，最終的には社会の利益の最大化に資するためのガイドラインにとどまる。一般市民が日常生活で出会う問題を解決するために，社会の利益を中長期的利益の最大化に資する途は何かを入手可能な全情報に基づいて一々考えていたのでは，日常的な市民生活自体が成り立たない。意味に乏しい情報の収集・処理と熟慮のコストを省くために，つまり，結局は社会の利益の中長期的な最大化に資するためにこそ，日常的な道徳規範は存在している[45]。そうであれば，直接的に社会の利益の中長期的な最大化を図るべき立場に置かれた政治家は，もはや日常的な道徳規範を考慮に入れる必要はない。彼には，そのための情報の収集・処理を行う官僚機構と，熟慮を助けるブレーン集団がいる。直接に剝き出しの功利計算を行うことをためらう必要は全くない。

しかし，こうした徹底的な功利主義と，それに基づく道徳規範の理解を真面目に受け入れる人が多いとは思えない。人を殺すな，他人の物を盗むな等の道徳規範は，単なるガイドラインであって，社会全体の利益の観点から容易に撤回され得るものだろうか。こうした罪を犯した者にわれわれが期待するのは，

---

[44] もっとも，ウェーバーの描く心情倫理家は，自身の魂の救済を至上目的とする究極の利己主義者であって，彼が政治家に対して心情倫理家であることを完全に否定したとしても不思議ではない。しかしそうだとすると，心情倫理と責任倫理との対比は，極端な二つの立場の対比であって，広大な中間領域が無視されていることになる。激烈に対立する二つの極端な立場について，ウェーバーは，「政治の守護神やデーモンは，愛の神，いや教会に表現されたキリスト教徒の神とも，いつ解決不可能な闘いとなって爆発するかも知れないような，そんな内的緊張関係の中で生きている」と言う（脇圭平訳『職業としての政治』〔岩波文庫，1980〕100頁）。マイケル・ウォルツァーは，このウェーバーの記述を，政治家の内心の葛藤の表現として理解しているが（Walzer, 'Political Action', p. 290)，むしろ，2つの極端な立場の激烈な対立を表現したものと見るべきであろう。

[45] いわゆる，間接的なルール功利主義の理解である。

社会全体の利益の観点からの正当化ではなく、罪を犯したことへの反省と悔悟の念のはずである。また、政治家の指揮する国家機関は、私人には認められていない手段をとることも許されることがあるが[46]、だからと言って、目的がいかなる手段をも正当化するわけではない。道徳的ディレンマは存在する[47]。

　ウィリアムズは一般人と同様、道徳的ディレンマに際して結論として従われなかった道徳も、なお政治家には妥当し続けると言う。そのために、彼（彼女）は悔悟の念を抱く。彼（彼女）が最善だと信じ、良心の咎めを乗り越えて採った行為の被害者は、正当に不服を申し立てることができる。そうした不服と批判は、なお彼（彼女）に良心の呵責を感じさせる。全く何の迷いもなく反道徳的な行為を選択し、遂行し得る政治家よりは、悔悟の念を抱き続ける政治家こそが、政治家の職に相応しい[48]。

　道徳の世界は、われわれの生きるこの世界の一部である。その世界の複雑さと不整合、そしてその世界を生きる困難さを実感できること、そうした心性を持つことは、政治家として備えるべき人格の一要素である。鉄面皮の功利主義者に騙されて、この世に道徳的ディレンマなど存在しないと思い込んではならない。

　おそらくは、衝突する法規範に直面する裁判官についても、また、衝突する規範に直面するジャーナリストについても、同じことが言える。ディレンマは存在し、最善だと行為主体が考える選択が採られ、遂行された後も、悔悟の念は残る。

---

[46]／ たとえば、国は暴力の威嚇をもって富者から徴税し、貧者に分配して富の公平な配分をはかることができる。私人が同じことをすれば強盗である。

[47]／ Walzer, 'Political Action', p. 286. マキアヴェッリが君主に対して、道徳的な悪行を選択することを教えなければならないと考えたのも、そこに真の道徳的ディレンマがあると彼が考えたからである。ディレンマがないのであれば、ないことを教えれば足りる (ibid., p. 289)。アイザイア・バーリンが指摘するように、「マキアヴェッリが正しいとすれば、……人はいかに生きるべきかという問いに対する正しい、客観的に妥当な解決が発見可能だという信念は、原理的に誤っている」(Isaiah Berlin, 'The Originality of Machiavelli', in his *Against the Current: Essays in the History of Ideas*, ed. Henry Hardy (Princeton University Press, 2001), pp. 66-67)。

[48]／ Williams, 'Politics and Moral Character', pp. 59-60.「悔悟の念を感じるべきだ」との規範を政治家に守らせることが、功利主義的に考えて正しいからそうだというわけではない。功利計算に基礎づけられていることを心得ている政治家は、そうした計算に相応しい、必要にして十分な悔悟の念を感じないであろう (Walzer, 'Political Action', p. 287)。

第3章

憲法 96 条の「改正」

1　妥当性と正当化

　本章は、憲法改正規定である憲法 96 条を 96 条自身の定める手続に基づいて変更することが可能かについて論ずる。留意しなければならないのは、妥当性 (validity) と正当性 (justification) とが区別されるべきことである[1]。改正規定を改正規定自身の定める手続に基づいて変更することが可能かが問われるとき、直接に問われるのは正当性であって妥当性ではない。

　妥当性は法規範が実定法として存在するか否かの問題である。論点をきわめてクリアに（つまり極端に）整理する晩期のハンス・ケルゼンの議論をさしあたりの補助線として利用すると[2]、次のように説明できる。

　法規範が実定法として存在するかは、権限ある機関が当該法規範を定立したか否かに依存する。たとえば、P「あらゆる窃盗犯は処罰されなければならない」という法規範を立法府がすでに定立しているとき、窃盗犯であるトムについて R「トムは処罰されなければならない」という法規範が実定法として存在するか否かは、法規範 R を権限ある裁判所が定立したか否かに依存する問題である。

　もっとも、裁判所はただ R を定立するだけではなく、その定立を理由づけ、正当化しようとするはずである[3]。法学上の最も標準的な正当化は、法規範 P

---

[1]　法規範の妥当性が、当該法規範について十分な正当化が可能か否かに還元されるという立場も理論的にあり得ないわけではない。しかし、自然法論の陣営においてさえ、ここまで極端な立場をとる者は稀である。

[2]　Hans Kelsen, *General Theory of Norms* (Clarendon Press, 1991), Chapter 58. 関連するケルゼン理論の内容とその限界については、本書第2章「法の不整合、道徳の不整合」参照。

[3]　ケルゼンもそのことを否定しない。Hans Kelsen, 'On the Practical Syllogism', in his *Essays in Legal and Moral Philosophy*, ed. Ota Weinberger (Reidel, 1973), p. 260 参照。

が先行して存在しており、かつ、トムが窃盗犯であるという事実Qが合理的疑いを入れる余地なく立証されている以上、具体的法規範Rの定立が適切であると信ずべき十分な理由があるというものであろう[4]。この正当化の道筋は、「法学的三段論法」と形容されることがある。つまり、

　　P：あらゆる窃盗犯は処罰されなければならない。
　　Q：トムは窃盗犯である。
　　R：トムは処罰されなければならない。

という形で整理される。この「法学的三段論法」に現れるPとRは法規範ではなく、法規範（の存在）を記述する言明である。同一の語群から構成される同一の文が、規範としても、また言明としても解釈できることは少なくない[5]。

　法学的三段論法はRという結論を論証するための演繹的推論であるかのように理解されることがあるが、この作業の実際の役割はRという結論の正当化にある。典型的な論理的推論の例は次のようなものである[6]。SとTがそれぞれ以下のような言明だとする。

　　S：私はこの手紙をポストに投函しなければならない。
　　T：私はこの手紙をポストに投函しなければならない、または、私は隣家に放火しなければならない。

このとき「SならばT」は常に真である。これは、「Aならば、AまたはB」という恒真式に基づく推論の展開である。AおよびBの真偽にかかわらず、A⊃(A∨B)は真である。しかし、法律家がこうした論理的推論に関心を抱くことはない。Tが得られたからといって、何か新たな規範、たとえば「この手紙を

---

[4] Cf. Joseph Raz, *Ethics in Public Domain* (Clarendon Press, 2001), p. 261.

[5] 多くの論者が指摘することである。たとえば、Hans Kelsen, *The Pure Theory of Law* (University of California Press, 1967), p. 75; Georg von Wright, *Norm and Action: A Logical Enquiry* (Routledge, 1963), p. 105; Joseph Raz, *The Concept of a Legal System*, 2nd ed. (Clarendon Press, 1980), p. 47 参照。

[6] 「アルフ・ロスのパラドックス」と言われるものである（Alf Ross, 'Imperatives and Logic', *Theoria*, vol. 7, pp. 65-66）。論理的推論なので、以下の2つの「べき」文は、記述的言明であって真理値を持つものとして解釈される。規範に真理値はない。

ポストに投函することができないならば,私は隣家に放火しなければならない」の定立が正当化されると考える者はいない[7]。

　法規範 R 定立の正当化は,言明 P および言明 Q が真であるとき,法規範 R に対応する言明 R が真であると信ずべき十分な理由がある旨を示すことである。P および Q の真偽にかかわらず成り立つ論理的推論が眼目ではない[8]。

　論理的推論と異なり,正当化の作業では,ある前提の正当化の力が他の言明によって打ち消されることがある。たとえば,

　　U：*窃盗犯であっても責任が阻却されるならば処罰してはならない,かつ,トムの責任は阻却される。*

という言明が真であれば,P の力が打ち消され(阻却され),R はもはや P によって正当化されることはない[9]。これに対して,論理的導出関係が打ち消されることはない[10]。

　さて,憲法改正規定を改正規定自身の定める手続に基づいて変更することが可能か,が問われるとき,直接に問題となるのは現行の改正規定が存在しており(妥当性を有し),かつ,当該規定の定める手続を踏んで改正規定自体が変更されたという事実が真であるとき,改正後の改正規定の定立が適切であると信ずべき十分な理由があるか,つまり変更後の改正規定の正当化が可能か否かである。

7/　Cf. Bernard Williams, 'Imperative Inference', in his *Problems of the Self* (Cambridge University Press, 1973), p. 154.

8/　言明 P が言明 R の正当化根拠(の一部)となることをもって,「規範 R は規範 P を適用した結果である」と言われることもある。「適用の結果」とはまことに曖昧な概念であるが,言われていることの中身は,本文で説明した通りである。

9/　こうした特質は,法学のみならず実践的三段論法に広く当てはまる。アリストテレスの示した例をもとにエリザベス・アンスコムが構成した例で言えば,「乾いた食べ物は人間の健康に良い,かつ,私は人間だ。」という前提は,「私は乾いた食べ物を発見したら,それをすべて食べるべきだ」という結論を正当化しない (G. E. M. Anscombe, *Intention,* 2nd ed. (Harvard University Press, 2000), p. 61)。この前提は対立する他の言明によって容易に打ち消される。

10/　もちろん,論理的導出関係の成否が正当化の道筋で全く考慮の外に置かれるわけではない。前述の P,Q,R の間に,P かつ Q ならば R,という論理的導出関係が成立し得ることは,P が存在し,Q が立証されれば R の正当性を信ずる十分な理由になるという論証が成り立つための重要な一要素にはなる。しかし,一要素に過ぎない。

これは，変更後の改正規定が妥当しているか（実定法として存在しているか）という問題と関連はしているものの，別の問題である。通常は，憲法の規定は改正規定の定める手続を踏んで変更されれば，変更後の規定が妥当性を獲得する。両議院でそれぞれ総議員の3分の2以上の賛成を経て発議がなされ，国民投票で承認されれば，新たな規定が妥当することとなる。96条自身についても，96条の定める手続を経て変更がなされれば，変更後の規定が妥当な改正規定だと，社会学的事実として受け止められることは十分考えられる。これから説明するように，変更前の96条が変更後の96条の適切さを支える正当化理由となるか否かについては，深刻な疑問が残るが，既存の法規範による十分な正当化の支えのない具体的法規範が裁判所によって定立され，確定判決として実定法秩序内における妥当性を獲得することも珍しくはない[11]。

　正当性と妥当性は別の問題である。

2　改正規定は自身の変更の正当性を支えることができるか

　改正規定が自身の変更の正当性を支えることができるか，この問題に対して消極の回答を示したのはアルフ・ロスである。かりに改正規定が自身の変更の正当性を支えることができると想定すると，次のような解決不能に見える問題が生起することをロスは指摘する[12]。説明の便宜のため，憲法96条の意味内容を次のように簡略化して示すこととする。

　　96条：*この憲法は手続Vを通じて改正できる。*

問題は，そこで言われている「この憲法」は96条自身をも含むかである。含むと仮定したとき，96条の内容は次のような一連の言明の連言に展開可能である。

　　96条：*憲法1条は手続Vを通じて改正できる，かつ，*
　　　　　憲法2条は手続Vを通じて改正できる，かつ，

---

[11]　Kelsen, *General Theory of Norms*, pp. 248-49 & 252-54.
[12]　Alf Ross, *On Law and Justice* (University of California Press, 1958), pp. 78-84. この問題に関する最近の論稿として，石川健治「あえて霞を喰らう」法律時報85巻8号（2013年7月号）11頁以下がある。

憲法3条は手続Vを通じて改正できる，かつ，……

各条項の内容，たとえば1条で言えば「天皇は，日本国の象徴であり日本国民統合の象徴であつて，この地位は，主権の存する日本国民の総意に基く」を代入することで，各言明の意味内容は確定する。ところで，この連なりはいずれ96条に到達する。

　　　　　……憲法96条は手続Vを通じて改正できる，かつ，……

ここでいう憲法96条の内容は，「この憲法は手続Vを通じて改正できる」というもので，そこに再び「この憲法」が登場する。この言明の意味を確定するためには，「この憲法」の意味を確定する必要が生ずるが，そうするためには，改めて1条から始まる連言を展開する必要が生ずる。そして，その連なりはいずれまた96条に到達する……。というわけで，96条で言われている「この憲法」が憲法96条自身を含むとすると，96条の意味内容は永遠に確定しない。だとすると，改正規定である96条は，自身の変更を正当化する根拠とはなり得ないのではないか。これが，ロスが提起した疑問である。

　この問題提起に対しては，H. L. A. ハートが批判を加え[13]，それにロスが応答し[14]，さらに検討が深化される形で議論が進行した。詳細については別稿に譲るが[15]，ここでは，一点のみコメントを加えておく。それは，ハートがこの問題を変更後の改正規定の正当化の問題としてではなく，あくまでその妥当性の問題として把握している蓋然性が高いことである。ハートの法理論の核心にあるのは，法律家共同体の共通の了解事項である認定のルール（rule of recognition）に基づいて，当該社会の実定法が何か，つまり妥当性を持つ法は何かが識別されるというテーゼである。何が法として現に通用しているか，そして，

---

[13] H. L. A. Hart, 'Self-referring Laws', in his *Essays in Jurisprudence and Philosophy* (Clarendon Press, 1983).

[14] Alf Ross, 'On Self-reference and a Puzzle in Constitutional Law', in *Mind*, vol. 78, pp. 1 ff. (1969).

[15] 長谷部恭男「憲法典における自己言及――A. ロスの謎」芦部信喜先生還暦記念『憲法訴訟と人権の理論』（有斐閣，1985）。長谷部恭男『権力への懐疑』（日本評論社，1991）159-61頁をも参照。

その法を識別する基準としてどのようなものが，当該社会の実務慣行として存在しているかが問題であって，実定法として識別された法が正当化されるか否かは，彼の法理論にとってはきわめて周縁的な問題にとどまる[16]。認定のルール自体の正当性にも，彼は関心を払っていない。

こうしたハートの視点からすれば，改正規定の定める手続を踏んで変更を加えられた後の改正規定が実定憲法としての妥当性を獲得するか否かこそが問題であり，その手続が変更後の改正規定の正当化根拠となるか否かは特に関心を惹く論点ではない。変更後の改正規定が妥当性を獲得するか否かは，当該社会の認定のルールがその点に関していかなるものであるかという社会学的事実に依存する[17]。しかし，それはロスが提起した問題とは次元が異なる[18]。

通貨の発行の比喩が可能かも知れない。筆者が発行する紙幣が日本の通貨としての地位を獲得するか否かは，その紙幣を日本社会のメンバーが通貨として信認し，財貨の取引や富の蓄積の手段として現実に利用するか否かという社会学的事実に依存する。現に大部分のメンバーが通貨として受け入れ，使用するならば，それが日本の通貨である。しかし，そのことと，筆者に日本の通貨を発行する正当な権限があるか否かは別の問題である。それを論証するためには，筆者が既存の法令によって通貨の発行権限を授権されているという先行する実定法規範に基づく正当化か，あるいは，筆者が偽造・変造のきわめて困難な紙幣を大量に発行する技術と資本を持ち合わせているため，筆者が紙幣を発

---

[16]/ 主著『法の概念』の序文で，ハートはこの著作が「法，強制，道徳を関連する社会現象として理解することを目指し」ており，「記述的社会学の試み」であると述べる（H. L. A. Hart, 'Preface' to *The Concept of Law*, 2nd ed. (Clarendon Press, 1994), p. v）。

[17]/ 憲法改正規定の改正は改正の限界を超えるという認定のルールが社会慣行として確立している社会においては，変更後の改正規定が妥当性を獲得する蓋然性は小さい。ただ，それもあくまで社会学的事実のレベルの問題である。つまり，ハートの立場からしても，改正規定の定める手続を踏んで改正規定を変更し得るかは，アプリオリに答えられる問題ではなく，当該「改正」後の実務慣行という事実に照らしてのみ判断できる。英国議会が後継者の権能を制限し得ないという原理は，たまたま現在受容された認定のルールであるに過ぎず，その意味で「論理必然ではない」とする彼の主張（Hart, *The Concept of Law*, p. 149）を参照。そうであるか否かは，「経験的問題である」（ibid., p. 150）。そして，この問題に対する正解はなく，「複数の回答」があるに過ぎない（ibid., p. 151）。

[18]/ ロスは，ハートが可能だとする改正規定の改正は，社会心理学的事実のレベルの現象であるとする（Ross, *On Law and Justice*, p. 83; Ross, 'On Self-reference and a Puzzle in Constitutional Law', pp. 6-7.）。

行すれば社会公共の利益に役立つという実質的な正当化が必要となる。ただ，正当化の理屈におよそなりそうもないのは，筆者に正当な権限があると筆者自身が決めたからだという議論である。

　ロスが指摘した問題は，より一般的に言えば，自己授権による正当化は不可能ではないかという問題である。自己の権限の変更を自分自身の権限に基づいて正当化することはできない[19]。不当な自己言及を前提とせざるを得ないからである。同様に，憲法を変更する権限を設定する憲法改正規定は，自分自身の変更を根拠づけることはできない。憲法改正規定の改正は論理的に不可能だと日本において主張した代表的論者は清宮四郎教授であるが[20]，この主張は，「法規範は，その通用の根拠をおのれみずからに与えること，すなわち自己授権することはできず，その通用の根拠を他に求めなければならない」[21] という彼の指摘と密接に関連している。

3　ロスの問題提起の限界

　本節では，ロスの問題提起が持ち得る意義の限界について説明する。第2節で述べた通り，ここで問題となっているのは正当化の局面である。しかも，疑義が提起されている正当化は，現在の改正規定が，それ自身の定める手続を経て変更された後の改正規定の正当化根拠となるかという限られた局面での正当化である。

　第1節で例示した裁判所による判決の正当化の場面にも共通するが，なぜ先行して妥当性を有する法規範が後に定立される法規範の正当化根拠として援用されるかと言えば，実質的な道徳に訴えかけることなく，法規範定立の正当性根拠として援用することが可能だからである。道徳的議論については，人によ

---

[19]/　古典的な例としては，全能の神は自身が持ち上げることができないほど重い石を創造することができるか，という問題がある。そんな石を創造できない神は全能とは言えない気がするが，一旦創造してしまえば，その石を持ち上げることのできない神は全能ではない。「全能」という概念自体が含むパラドックスについては，J. L. Mackie, *The Miracle of Theism* (Clarendon Press, 1982), pp. 160-01 参照。マッキーは，自己言及となる限りにおいて言明の意味内容が不確定となる点を指摘しており (ibid., p. 161, n. 10; cf. do, *Truth, Probability, and Paradox* (Clarendon Press, 1973), pp. 240-01)，ロスの指摘と通底する。

[20]/　清宮四郎『憲法Ⅰ〔第3版〕』（有斐閣，1979）411頁。

[21]/　清宮『憲法Ⅰ』17頁。

っていろいろな立場があり得るし，それらは必ずしも両立せず，ときには激しく対立する。更地で議論をすれば，甲論乙駁で収拾がつかなくなるおそれもある。現在すでに妥当性を保有している実定法規範があり，それを正当化根拠として援用することができるのであれば，そうした面倒な議論に巻き込まれることなく，簡易かつ明瞭な形で正当化を行うことが可能となる。ケルゼンが実定法の正当性根拠は上位の実定法のみだと想定したのも，こうした思考の筋道を経てのことである。96条を変更しようとする人々も，当然，そうした利点を勘案して，96条自身の定める手続を踏むことを根拠に96条を変更することは簡易かつ明瞭な形で変更後の96条を正当化することにつながると考えているはずである。

ところがロスは，この正当化の試みはさほど簡易でも明瞭でもないことを指摘した。そして，これに対するハートの反論は，少なくとも決定的とは言い難い[22]。他方，ロスはハートとの議論の応酬を経て，結局は，改定規定自身の定める手続を踏むことで改正規定を変更することは正当化可能だとの結論に至った[23]。しかしその可能性は，改正規定が当該実定法秩序の最高法規ではないという前提に立ったとき，はじめて開かれる。むしろ，当該実定法秩序の最高法規は，

> W：現在の憲法改正権者がその後継者を指定するまでは，現在の憲法改正権者に従え，後継者が指定されたならば，さらに後継者が指定されるまでは，その後継者に従え……。

という形で現在および未来の憲法改正規定の妥当性を時間的に限界づけ，コントロールするものと想定する必要がある。こうした法規範が現在の改正規定のさらに上位にあると想定するならば，改正規定自身の定める手続を通じて改正手続が変更されることも正当化可能となる。

しかし，ここまで来ると，実定法規範の存在を根拠に簡易かつ明瞭な形で新たな法規範の定立を正当化するという当初の議論の目的がかなりの程度まで擦

---

[22]／　長谷部・前掲注 *15*「憲法典における自己言及」831-37 頁。
[23]／　Ross, 'On Self-reference and a Puzzle in Constitutional Law', pp. 6-7 & 21 ff.；長谷部・前掲注 *15*「憲法典における自己言及」840 頁。

り切れてしまう。こうしたにわかには内容を了解し難く，それ自体の正当性も怪しげな最高規範の妥当性を想定しない限り，実定法に基づく正当化が困難だというのであれば，むしろ，先行する実定法の妥当性に基づいて正当化を試みる意味自体が極度に希薄化していると言えるのではなかろうか。そもそも，こうした最高規範の妥当性について，社会的合意の存在が簡単に確認できるとも思えない。

そうだとすれば，われわれとしては，先行する実定法規範に訴えかけることによって改正規定の変更を正当化しようとするのではなく，むしろ端的に新たな改正規定が先行する改正規定よりも実質的に優れた内容を備えていることを正面から論証すべきであろう。次節で検討するのは，果たしてそうした論証が成り立つか否かである。現在，議論の焦点となっているのが，改正の発議要件を国会各院の総議員の3分の2から単純過半数へと緩和しようとの提案である以上，そうした緩和に実質的正当性があるか否かが問題となる。

4 改憲要件緩和の実質的正当性

さて，議論の場面を実質的道徳の地平に移したときに懸念されるのは，それが収拾のつかない混乱と対立をもたらす事態である。そうした懸念があるからこそ，先行する実定法に基づく正当化が利用される。しかし，そうした事態の発生は，さして懸念すべきもののようには思われない。

裁判の場面においても，妥当性を有する実定法規の存在にもかかわらず，その内容を打ち消す道徳規範が憲法上の基本権条項や私法上の一般条項等の窓口を通じて呼び出され，後者によって正当化される個別的規範が裁判所によって創設されることもある。ケルゼンは，道徳規範に訴えかけることはホッブズ的な自然状態さながらの混乱と対立をもたらすと考えたようであるが，それは日本が準拠国としてきた世界各国の違憲審査や司法作用の状況とは対応していない。

なぜかと言えば，それはこれらの国で，裁判の場面において呼び出される道徳が，激しくせめぎ合う一次レベルの道徳ではなく，対立する多様な道徳の公平な共存を目指すメタ・レベルの道徳，つまり立憲主義に基づく道徳だからである[21]。

立憲主義は，この世には互いに激しくせめぎ合う多様な世界観，人生観があることを前提に，多様な世界観，人生観を抱く人々が公平に社会生活の便宜とコストを分かち合うことができるよう，社会の基本的構造を設定しようとする考え方である。社会生活の文脈を私と公に大きく区分し，前者において各自の思想や世界観に基づく行動の自由を保障する代わり，後者においては各自の世界観や人生観にかかわらず，社会全体に共通する公益の実現に協力するよう求める。こうした基本構造は，標準的な政治社会であれば，硬性の憲法典の内容に反映していることが通常である。

　憲法96条では，憲法改正の発議に衆参両院の3分の2の多数決が必要だとされている。なぜ，3分の2の特別多数決が要求されているかと言えば，そこでも焦点となるのは立憲主義である。

　憲法は，世の中にはさまざまな意見や立場の人がいるという前提に立っている。そうである以上，多様な意見や立場をカバーする幅の広いコンセンサスに支えられる改正案であってはじめて，長く遵守すべき，安定した社会の基本原則として憲法に取り入れることが可能となる。単純多数決による発議を許すと，その時々の政治的多数派による党派色の強い改正提案がなされる可能性が高くなる。それでは，日常政治での多数派―少数派の転変から距離を置いた，長期的に守られるべき基本原則という憲法の性格が破壊される。特定の党派に属する人々にとっては善い原則であっても，他の人々にとっては自分たちの世界観や人生観を根本から否定する，アンフェアな憲法になりかねない。3分の2という特別多数が改正の発議に要求されるのは，このためである[25]。

　国民投票で結論を出すのだから，国会の発議は単純多数決で構わないではないか，と反論する人もいるが，これは単純にすぎる議論である。憲法は，まだ生まれていない将来世代を含めた長期にわたる国益を左右する社会の基本原則である。たとえて言うなら，子や孫の代まで運用し続けてやっと投資の善し悪しが分かる金融商品のようなものである。リスクの有無はともかく，本人であるあなたが今決めるのだから，どんどん提案させて下さい，というわけにはい

24/　長谷部恭男『憲法の円環』（岩波書店，2013）第12章参照。
25/　この議論からは，必ず3分の2でなければならないという結論は出てこない。5分の3または4分の3であっても構わないであろう。ただし，単純多数決が正当化されないことは確かである。

かない。

　長期的な国益に関わる基本原則を変えようというのであるから，国会でじっくり審議をし，長期にわたるコミットをしても安全だと大多数の人が考える改正案であってはじめて，国民に対して承認を求める発議をすべきだということになる。現在の有権者が多数決で決めるのだからそれでいいはずだ，主権者の自己責任だからどんどん提案すればよいというのは，長期的に運用される金融商品のリスクを度外視して，次々と売り込みをかけるのと同じ危なっかしい議論である。

　注意を要するのは，憲法は「国民」ということばを少なくとも2つの異なる意味で使っていることである。憲法改正の国民投票をしたり，最高裁裁判官の国民審査をしたりする国民は，「現時点での有権者団」という意味での国民である。他方，憲法前文で「この憲法を確定する」とされている国民や，国政を政府に信託しその福利を享受する国民は，「将来世代を含めて永続する団体とそのメンバー」という意味での国民である。現時点での有権者団の判断が，永続する団体としての国民の利益に関する正しい結論と一致するとは限らない。うっかりした答えを有権者団が出さないために，両者の一致を図るために国会での慎重な審議を要求している。国会の発議と国民投票とは適切な改正へと導くための連続した一つのプロセスであり，2つに切り離して考えるべきものではない。

5　むすび

　改正規定の定める手続に基づいて改正規定自体を変更することが認められるか。それは本章で説明したように，変更後の改正規定の正当化根拠に関する問題である。正当化には二通りの道筋があり得る。1つは，先行する実定法，つまり現行の改定規定を正当化の根拠とする道筋であり，今1つは変更後の改正規定が道徳的に見て優れているという実質的な正当化の道筋である。いずれの道筋にも，さしたる説得力はない。

第*4*章

個人の尊厳

1 はじめに

　芦部信喜教授は，憲法の基礎にある価値原理として個人の尊厳を強調したことで知られる。教授によれば[1]，

> 自由の価値は，市民革命期には国民の憲法制定権力（制憲権）と不可分の関係にあるものと考えられ，超実定法的な自然権の思想に由来する。その意味で，それを実定法化した自由の憲法規範は，「実定化された超実定法」として，憲法の中核を構成する根本規範（Grundnormen od. Fundamentalnormen）だと言うことができよう。そして，この根本規範を支える核心的価値が人間人格不可侵の原則（個人尊厳の原理）であることは，先にも指摘したとおりである。

教授はさらに，同じ発想は宮沢俊義にも見られるとする[2]。

> 宮沢俊義は日本国憲法の基本原理として，まず『個人の尊厳』（個人主義）を挙げ，『個人を尊重することは，個人の自由とその生存を尊重することである。日本国憲法は，したがって，基本的人権の保障をその何よりの目的とする』とし，ついで『個人がすべての価値の根源だということになれば，政治権力の源も，個人にあると考えざるを得ない。しかも，個人はすべてがたがいに平等である。したがって，すべての個人が政治権力の源でなくてはならない。ここで，必然的に国民主権の原理が生まれる。国民主権とは，主権は国民全体にあるという原理をいう』と説いている。この個人尊厳の原理から人権と主権の原理が導かれるとする考え方は，私が

1/　芦部信喜『憲法学 I』（有斐閣，1992）47頁。個人の尊厳が人権の基礎にあるとの立場は，英米圏では，アラン・ゲワースによって表明されている（Alan Gewirth, 'Human Dignity as the Basis of Rights', in Michael Meyer and William Parent eds., *The Constitution of Rights: Human Dignity and American Values* (Cornell University Press, 1992), p.10)。

2/　芦部・前掲『憲法学 I』47頁。

右に述べたところと実質的には同じ趣旨と言うことができる。

　本章で扱うのは，ここで言われている「個人の尊厳」とは何を意味するかである。上述の引用箇所で，芦部教授は，この概念を「人間人格不可侵」の原則および「個人主義」と同じ意味内容を持つものであるかのように語っているが，それは異論の余地のないことではない[3]。個人の尊厳という概念は，個人に高い価値があることは前提としているであろうが，その価値が不可侵であることまで当然に前提としているとは言い難い。また，個人に高い価値が付与されることと，「個人がすべての価値の源泉」であることとは同じではない。たとえば，崇高な美をたたえる自然の山河や星のまたたく夜空のその美しさも，すべての価値の源泉である個人から流出しているという主張については，賛否両論があり得る。

　さらに，「個人がすべての価値の根源」であると仮に認めたとして，この前提から国民全体に主権が帰属するという国民主権の原理が論理必然に導出されるわけでもないであろう。「個人がすべての価値の根源」であるとの前提から必然的に導かれるものがあるとすれば，それは「個人がすべての価値の根源」であることに配慮しつつ国政は運営されるべきであるとの原理にとどまるはずである。すべての国民に政治への発言権が平等に保障されるべきであるとの結論が当然に出てくるわけではない。そもそも，日本国内で生活する（つまり政府の行動のインパクトを直接に受ける）個人のすべてが日本国民であるわけでもない。

　ここで芦部教授が行っているのが，個人の尊厳という概念の立法的（stipulative）な定義にとどまるのであれば，それに異論を唱えることはさして生産的ではない。教授はそうした意味で「個人の尊厳」という概念を用いることに決めたのであり，それは論理的にはあり得る用法である。とはいえ，その場で教

---

[3] 　教授は前述の引用部分末尾で「先にも指摘したとおり」とするが，同書の先行する箇所では，「個人尊厳（人格不可侵）の原理を憲法の根本原則として確認」する近代立憲主義の思想の存在が指摘されるにとどまり（芦部・前掲『憲法学Ⅰ』29頁），その論拠が明示されているわけではない。また，同じく「個人の尊厳」を根本規範の根底にある原理とする清宮四郎教授の説に関連して，根本規範の内容の論理的関連を明らかにするとされる記述（同上書22-24頁）も，個人の尊厳の内容についてとくに説明を加えていない。

授の決めた概念の意味が直ちに日本国憲法の正当性を支える根本規範の核心的価値となるという主張もにわかには信じ難い。かりに立法的な側面がそこにあるとしても，多くの人々によって受容可能な「個人の尊厳」の理解が，やはりそこでは問題となっているはずである。

　古来，dignitas, Würde, dignity 等のことばであらわされてきた「尊厳」とは何を意味するのか，それが本章の考察対象である[4]。とりわけ個人に尊厳があるということが，憲法による権利の保障の性格や，どのような場合にその制約が許されあるいは許されないかという論点につきいかなる帰結を導くか，さらには日本国憲法の根底にある立憲主義の理念とこの概念とがどのような関係にあるかが検討される。

2　人間の尊厳

　個人の尊厳との異同が論議される概念として人間の尊厳がある。英語では human dignity と表記されるのが通常であろうから，個人の尊厳ではなく，人間の尊厳こそが問題だとの主張には，一見したところ説得力があるように思われる。

　もっとも，個人の尊厳の意義を強調する人々も，通常は「人間たる個人の尊厳」の意義を強調しているわけであり，英語の表記法が結論を左右する決定的な論拠となるわけではない。むしろ，2つの概念がどのように異なる主張を含意し得るかを見定める必要がある。個人ではなく，人間の尊厳こそが問題だと主張した代表的論者はホセ・ヨンパルト教授であった[5]。カトリックの法思想

---

[4]　尊厳に関する本章とは異なる理解の例としては，自らの人生を真剣に受け止め善く生きること，そして，自らの人生を意義深いものとする責任を自ら負うことを「人間の尊厳 human dignity」と捉えるロナルド・ドゥオーキンの議論がある（Ronald Dworkin, *Justice for Hedgehogs* (Harvard University Press, 2011), pp. 203-04）。これは，個々人の生き方や態度，生活振りについて，「尊厳ある dignified」と形容される場合のことばの理解としては適切であろうが，人権や憲法上の権利の基礎として言及される人間または個人の尊厳とは文脈が異なるように思われる。後者の文脈では，むしろ，他者をいかなる存在として扱うべきかという意味合いで用いられることが通常であろう。後者の文脈での観念であることを明確にする点では，日本国憲法 13 条の言及する「個人」の「尊重」ということばを用いる方が適切かも知れない。

[5]　ホセ・ヨンパルト「人間の尊厳と個人の尊重」星野英一＝田中成明編『法哲学と実定法学の対話』（有斐閣，1989）62 頁以下。

がその主張の背景を構成していることは想像にかたくない[6]。

　カトリックの立場からすれば，神によって，神の似姿（imago dei）たる人間という種に与えられた尊厳が問題であり，そこで問題となる「尊厳」とは神に由来する「価値」である。神はもちろん他の生物の存在にも意義を与えたはずであるが，それらは人間の存在意義には劣る。そして，人間の価値は，彼女（あるいは彼）が人間であること自体に基づくものであって，彼女が自由であるとか，自律的な判断能力を備えているとか，自律的判断に基づいて選択する能力を持つ等ということは付随的な（あるいは幻想的な）形質であり，人間としての価値の有無とは本質的に無関係である。したがって，出生以前の胎児も，また自律的判断能力を備えない大人も，人間であることにおいては同等である（おそらくは，無脳症の赤ん坊も同等だということになるであろう）。そして，人間であることから当然に帰結するこの価値は不可侵である[7]。

　また，人間の尊厳は，すべての人間に平等に付与されているとは限らない。神の創造した聖俗の秩序の中にはさまざまな働きに応じたさまざまな地位があり，それら多様な地位には固有の尊厳（価値）が付与されている[8]。その意味

---

*6/　ヨンパルト教授が，カトリック思想に偏した議論を展開しているという趣旨ではない。前掲注5文献は関連する多様な法思想を公正に概観している。
*7/　ヨハネ・パウロⅡ世の回勅 *Evangelium Vitae* の一節は，こうした考え方を典型的に示している。「まずは，主体性の概念を極端に押し進め歪曲して，完全な自律性または自律性の端緒を示すことで他者への完全な依存から離脱する者のみを権利主体として認める精神が問題の根源にある。果たしてこうした考え方を『用いられることのない』存在としての人の称揚と両立させることが可能であろうか。人権の理論はまさに，人は動物や物と異なり，他者の支配に服することはあり得ないとの確認に基づいている。また，人の尊厳を，言葉によって明確に，少なくとも覚知しうるようにコミュニケートする能力と同視する精神も問題である。こうした前提からすれば，胎児や死にゆく者のような社会の中での弱者，他者の慈悲に完全に依存する者，そして愛の深い共有という表わされざる言葉を通じてのみ思いを伝えうる者がこの世に存在する余地はない」（*Evangelium Vitae*, section 19）。また，トマス・アクィナスは，知的に思考し判断する存在であることを人間の尊厳を支える要素（の1つ）だとする一方（John Finnis, *Aquinas: Moral, Political, and Legal Theory* (Oxford University Press, 1998), pp. 178-79），人は生を享けた当初から，魂を与えられると想定していた（ibid., p. 178 and 186 n.）。
*8/　このことを明確に主張しているものとして，レオⅩⅢ世の回勅 *Quod Apostolici Meneris* がある。「すべてを創造し統べる神は，その賢明なる摂理を通じて，最も低きものは中間者を通じて，また，後者は最も高きものを通じて各々の目的を達するよう定めている。かくして神は，……教会内部にもさまざまな秩序と職務を置いて全員が使徒，博士または司祭であるわけではないこととしているし，世俗の社会においても尊厳や権利や権限において異なるさまざまな秩序を置いている」（*Quod*

で，人間の尊厳は，すべての個人に平等に付与された尊厳ではない。階級により，職務により，属する集団により，異なる尊厳が付与されることも，当然可能である。

さらに，カトリックに限らず，キリスト教神学の立場からすれば，各人に認められる人間の尊厳を尊重することは，せいぜい，神の栄光の実現や来世での各人の救済という目的を達成するための手段にとどまるのではないか，との疑念は残る。

3 カントにおける個人の尊厳

これに対して，個人の尊厳を強調する陣営は，自由な選択及び判断主体としての個人の意義から出発する。それは，必ずしも胎児や（事故や疾病等により）自律的判断能力を欠いた大人の価値を否定することには直結しないが，少なくとも，それは個人の尊厳という概念によって表される価値とは別の価値である[9]。ここでは，カントの道徳哲学での議論を素材として，個人の尊厳の意義を構成してみよう[10]。

Apostolici Meneris, section 6)。なお，Michael Rosen, 'Dignity Past and Present', in Meir Dan-Cohen ed., *Dignity, Rank, and Rights*（Oxford University Press, 2012), p. 87 をも参照。

[9] その価値の少なくとも一部は，潜在的には自律的判断主体となり得る存在の価値として表すことが可能かも知れない（cf. Jeremy Waldron, *Dignity, Rank, and Rights*（Oxford University Press, 2012), p. 29)。また，一部は痴呆の進行や死亡のゆえにすでに自律的判断主体ではなくなった者が呼び起こす，自律的判断主体としてかつて備えていた尊厳への追憶とその尊重として表すことができるかも知れない（James Griffin, *On Human Rights*（Oxford University Press, 2008), pp. 236-37)。なお，胎児や受精卵に対して，潜在的に自律的判断主体となり得ることを理由に「拡張された」人格を認めることがもたらす困難については，Allen Wood, *Kantian Ethics*（Cambridge University Press, 2008), pp. 96-98 参照。

[10] アラン・ゲワースも権利の基礎としての尊厳という観念が，カントに遡り得ることを指摘する（Gewirth, supra note1, p. 11)。彼が参照を促すのは，「人間は，あらゆる他人の人間性の尊厳を実践的に承認するよう義務を課せられている」とする樽井正義＝池尾恭一訳『人倫の形而上学　カント全集(11)』（岩波書店，2002）350頁［A 462］である。そして，ゲワースも，あらゆる個人にこの尊厳が承認される根拠を，自らの判断によって行動の目的（善）を選択する主体としての個人のあり方に求めている（ibid., pp. 20-22)。

なお，歴史上の実在としてのカントは，すべての個人の平等を信じていたわけではない。彼は男性の能力は女性のそれに自然に優越すると考えていたし（『人倫の形而上学』112頁［A 279］)，有色人種は白人ほどには完全でないと考えていた（宮島光志訳『自然地理学　カント全集(16)』〔岩波書店，2001〕227頁［A 316］)。本節で提示されるのは，彼の道徳理論に基づいて合理的に再構

カントによれば，人間は人格として見られたとき，つまり道徳的＝実践理性の主体として見られたとき，あらゆる価格，つまり手段的価値を超えた尊厳を備える。人はいかに行動すべきかを自ら自律的に判断する主体である[11]。そうした主体として，人はこの世界の他のあらゆる理性的存在者に対し，自己への尊敬を要求することができる[12]。言い換えるならば，「他の人々にとって自分をたんに手段とすることなく，他の人々に対して同時に目的であれ」ということになる[13]。

同時に，この尊厳は，自身に対する義務をも含意する。人の奴隷とならず，他人が自己の権利を蹂躙するに任せないこと，受けずに済むはずの親切や施しを受けないことという自身に対する義務がある。「地にひざまずき，ひれ伏すことは，それによって天上のものへの尊崇の念を形に表すためであっても，人

成されたカントの個人観である。

[11] もっともその判断にあたって，カントが描くように，定言命法の要請に則った格率（Maxime）をその都度自ら定立しているかと言えば，多くの人は懐疑的であろう。カントは，「自然の事物はどれも法則にしたがって作用する。ただ理性的存在者のみが，法則の表象にしたがって行為する能力を，すなわち，原理に従って行為する能力をもつ。言い換えれば，意思をもつのである。行為を法則から導出するためには理性が必要とされるので，意思とは実践的理性にほかならない」と言う（平田俊博訳『人倫の形而上学の基礎づけ　カント全集(7)』〔岩波書店，2000〕41 頁 [A412]）。このように，原理に従う判断と行動とが理性的存在者の特性とされる。人はたしかに行動にあたってそうすべき理由（規範的理由）を考えることが多いであろうし，純粋に「その場限りの理由」なるものは理由とは言い難いであろうが，かと言って，常に「原理」と言い得るほどの普遍性を持ったルール，とりわけカントの言う定言命法の要請に則った道徳法則に基づいてとるべき行動を決定しているわけではないであろう。また逆に，定言命法という普遍的形式の指令のみでは，格率の内容の正当性を保障するにはあまりにも空疎であり，定立される格率の実践的理性との適合性を十分に確保し得るとは考えにくい（David Velleman, 'Willing the Law', in his *Self to Self* (Cambridge University Press, 2006), pp. 292-94）。

[12] 『人倫の形而上学』311 頁 [A435]。

[13] 『人倫の形而上学』56 頁 [A236]。カントは，目的としての人格の観念に関連して，自律的な判断・行為主体としての個人とは別に，人としての存在そのものに価値があるかのように語ることもある。自殺を否定する彼の議論はその典型である。自分の人生に生きる価値がないからという理由で自殺するのは，目的であるべき自身の存在を善き生を送るための手段としてのみ扱っていることになり，人間の尊厳を否定するもので認められないとされる（『人倫の形而上学』294 頁 [A422-423]）。しかし，自律的な判断・行為主体の存在意義が，自らが生き甲斐があると考える人生を生きる点にある以上，このような形で個人の存在とその生とを画然と区別することには疑問があるし（cf. Griffin, supra note 9, p. 220），また，カント自身，自殺は許されないと断定するかに見せて，その後に自殺が認められ得る決疑論的状況について語っている（『人倫の形而上学』295 頁 [A423]）。

間の尊厳には背いている」[14]。

　自律的に判断し行動する個人の尊厳は，そうしたあらゆる個人に平等に認められる尊厳である。もっとも，社会生活における各自の道徳的判断は往々にして互いに衝突する。そこで，自由な選択を相互に両立させるため，客観的法則（の体系）による枠付けが必要となる。客観的法秩序が各人に平等に保障する自由の範囲内で，各人は自律的に判断し，行動する。そうした客観的法秩序の確立した社会，つまり「自分のものが確保されうる社会へ，他の人々とともに入れ」という格言が，すべての人に妥当する正義（Recht）の法則となる[15]。

　カントは，こうした個人の尊厳について，しばしば，価格とは根底的に異なる価値であると語る[16]。『人倫の形而上学の基礎づけ』で，カントは，「目的の国においてはすべてのものは，価格（Preis）をもつか，それとも尊厳（Würde）をもつか，そのいずれかである。価格をもつものは，何か別の等価物（Äquivalent）で代替できる。ところが，それとは逆に，一切の価格を超出した崇高なものは，したがっていかなる等価物も許さないものは，尊厳をもつ」と言う[17]。

　手段としてのものには価格がつく。それは代替可能なものとの需要・供給の相対的関係によって決まる価値である。しかし，道徳的な判断主体としての人間は，それ自体，目的でなければならない。「理性的存在者は，道徳性を通じてのみ，目的の国で法則を立法する成員であることが可能だからである。それゆえ人倫性だけが，そして人倫性を備えているかぎりの人間性だけが尊厳をもつ」[18]。

　これは，人間に価格が決してつかないとか，人間が何かの手段とされることがあり得ないことを意味しない。同じ箇所でカント自身が指摘するように，人

14/　『人倫の形而上学』314 頁［A436］。
15/　『人倫の形而上学』56-57 頁［A237］。カントは刑罰について厳密な応報刑主義の立場をとるが（『人倫の形而上学』179 頁［A 333］），刑罰というインセンティヴを伴う客観法秩序が副次的効果として，他者の権利侵害を一般的に抑止する帰結をもたらすことは認識していたことになる。この点については，Nelson Potter, 'Kant on Punishment', in *The Blackwell Guide to Kant's Ethics*, ed. Thomas Hill（Wiley-Blackwell, 2009）, pp. 183-84 参照。
16/　『人倫の形而上学』311 頁［A434］参照。
17/　『人倫の形而上学の基礎づけ』74 頁［A434］。
18/　『人倫の形而上学の基礎づけ』74 頁［A435］。

の労働に対してはその職務内容に応じた価格がつく。また，人の振舞い方や性格，話し振り等について，他の人は好悪の感情や選好をそれぞれ抱くものであろう。カントが言っているのは，人間にはそうした手段としての存在を超えた道徳的判断主体としての地位があり，その地位に即した敬意を他者に対して要求することができるし，要求すべきだということである[19]。少なくとも本人自身は，その地位を何らかの物質的な利益と交換可能であるかのように取り扱うべきではない。

　以上で概観した２つの立場を見る限り，芦部教授の提唱する個人の尊厳の概念は，カトリックの立場よりははるかにカントの立場に近いであろうことが推測できる[20]。芦部教授の学説の何処を見ても，また宮沢教授の公表された著作の何処を見ても，人間には神の創造物であるからこそ内在的な崇高な価値が備わっているとの考え方をうかがわせるものはない[21]。むしろ，個人こそが価値の出発点であり，その価値はすべての個人に平等に備わっているとされる。そしてそこで想定されている個人とは，自由に自ら理由を判断して行動し，自ら国政に参与する，そうした個人である[22]。

4　平等な位階と尊厳

　もっとも，カトリックの立場よりカントの立場に近いことが判明したことは，問題の解明に向けて事態を大きく前進させたとは言い難い。立憲主義に立

---

[19]　もっとも，人間が行動にあたってその理由を考える存在であることは，カトリックの神学者といえどもこれを否定しないであろう。そうした意味で理性的存在者であること自体からは，そうした存在者として人間が相互に平等であること，平等な存在としての尊厳を相互に要求し得るという結論までは直ちに正当化できないはずである。個人に平等に尊厳が備わっている点については，後述するように，さらなる説明が必要となる。
[20]　カントが，宗教論を神に対する義務の教説として純粋な道徳哲学の限界外に位置付けていることについては，『人倫の形而上学』382頁以下［A486-491］参照。
[21]　宮沢が人権の基礎を自然法やキリスト教の造物主の意思に求めているわけではない点については，高見勝利『宮沢俊義の憲法学史的研究』（有斐閣，2000）302-03頁参照。
[22]　芦部信喜『憲法学Ⅲ〔増補版〕』（有斐閣，2000）209頁は，学問研究の自由に関連して，「遺伝子の組換え実験等の遺伝子技術や対外受精・臓器移植等の医療技術の研究の進展による生命・健康に対する危害など，人間の生存そのものを脅かし人間の尊厳を根底から揺るがす重大な側面を含む」研究活動の存在に言及している（圏点筆者）。ここで言われている「人間の尊厳」は，カトリックの立場で用いられる「人間の尊厳」に近いと思われる。ただ，それを芦部教授が根本規範の核心的価値である「個人の尊厳」と同一視していたと考えるべき証拠はない。

脚する日本国憲法が特定宗派の理念をその核心的な前提としていることは，そもそも考えにくいことであり，日本国憲法の包括的で整合的な説明と正当化を試みた芦部教授が，特定宗派の理念に依存していなかったことも当然のことである。

　他方で，芦部教授の憲法理論を，より親近性があるとはいえカントの法理論ないし道徳理論の中に一体をなす形で整合的に嵌め込むこともまた，困難と言わざるを得ない。たとえば，カントの法理論は，平等な道徳的判断主体の自律的判断と行動を相互に両立させるための客観的（実定的）法秩序が存立してはじめて人間らしい社会生活が可能となるとするものであり，そうした法秩序を設営する国家に対抗する権利を各市民が享有することを想定していない。それは，事後的違憲審査を導入した 2008 年憲法改正前のフランスの憲法体制とは親和性のある想定と言えるかも知れないが[23]，芦部教授が描こうとした日本国憲法の権利保障体制とは全く異なっている。また，カントが主張する現象界のそれとは異なる，時間や因果関係を超越した本体としての人間（homo noumenon）という観念や，生まれつきの素質や環境から得た性向・嗜好を含めて自己の意思以外の何ものにも影響されることなく自己の従うべき格率を設定してはじめて自律的であるという観念が，日本国憲法を理解する上で必須の前提であるとも言い難い。むしろ，現代社会に生きる大部分の人はこうした観念に違和感を覚えるであろう。

　したがって，カントの法理論・道徳理論の全体と日本国憲法の基本理念とがいかなる関係にあるかよりは[24]，むしろカントの法理論・道徳理論の中に，日本国憲法の基本理念と言われることのある個人の尊厳としてふさわしい要素を見いだすことができるか否かを検討する方が，実りが多いように思われる。この問題を考える上で手掛かりとなるのが，位階（rank）としての尊厳という観念である[25]。

23/　Michel Troper, 'Who needs a Third Party Effect Doctrine? -- The Case of France', in *The Constitution in Private Relations: Expanding Constitutionalism*, eds. András Sajó and Renáta Uitz (Eleven International, 2005).
24/　それはある点では重なり合い，ある点では異なっているとしか言いようがない。
25/　位階と尊厳との連関を強調する最近の文献として，Waldron, supra note 9, esp. pp. 30-33 がある。なお，ウォルドロンは，彼の言う「尊厳」が道徳ではなく，法理論に由来すると主張するが

カントは，位階と互換可能な意味で尊厳（Würde）ということばを使うことがある[26]。たとえばカントは，次のように言う[27]。

> 尊厳を一切持たない人間は国家には存在しえないだろう。というのも，少なくとも国民という位階は持つからである。自分が犯した犯罪によってその位階を奪われれば事情は異なり，生かされてはいるが，他の者（国家あるいは他の国民）の選択意思の単なる道具にされる。（判決と法によってのみそうなりうるのだが）このようになった人は，（厳密な意味での）奴隷であり，他の人の所有（dominium）に属する。

ここでの Würde は，「位階」と訳すことも「尊厳」と訳すこともできる。この文は，官職ではなく，身分に基づいて Würde を有する貴族に関する説明に続くものである。しかし，カントによると，世襲によって（つまり功績によることなく）位階ないし尊厳を有する貴族は，人民からすれば存立根拠を欠いている。「国家は，法に反して世襲の特権を与えるというみずから犯した過ちを，そうした地位を廃止あるいは空位とすることによって，次第に改めて行く」べきであり，したがって，貴族という位階は，「主権者と人民という唯一自然な区別に席を譲るまで」の過渡的・暫定的なものに過ぎない[28]。

かつては存在した貴族という人民一般と異なる位階は，根拠を欠いた不合理

(ibid., pp. 15, & 134-35)．この主張を額面通りに受け取るわけにはいかない。少なくとも彼は実定法の解釈論を展開しているわけではない。さらに，関連して権利を道徳的共同体のメンバーたる平等な地位（status）の局面として理解する Thomas Nagel, 'Personal Rights and Public Space', in his *Concealment and Exposure* (Oxford University Press, 2002) 参照。ウォルドロンの議論を素材に尊厳の観念を彫琢する最近の論稿として，蟻川恒正「尊厳と身分」石川健治編『学問／政治／憲法――連環と緊張』（岩波書店, 2014）がある。蟻川氏は，平等に尊厳ある存在として取り扱われるための資格審査の必要性について語る。カントの法理論を出発点とするウォルドロンにとって，法共同体のメンバーがすべて，「尊厳をもって生きる honeste vivere」べきことは，当然の前提であろう。

[26]／ もともと Würde はいずれの意味にも使われることばである。
[27]／ 『人倫の形而上学』176 頁［A329-330］。
[28]／ 『人倫の形而上学』175-76 頁［A329］。なお，「理論と実践」北尾宏之訳『歴史哲学論集 カント全集(14)』（岩波書店, 2000）191-92 頁［A293］も参照。カントの時代のプロイセンにおいて，貴族階級が官僚機構，経済界等で次第に枢要な地位を占めるに至ったことが大きな問題として意識されていた点については，Reidar Maliks, *Kant's Politics in Context* (Oxford University Press, 2014), p. 48 参照。

な位階であり、それに付与された尊厳も根拠を欠いている。国家における位階は、したがって、いずれは人民一般という普遍的な位階へと拡大され、それに相応しい尊厳も人民一般に与えられることになる。それもやはり位階ではある。そうした位階を有しない人間（他国人）や位階を失う人間（犯罪者）も存在する[29]。他国人や犯罪者が何らの位階も、またそれに伴う権利も享有しないわけではない。しかし、彼らが有するのは人民一般の位階ではない[30]。

ところで、人々が平等な位階を持ち、能力や業績等の功績による区別を除けば平等な存在として扱われるべき[31]、その根底的な理由は何であろうか。先に見たように、カントは道徳的な判断主体としての人間の特質から平等な尊厳性が導かれるかのように語ることがあるが、多くの人間が自らの行動の適否について理由に即して判断すること自体は、カトリックの神学者もこれを否定しないはずであり[32]、社会内の位階の平等性とは必ずしも結びつかない。

スティーヴン・ダーウォルは、この点について、各人はその行動について理由に即して判断するだけではなく、他の人々に対して自分が理由に即して判断し行動すること、自分の行動は理由のある、そうすべき（義務のある）行動であり、その点について他の人々に対して説明し、責任をとる用意のある存在であることを指摘する[33]。そうであるからこそ、彼には尊厳が備わり、他の人々

---

[29] 市民に対する位階の平等な承認は、「市民社会における Person の水平的な相互承認を、国家による垂直的な一括承認に置き換えた」ゲオルク・イェリネクのプロジェクトへとつながる（石川健治「人格と権利——人権の観念をめぐるエチュード」ジュリスト 1244 号〔2003〕24 頁）。カントの法理論にも垂直的な契機が内在する点については、長谷部恭男『憲法の円環』（岩波書店、2013）第 4 章参照。

[30] 外国人に対する人権保障のあり方については、長谷部恭男「『外国人の人権』に関する覚書」同『憲法の理性』（東京大学出版会、2006）第 8 章参照。

[31] 別の言い方をするならば、各人の能力や業績について高い評価や低い評価をすることはできるが、各人の「人間性」について「優れている」とか「劣っている」と言うことはできない。それはグレゴリー・ヴラストスが指摘するように、カテゴリー・ミステイクである（Gregory Vlastos, 'Justice and Equality', in *Theories of Rights*, ed. Jeremy Waldron (Oxford University Press, 1984), p. 74）。

[32] 前掲注 18 および対応する本文参照。

[33] Stephen Darwall, 'Why Kant Needs the Second-Person Standpoint', in *The Blackwell Guide to Kant's Ethics*, ed. Thomas Hill (Wiley-Blackwell, 2009), pp. 141-43; see also his 'Kant on Respect, Dignity, and Duty of Respect', in his *Honor, History, and Relationship* (Oxford University Press, 2013), pp. 262-64.

に対して理性的判断主体としての敬意を要求することができる。犯罪者が平等に与えられているはずの尊厳を失うのも，自己が他者すべてに負う責任に反して行動し，与えられた位階を自ら放棄したからである。ダーウォルが「他者からの視点 Second-Person Standpoint」と呼ぶこの視点，自らの行動に対して他者に責任を負うこの視点なくしては，人々の根底的な平等性は説明がつかない[34]。相互に自己の行動について責任を負い，その裏返しとして尊厳を要求し得るメンバーからなる社会こそが，手段ではなく，目的たる人からなる王国である[35]。

ダーウォルは，他人の足を踏んでしまった事案を例として，説明する[36]。踏んでしまった自分の足を退ける理由として，3種類のものが考えられるとダーウォルは言う。一つは，踏まれた人が痛がっており，足を退けることで，彼女の効用状況を改善することができるという帰結主義的理由である。第二に，たまたま彼女との間では，そうした状況では足を退けることを約束していた，という行為者相対的（agent-relative）理由である。

しかし，さらに第三の理由を想定することができる。それは，誰もが自分の足を踏まれないよう要求する地位を有しており，それと表裏の関係で，他人の足を踏むべきでない義務を相互に負っているという理由である。平等な主体からなるこの共同体では，誰もが互いを傷つけない責務を負っており，その帰結として，正当な理由もなく足を踏まれない権利も有している。もちろん，平等な道徳的判断・行為主体からなるこの共同体では，誰もが嘘をつかれない権利，生活の平穏を尊重される権利，名誉・身体・財産を傷つけられない権利等を有しているであろう。そうした選択をした方が社会全体の福祉が向上するといった帰結主義的理由に基づく権利でも，主体相互がそうした約束をしていた

34/ 胎児や生後間もない幼児に対してこうした責任をとるよう要求することは不可能であろう。
35/ ここでの「目的」とは，実現を目指すべき目的という意味ではない。デイヴィッド・ヴェルマンが指摘するように（David Velleman, 'A Brief Introduction to Kantian Ethics', in his *Self to Self: Selected Essays*（Cambridge University Press, 2006), pp. 41-42)，そうした意味では人が「目的」となることはあり得ない。人口数を増加させることは，それ自体としては善いとも悪いとも言えない。カントが言いたいのは，人には手段としての価値以前に，道徳的判断・行為主体として尊厳が認められるべきだということであろう。
36/ Darwall, supra note 33, 'Why Kant Needs the Second-Person Standpoint', pp. 143-44.

という偶然の事実に基づく権利でもなく，こうした権利は各人にあまねく保障される。そして，こうした権利を侵害すべきでない義務を負うのは，政府には限られない。すべての者が負う。

　念のために断っておくと，以上のことは，たとえば嘘をつかれない権利の存在することが，人々が社会生活・経済生活を円滑に進める上で好ましい効果を有するという帰結主義的根拠によっても支えられ得ることを否定するものではない。また，何を考え何を語るかを自分自身で決める自律的選択を守るという理由と並んで，民主的政治過程を下支えするという意味で帰結主義的に好ましい効果を有するという理由から表現の自由を厚く保障すべきことが否定されることも意味しない。さらに，道路上をスムーズに車を運転する権利や伝統的な街並みの美しい景観を享受する権利のように，およそ人権とは言い難いものの社会全体の利益に基づいて実定制度上保護される利益の存在し得ることも否定されない。

　こうした帰結主義的な考慮に基づく権利や利益の保障とは別に[37]，自律的な道徳的判断・行為主体としての地位から直接に正当化される権利が存することが示されるにとどまる。かりにこうした権利を人権（human rights）と呼ぶとすると[38]，何が人権であるかは，その名称や通常与えられる保護範囲，関連す

---

[37] ここで言う「帰結主義」は，人々の欲求や選好を可能な限り最大限実現すべきだという観念と同じではない。欲求や選好の満足こそが価値判断の基礎となるという現代流行の考え方の薄弱さについては，James Griffin, *Value Judgment* (Clarendon Press, 1996), Chs. II-IV参照。

[38] アラン・ゲワースは，自己の判断で行動の目的を選択する主体であることからすべての個人に認められるべき権利が人権であるとする（Gewirth, supra note 1, pp. 22-24）。また，ジェームズ・グリフィンは，生きるに値する生を生きる規範的主体（normative agency）としての地位を保護する権利が「人間の尊厳を保護する権利」としての人権であるとする（Griffin, supra note 9, pp. 2-3 & 32-33）。そうした人権は表現の自由や身体の自由だけではなく，最低限の生活保障や教育への権利を含むが，それは，各人にとっての自己実現への権利や幸福実現への権利とは（もちろん，その追求は自由であるべきだが）異なる（ibid., p. 34）。人権の多くは社会生活の中においてこそ十全の効果を発揮するが，人は規範的主体としての地位に基づいて人権を保障されるのであり，社会がそれを基礎づけるわけではない。その意味では人権は社会以前の存在であり，自然状態においても妥当するはずのものである（ibid., pp. 50-51）。ただしグリフィンは，こうした人権の理解が規範的主体の観念から論理必然に帰結するわけではないことに注意を促す（ibid., p. 4）。そうした理解が人であることが何を意味するかについてのわれわれの観念，さらにはわれわれの倫理観の全体像と適合しており，それ故に「人権」ということばにより確かな内容と根拠を与えることができるか否かがここでの問題である。

る憲法の条項等によって直ちに識別することはできない。人権は社会生活・政治生活に関わる問題の一部に関わるものに過ぎないし[39]、憲法上の問題に対する答えのすべてを「人権」が与えるわけでもない。

表現の自由やプライバシーの権利など、憲法の各条項で規定される多様な権利は、帰結主義的な理由によっても、また非帰結主義的な理由によっても根拠づけられることが通常であろう[40]。2つの根拠の筋道は、政府による当該権利の制約がいかなる理由によって正当化されるかを考える局面で、その違いを示す。

5　個人の尊厳と権利の制約

カントの想定する市民社会では、すべての市民が自律的な道徳的判断・行動主体として、尊敬されるべき地位を平等に認められる。言うまでもないが、互いに蔑まれ、権利を容易に侵害されるべき存在として平等であるわけではない[41]。その意味では、カントが示唆するように貴族身分が消失して全市民が平民になったというよりは、全市民の地位がかつての貴族の地位まで引き上げられたという理解の方が、現在の個人の尊厳という観念に適合している[42]。

カント自身は民主的な政治体制のあり方に関する議論を十分に展開してはいないが[43]、こうした平等な市民から構成される社会では、社会全体に共通する

39/　Griffin, supra note 9, p. 95. たとえばマスメディアの権利は人権ではない（ibid., p. 50）。

40/　フランシス・カムが指摘するように、非帰結主義（non-consequentialism）とは、行為の善悪は、それがもたらす帰結の善し悪しのみによっては判断できないという立場である。帰結の善し悪しが判断に影響する可能性を全否定する硬直的な立場ではない（Frances Kamm, *Intricate Ethics: Rights, Responsibilities, and Permissible Harm*（Oxford University Press, 2007), p. 11）。

41/　カントは、他人を軽蔑することは、いかなる場合でも義務に反すると言う。人が判断ミスを犯したときも、悪事を働いたときも、その人の理性や道徳的価値を全否定してはならない（『人倫の形而上学』351-52 頁［A 463］）。

42/　Waldron, supra note 9, pp. 33-36.「すべての男性は公爵となり、すべての女性は王妃となった。すべての人は敬意と配慮の対象となり、すべての人の身体は神聖にして犯すべからざるものとなった」（ibid., p. 34）。尊厳が、上昇志向の平等化（upward equalization）を意味することは、Margit Cohn and Dieter Grimm, "Human dignity' as a constitutional doctrine', in *Routledge Handbook of Constitutional Law,* eds. Mark Tushnet, Thomas Fleiner and Cheryl Saunders（Routledge, 2013), p. 193 もこれを指摘する。

43/　カントは、参政権を有する能動市民と人としての自由と平等のみを保障される受動市民との区別を容認していた（『人倫の形而上学』156-57 頁［A314-315］）。

利益に関わる問題については，すべての市民が参加して審議・決定がなされるべきであろう。政府の提供するサービスが公共財的性格を強く帯びるからといって，自らは応分の貢献をすることもなく，その利益のみを享受しようとする利己的態度は，社会全体に共通する利益について，平等な立場で責任を負う個人にふさわしい態度ではない。すべての市民に，各自の能力又は享受する利益に相応する負担が求められるし，それを引き受けてこそ平等な尊敬を受ける位階が認められるというのが自然な結論である。前述の宮沢の議論と表現の仕方は異なるが[44]，個人の尊厳と国民主権との間には，やはり内在的な連関が認められる。

　すべての個人に平等に尊厳が認められることは，憲法上の権利に対する制約が，すべての個人にとって同等の影響（impact）を与えるものでなければならないことを意味するわけではない。表現の自由を例にとると，表現の自由が持つ意味は，人によって異なる。自作の小説を発表する自由を制約されたとき，フルートを演奏することを禁止されたとき，苦痛を感じる人は，全人類の中ではむしろ少数派である。また，ビラの配布を規制されたときに感ずる苦痛の量も，ビラ撒きに対する嗜好の強さや，ビラによって訴えかけようとする主張に対する固執の程度によって変化するはずである。

　しかし，ビラ配布を政府が規制するとき，人によって感ずる苦痛の程度が異なるからという理由で，人に応じて規制の内容を変化させることは筋が通らない。その限りでは，制約の程度は量的に平等である必要がある。ビラ配布が都市の美観に及ぼす影響が規制の理由であれば，いかなる人が配布する場合であっても，平等に規制が適用されるべきである。私にとってはビラの配布がとても重要な活動なのだから，私に関する限りはビラの規制は緩められてしかるべきだという主張は，社会のあり方に対して相互に平等に責任を負う市民の行うべき主張ではない。それは，自分自身にしか通用しないわがままな主張である。自分にとっては毎日シャンパンを飲むことが他の人と同様の効用を得る上で是非とも必要なのだから，自分には通常の生活保護給付に加えてシャンパン代が加算されるべきだという主張が不合理であることと同様である。

44／ 前掲注2に対応する本文参照。

もちろん，当該ビラ配布規制は不当であると主張する市民に対しては，その主張を聴取する適正な手続を用意すべきであろうし，それでも結論として規制がなされるべきだとすれば，なぜそうした規制が必要であり，かつ，権利に対する制約の程度が必要な範囲内に収まっている正当化可能な規制であるかを社会全体に共通する利益に遡って説明し，回答する必要がある。それが尊厳ある市民に対する政府の（社会全体の）当然の責務である。しかしそのことと，大きな声で文句を言う人だからといって譲歩することとは全く異なる。そして，社会公共の利益に照らして相応の理由があり，かつ，必要な程度を上回らない均衡のとれた制約なのであれば，そうした権利の制約は，たとえ制約の理由が社会公共の利益であるとしても，人を単なる手段として扱っていることには結びつかない。目的たる人として当然に引き受けるべき負担を各人が引き受けているだけである。

　これに対して，政府による権利の制約が，個人の平等な尊厳に対する直接の侵害となる場合がある。それは，他の人と同等の道徳的判断・行為主体である地位を当該個人に対して否定するような形で権利の制約が行われる場合である。他の人から見て，とくに社会の多数者の目から見て，愚かな行動であるからという理由で，社会としての不利益が生じているわけでもないのにそうした行為を規制しようとするとき，政府は個人の平等な位階を損なっていることになる。権利を侵害される者は，「目的」として全く取り扱われていない。位階への直接の攻撃を許さないという意味で，平等な位階は「切り札」としての意味を持つ[45]。

　特定の宗教的信念に基づいて輸血を拒否する患者の判断をあくまで尊重すべきだとの最高裁の判旨や，きわめて多数の市民が参加するために選挙の帰趨に関して個々の投票の持つ影響力はきわめて小さいであろう場面で投票価値の平等の意義を強調する判例の背後には，個人に認められた平等な位階を損なうことは許されないという考え方を見てとることができる[46]。また，表現の内容に

---

[45]/　すべての個人を平等な位階を持つ存在として扱うことが，各個人の利益を保護するという理由とは別箇の，権利の正当化根拠を与える点については，Frances Kamm, 'Rights', in *The Oxford Handbook of Jurisprudence and Philosophy of Law*, eds. Jules Coleman and Scott Shapiro (Oxford University Press, 2002), pp. 486-87 参照。

基づく規制や人種・信条・社会的身分等，特定の指標に基づく差別的取り扱いについてとくに厳格な審査を求める判例理論の背後にも，個人の平等な位階に対して攻撃を加えようとする政府の不当な動機が疑われる問題局面において，そうした不当な動機をあぶり出そうとする考え方がある[47]。

　以上のような検討を経れば，個人の尊厳を狙い撃ちにする直接規制と，社会公共の利益による規制がたまたま特定の人にとって強いインパクトを与える付随的規制とを区別することには，大きな意味があることが分かる[48]。さらに，自律的な道徳的判断・行為主体としての地位をすべての市民に平等に認めることが，相互に比較不能とさえ言える多様な価値観・世界観の公平な共存を目指す立憲主義を自然に導くことも理解される。特定の価値観・世界観が「正しい生き方」を指し示すからという理由で公私の区分を否定し，その価値観・世界観をすべての市民に公権力を通じて強制することは，個人の尊厳とは両立し得ない。

　個人の尊厳という観念は，芦部教授が指摘したように，憲法による権利保護の核心にある考え方（の1つ）であるとともに，憲法を支える立憲主義の超越論的前提——かりに立憲主義が擁護可能であるとすれば，前提とせざるを得ない考え方——でもある[49]。

---

[46]／　最判平成 12・2・29 民集 54 巻 2 号 582 頁〔エホバの証人輸血拒否事件〕，最大判平成 23・3・23 民集 65 巻 2 号 755 頁〔一人別枠方式合憲性判決〕等。有権者の 1 票は，たとえ何百万もの他の有権者と分有されるものであろうとも，「公共事について意見を聴取されるべき国家の同輩（equal peer）としての彼（彼女）の尊厳に関わるものである」（Waldron, supra note 9, p. 36）。

[47]／　これらの点については，さしあたり長谷部・前掲注 *30*『憲法の理性』107-08 頁参照。

[48]／　直接的規制と付随的規制の区別，とくに日本の判例法理におけるその運用については，さしあたり長谷部恭男「表現活動の間接的・付随的制約」同・前掲注 *29*『憲法の円環』第 14 章参照。

[49]／　本章で検討した個人の尊厳と関連する議論として，人格的自律権の概念を鍵にカントの道徳哲学をも視野に収めながら展開される佐藤幸治教授の議論がある（佐藤幸治「憲法と『人格的自律権』」同『現代国家と人権』〔有斐閣，2008〕77 頁以下）。ただ，筆者としては，佐藤教授の語る「人格的自律」が本章で描かれたような自律的な道徳的判断・行為主体としての地位とどこまで重なり合うかについて，なお定見を得ることができない。教授が多様な思想傾向を折衷するという常識的なアプローチを採っている関係からか，理由に基づく選択主体としての個人の地位へのこだわりという点で，拙見とは若干の距離があるように思われる（たとえば「法人の人権」に関する上掲書でのコメント参照）。

6 むすび

　不十分ながら，以上で個人の尊厳に関する検討を終える。自律的な道徳的判断・行為主体としての地位をすべての市民に平等に認めることが，憲法による権利の保障や国民主権の政治体制と，さらには立憲主義の理念とどのような関連性を持つかを，ある程度明らかにすることができたように思われる。個人の尊厳はただのおまじないではない。

　自律的な道徳的判断・行動主体であることから，直接に正当化される権利を各個人が享有すべきことは，各人が自己の利益の最大化のみを目指すべきだとの利己主義と結び付くわけではない。こうした権利を各人に十分に保障するためには，多くの人々がそれを支える法制度や社会の共通了解の形成と維持に協力することが求められる。こうした社会公共の利益の実現を目指す多くの人々の行動を調整（co-ordinate）する政府の役割も大きい。利他心に富む多くの人々と，それを背景とする政府の活動があってはじめて，個人を尊重する社会が成り立つ。そこで要請される国民主権も，自分たちだけの利己的な利益の実現を要求する政治を求めているわけではない。

　多様な声，多様な生をそれぞれ公平に尊重する社会。立憲主義が目指す社会である。

第5章

普遍的道徳と人格形成の間

1 はじめに

『荘子』［外篇］の「胠篋篇」に次のような一節がある[1]。伝説上の大泥棒，盗跖が，道徳概念と盗人稼業との深い関係について語っている。

> 故に跖の徒，跖に問いて曰わく，盗にも亦た道あるかと。跖曰わく，何くに適くとして道あることなからんや。夫れ妄りに室中を意りて蔵を中つるは聖なり。入るに先きんずるは勇なり。出るに後るるは義なり。可否を知るは知なり。分かつこと均しきは仁なり。五者の備わらずして能く大盗を成す者は，天下に未だこれ有らざるなりと。

盗人にも盗人なりの仁義の道があるという話である。大泥棒として名を成すには，うまく狙いをつけ，人に先んじて押し入り，しんがりを務めて仲間を助け，獲物は平等に分配しなければならない。こうした仲間内の互助意識とそれに応じた規範がなければ，盗賊集団であっても継続的な活動は不可能である[2]。

荘子の意図は，仁義勇知聖等の道徳概念の実際上の内容や帰結が，人により立場により変化する，相対的なものに過ぎないことを示すことにある[3]。とはいえ，道徳概念や道徳法則の特質は，それが普遍的妥当性を標榜する点にあ

---

[1] 金谷治訳『荘子』［外篇］第2冊（岩波文庫，1975）46頁。
[2] 盗賊団が仲間内で不正を働くならばいかなる目的も達成し得ず，いかなる行動もなし得ないことは，プラトン『国家』351C-352Cにおいて，ソクラテスがトラシュマコスに対して指摘する点でもある。
[3] 『荘子』は引用部分に続けて，聖人の道は善人の役にも立てば，盗跖のような悪人（不善人）の役にも立つのであり，世の中には善人よりも悪人の方が多いのだから，結局，聖人の道は善人を助けて世の中をより善くするよりは，悪人を助けてより悪くする方が多いと結論付けている。もっとも，この議論は聖人の道の帰結の相対性を指摘する一方で善と悪との区別を固定して論ずるもので，さほどの説得力はない。

る。たしかに人により，立場により，さまざまな意味を付与されることはあり得るが，人として生きる以上，誰もがとるべき行動を指し示すのが道徳法則の存在意義である。そうであるからこそ，荘子のようにその相対性を指摘することにも，相応の意味が見出される。

　盗跖の言及する道徳原理に潜む問題は，その妥当範囲が盗人の仲間内に限定されていること，言い換えれば，盗人として生きることが人としての正しい生き方であることは，普遍的には承認されておらず，むしろ少数の特定の人々にとってのみ認められている点にある。彼は普遍的に妥当する，人としての生き方を実践しているわけではない。

　それでも盗跖は，自らが行動するにあたっていかなる理由に基づいて判断を下すべきかについて，迷いはない。盗人仲間の仁義に従って生きることこそ，彼の誇りであり，彼の生きるべき道である。少なくとも，彼は，何の理由もなく，無茶苦茶な行動をしているわけではないし，生まれつきの障碍があったり，緊急の必要に迫られている等の特殊事情により，理由の軽重を衡量する能力が欠けているわけでもない。彼には彼なりの理由があり，その判断過程は彼なりに筋が通っている。それが世間一般にとっては困った理由に基づく困った判断であるというだけである。

　普遍的な妥当（可能）性を有する道徳の要求する行動と，個人が属する集団や人間関係が要求する行動とが衝突を起こすことは，しばしば見られる。また，具体的な状況において自分に当てはまると当人が信じて疑うことのない理由が，普遍的道徳の要求と衝突することもある。周りから見て「困った人だなぁ」と思う人であっても，当人にはそれなりに理由があるものである。

　こうしたディレンマに直面したとき，人がとるべき行動は何か。そもそもこうしたディレンマをどのように把握すればよいのか。本章が検討するのは，こうした問題である。

2　カントの定言命法

　こうした衝突について思い悩むこと自体，適切でないという立場はあり得る。カントの道徳理論に関する一般的な理解は，そうしたものであろう。カントは，人が実践的判断を行うにあたっては，行動指針となる格率（Maxim）を

自ら設定するものだという。それは，同様の状況においてすべての人にとって妥当な格率であるよう彼自身が意図できるような格率でなければならない。つまり，すべての人がそうした格率が妥当していることを承知しており，それでも普遍的な法則として成り立ち得るような格率でなければならない。いわゆる定言命法（der kategorische Imperativ）の要請である[4]。人はそうした普遍的に妥当し得る，つまり客観的道徳法則の候補となり得る格率に従って行動する必要がある。

　起こり得る誤解に予め備えておく必要がある。第一にカントは，すべての人がそれぞれ普遍的に妥当するはずの格率を自律的に設定したとき，そうした格率の具体的内容がすべての人にとって同一に収斂すると考えていたわけではない。むしろ，人々の設定する格率はしばしば相互に矛盾・衝突するものであり，そこから生じかねない深刻な社会的対立・紛争を避けるためには，立法者が設定する客観的法規にすべての人が服従する必要があると考えていた[5]。

　すべての人へ妥当することを自身が意図し得る格率を設定せよという定言命法の要請の意義は，むしろ，そもそも客観的道徳法則となり得ない行動指針を排除するとともに，そうした指針にしか依拠し得ない行動を排除することにあった[6]。たとえば，彼の挙げる例で言えば，目前の窮状を脱するためなら，守るつもりもない約束をしても構わないという格率は，かりにそれが普遍的に妥当し，そのことをすべての人が承知しているとすると，そもそも「約束」なるものが成立し得なくなり，そのため，窮状を脱するための「約束」なるものも存在し得なくなる[7]。普遍的な妥当性を想定すると自己撞着を起こす格率は，そもそも格率になり得ない。

　第二に，カントが「普遍的に妥当する」と言うとき，彼は厳密に，あらゆる

---

[4]／　最も標準的な定言命法の定式は，「自己の格率が同時に普遍的（道徳）法則となることを，自身が意欲し得るような格率に従ってのみ行動せよ」というものである（平田俊博訳『人倫の形而上学の基礎づけ カント全集(7)』〔岩波書店，2000〕53-54 頁［A 421］）。

[5]／　この点については，長谷部恭男『憲法の円環』（岩波書店，2013）第 4 章および本書第 1 章第 4 節参照。

[6]／　「意思の自律と両立できる行為は許されるし，そうではない行為は許されない」とするカントの言明を参照（『人倫の形而上学の基礎づけ』81 頁［A 439］）。

[7]／　『人倫の形而上学の基礎づけ』25-27 頁［A 402-403］。

場合に必ずそうすべきだ,という意味でそう言っているわけではない。たとえば彼は,嘘をつくことは自己の人間としての尊厳の放棄であり,嘘をつく人は欺瞞的に人の姿をしているだけであって,もはや人間とは言えないとするが[8],その一方で,単なる礼儀としての不誠実,たとえば手紙のむすびに「従順なる僕より」と記したり,本の著者に対して「あなたの作品を気に入りました」と述べたりすることが正しいか否かという決疑論的問題を提起し,誰もこれで欺かれたりはしないだろうと述べる。つまり,彼の言う「普遍的妥当性」とは,標準的な場面を想定すれば,だいたいにおいてはそうすべきだ,という程度の意味である。

3 定言命法の空虚さ

そうだとすると,たとえカントの立場に忠実に従ったとしても,普遍的に妥当する(はずの)道徳原則と,個別の状況で道徳主体として理由があると考える行動とが衝突することはあり得るのではないだろうか。決疑論的問題設定という形で,カント自身がそうした可能性を認めているし,また,人の設定する格率が,普遍性を標榜しながらも,人それぞれの多様な内容であり得るのであれば,やはりそうした衝突は起こり得るように思われる。

ただ,その論点について結論を出す前に検討しておかなければならない前提問題がある。それは,カントが,格率を設定するにあたって人は,自己の性格,性向,感情,欲望,趣味・嗜好等を考慮すべきではないと主張していた点である。自分では統御し得ないこうした「外部の」要因に一切,拘束されることなく,普遍的に妥当すべき法として自由に定立した格率に従ってはじめて,人は「自律的」と言い得る。たとえば,憐れな境遇にある友人を同情心から助けるのは,自律的な行為ではなく,十分に道徳的とは言えない[9]。正しい行為は,傾向性等の「外部の」因果的要因によってではなく,あくまで義務に基づ

8/　樽井正義＝池尾恭一訳『人倫の形而上学 カント全集(11)』(岩波書店, 2002) 302-06 頁 [A 429-431]。

9/　『人倫の形而上学の基礎づけ』19-21 頁 [A 398]。アイザィア・バーリンは,このカントの道徳的自律性に関する独特の観念が,反啓蒙主義,ロマン主義,民族主義をはじめとするその後のドイツの思想潮流に強い影響を与えたことを指摘する (Isaiah Berlin, 'The Counter-Enlightenment', in his *Against the Current*, ed. Henry Hardy (Princeton University Press, 2001), pp. 15-16)。

いてなされるべきである。自由であることはすべての理性的存在者の特性であり，そうした存在者は自らの行動原理を自分以外の何ものによっても影響されることなく，自由に創設する主体でなければならない[10]。

このカントの立場についてはさまざまな批判が考えられるが——たとえば，同情心から困っている友人を助けるよりも，純粋な義務感から助ける方が道徳的だというのは，あまりに非人間的ではないか等[11]——本章の問題意識からして重要なのは，格率の設定にあたって，普遍的に妥当する法則たり得るかという定言命法の形式的要請のみに条件を純化して，内容に関わる指針をすべて排除してしまうと，当人として設定すべき格率の内容を確定しようがないというデイヴィッド・ヴェルマンの批判である[12]。

前節で述べたように，定言命法の要請のみでは，自己撞着を起こす行動指針を排除することは可能ではあるものの，人により種々様々な格率を定立することが可能である。そのうちいずれを選ぶべきかを，定言命法の形式的要請は指示することはない。つまり，どんな格率であっても，定言命法の要請に応えて

---

[10] 『人倫の形而上学の基礎づけ』92-93 頁［A 448］。傾向性（感性的衝動）によって規定される選択意思を「動物的」とする『人倫の形而上学』26 頁［A213］をも参照。

[11] フリードリヒ・シラーの警句は，カントの道徳哲学が与えるディレンマを示す例とされることが多い (Friedrich Schiller with Johann Wolfgang Goethe, *Xenions*, trans. Paul Carus (Open Court, 1896), pp. 114-15)。

> 友よ，君たちを助けるのは何という喜び。でも，私は自ら欲してそうしている。これでは私には何の徳も認められず，きわめて悩ましい。
> どうすればよいだろうか。君たちのことが嫌いになればいいのだ。そうすれば，嫌悪の情を抱きつつ，義務の命ずることを君たちにしてあげられる。

もっとも，こうした批判については，カントは義務の遂行と衝突する感情や事情がある場合でもなお義務を遂行することの尊さを説いただけで，感情と義務とが一致することを否定的に評価しているわけではないとのアレン・ウッドの指摘がある (Allen Wood, *Kantian Ethics* (Cambridge University Press, 2008), pp. 25-32 and 176-78)。とはいえ，このウッドの反論は，本文で述べたカント理論の限界にはさして影響を与えない。カントにおいて，愛情や同情それ自体が道徳原則を基礎付けるわけではないことは，ウッドも認めている。

[12] David Velleman, 'Willing the Law', in his *Self to Self* (Cambridge University Press, 2006), pp. 292-94. 同様の批判は，ヘーゲル『法の哲学（上）』上妻精＝佐藤康邦＝山田忠彰訳（岩波書店，2000）214 頁［135 節補遺］において，すでになされている。カントがこうした極端な純化に走った背景には，内容を持つ実践的原理はすべて自愛ないし自己の幸福追求に過ぎないという彼の前提が隠れている可能性がある。たとえば坂部恵＝伊古田理訳『実践理性批判 カント全集(7)』（岩波書店，2000）150 頁［A22］参照。

いるなら,構わないことになる。全くの道徳的真空において,自己撞着を起こすことなく普遍的妥当性を標榜するという要請のみを念頭に置きつつ,「自由に」行動指針を決定することが理性的存在者たる人の本来のあり方だと言われても,納得する人はそう多くはないであろう。具体的にどう行動すべきかが,これでは全く決まらない[13]。

　個別具体の状況での決断を正当化し得る理由でなければならない以上,一定の普遍性を備えていなければならないはずだというだけでは,そうした普遍的格率の内容を特定することにはならない。ウィトゲンシュタインが指摘するように,個別の事例をいくら積み重ねたとしても,それを一貫して整合的に説明するルールを無数に思いつくことが可能である[14]。しかも,一旦設定した以上は,人は格率を変更し得ないというわけではない。いかなる変更を行うべきかについても,定言命法の要請は,内容的に空虚な要請にとどまる。

　普遍的に妥当すべき格率という形で予め行動指針を設定するか否かはともかく[15],行動するにあたってその理由を考慮し,決断に至る際には,人は生来の素質に加えて,自身に与えられた環境,過去の教育と経験,とくに人生の節目,節目においてどのような選択をしたか,そして,そうした選択を通じて形成された[16]性格や性向――自分はどのような人間であることを選んできたか

---

[13]/　極端な例を挙げるならば「郷に入れば郷に従え」という格率もそれ自体は普遍的言明であり,かつ,普遍的に妥当していることをすべての人が心得ていたからと言って,自己撞着を起こすわけでもない。この点については,Bernard Williams, 'Relativism, History, and the Existence of Values', in R. Jay Wallace ed., The Practice of Value (Oxford University Press, 2003), p. 103 参照。

[14]/　Ludwig Wittgenstein, *Philosophical Investigation* (Blackwell, 2nd ed., 1958), s. 201. これは単なる個別の事例判断の積み重ねとして判例の拘束力を説明することが原理的に不可能であることをも帰結する。何らかの一般的な性向を具体的事例とは離れて備えることによって,はじめて判例は判例として機能し得る。

[15]/　実際には,人は行動するにあたって,カントが想定するように普遍的格率を事前に定立するわけではなく,個別の状況に応じて何が正しいかを判断するものであろう。カントが提示する決疑論的問題の数々は,現実世界ではカントの描くようには道徳判断はなされないことを彼自身が認めていたことを示しているように思われる。これは,裁判官が紛争を解決するにあたって,何が良識に適った適切な具体的解決となるかをまず考えることと同様である。この点については,長谷部・前掲注5『憲法の円環』第12章「裁判官の良心・再訪」注42［221頁］参照。

[16]/　本章では以下,ある人に備わった個々の「性向 inclination」の総体を「人格 personality」と呼び,「性格 character」と人格とを相互互換的に用いる。言うまでもないことであるが,ここでの人格は,権利義務の主体という意味での人格とは異なる。

——という認識を前提として考慮を重ね，判断するものであろう。

　そうした性格・性向は，今の自分に妥当する種々の理由は何か，それぞれがどの程度の重みを持つか，互いに打ち消し合うことがあるかないか等を基本的に方向付けている。人はそうした理由を互いに衡量して理由に適った，つまり自分にとって合理的な行動が何かを見極める。自分がどういう人間かという認識自体が，自分がどのような人間として行動するかを方向付ける。

　衡量の結果，「合理的」行動がただ一つに決まるとは限らない。複数の選択肢が，それぞれ十分な理由によって支えられており，しかも，相互に打ち消し合うことのない状況，つまり比較不能な状況もある。そうしたとき，人は選択を通じて，自分がどのような人間であるか，つまり自分の性格（人格）が何かを決める。そうして形成された人格は，人の行動を過去に向かって正当化するだけではなく，将来に向けて動機付け，方向付ける。空虚な定式が許容する無数の選択肢ではなく，特定の範囲の選択肢のみが自分にとっての選択肢であると自然に考えるようになる[17]。

　他人から見て「彼はそんなことをする人ではない」，あるいは「彼女なら信用できる」という判断がそもそも可能となるのも，そのためであるし，自分がビスマルクであったら，あるいは紫式部であったらどうしただろうと考えるときも，性格の脱落した希薄で自律的理性主体であったらどうしただろうと考えているわけではなく，特殊な人格を備えた人物が自分と同じ状況に直面したらどうしたであろうか，と考えているはずである[18]。

17/ 自分がどういう人間かが分からなくなると，人はアイデンティティ・クライシスに陥る。
18/ ベッケンフェルデは，ニクラス・ルーマンに依拠しつつ，「人格の同一性 Identität der Persönlichkeit」を保持することが「良心 Gewissen」の役割であるとする（Ernst-Wolfgang Böckenförde, *Staat, Gesellschaft, Freiheit* (Suhrkamp, 1976), pp. 273-77)。こうした理解は，良心の自由として実定法に反してでも許される行動が何かを見分ける上では一定の役割を果たし得るが，次節以降で見るように，人格による方向付けは必ずしも普遍的道徳の要求とは整合しない。このため，良心の機能は人格の同一性の保持とは一致しないし，それはベッケンフェルデの言及する（ibid., p. 296, n. 21）カントの個人の自律性の観念とも異なる。

4　普遍的道徳と人格の衝突——その1

　カントの思想に基本的に忠実であろうとするならば，こうした人格形成の余地とその意義は認めつつも，形成される人格は，定言命法が排除する行動を「合理的」なものとして正当化するような人格であってはならない，という結論が導き出されるはずである。たとえば，盗跖が実践するような盗人稼業は，すべての人に妥当する普遍的法則によって正当化されることはあり得ない。すべての人が盗人であり，そのことをすべての人が承知している社会においては，そもそも財産権の相互保障があり得ず，したがって，盗人稼業そのものが成り立ち得ないからである[19]。

　盗人としての行動は，直接には盗人の人格によってある種の「合理化」がなされるが，究極的に，理性的存在者の行動として正当化されることはない。

　とはいえ，一旦形成された盗人としての人格は，そう簡単に大きく変わることはない。人格が変わることがあり得ないというわけではない。しかし人格は，変わるとしても，徐々に，そして部分的に変わっていくものであろう[20]。そうした非柔軟性は，悪しき結果のみを生み出すわけではない。白波五人男の頭目である義賊，日本駄右衛門のように「盗みはすれど非道はせず」という人格は[21]，それが規範的硬直性を帯びることが，社会一般にとって部分的には善き効果を及ぼすはずである[22]。そして，盗人の人格がそう簡単に変わらない理由の一端は，それが冒頭で紹介した盗跖の述懐に示されているように，それなりの合理的理由と組織内の互助意識によって支えられているからであり[23]，しかも，本人の選びとったそうした人格が，本人にこの世での生き方を指し示すものであり，その人格が失われるとどう生きていけばよいかが分からなくなっ

---

[19]／『人倫の形而上学』180頁［A 333］参照。
[20]／これは，性格があらわれると言われる文体についても言い得ることであろう。
[21]／河竹黙阿弥『弁天小僧——青砥稿花紅彩畫』（岩波文庫，1928）129頁［4幕目　稲瀬川勢揃いの場］。
[22]／「世に盗人は非義非道，鬼畜のやうに言ふけれど」「かうして見れば素人より遙にまさつた仁義の道」と黙阿弥は，白波五人男を描いている（『弁天小僧』123頁［3幕目　雪ノ下濱松屋奥座敷の場］）。
[23]／『荘子』［外篇］「盗跖篇」で盗跖は，真人間に立ち戻るよう説得に訪れた孔子を逆に論破している（金谷治訳『荘子』第4冊［岩波文庫，1983］93-114頁）。

第5章　普遍的道徳と人格形成の間　　79

てしまうから，である。

　現代を代表するカンティアン[24]であるクリスティン・コースガードが描くマフィアの一員の性格と行動にも，こうした特質が表れている。マフィアは自己の属する組織には徹底して忠誠を誓い，その名誉を守ろうとするが，組織外の人間に対しては冷酷残忍であり，ときには殺人を犯すことも厭わない。コースガードは，マフィアの行動を嚮導する理由付け（の集合）は，単なる仮想の理由ではなく，マフィアを規範的に拘束する真正の実践的理由なのだと言う。それは，自分や自分の親族の名誉を守るために決闘を行う貴族の理由付けが，真に貴族を規範的に拘束することと同様である[25]。

　もちろん，マフィアの行動倫理は，より深層にあるはずの，人間一般に妥当する普遍的道徳とは両立しない。すべての人がマフィアの行動倫理を採用し，しかもすべての人がそのことを承知していたとすると，ホッブズ的自然状態が現出し，人間らしい社会生活はそもそも不可能となるであろう。しかし，だからと言って，マフィアの行動倫理が実は倫理と言うに値しないというわけではない。それは真正の倫理である。

　とはいえ，最終的にはマフィアの行動倫理は，理性的存在者として定立する道徳法則として普遍化し得ないものであり，道徳とは両立し得ない。したがって，中長期的な社会一般の利益からすれば，マフィアには，その人格を変え，行動倫理を放棄するよう促し，必要であればそれを強制する必要がある。

24/　ここで言う「カンティアン」は，カントの道徳理論の研究者という意味である。他方，功利主義に代表される帰結主義者と対比して「カンティアン」という言葉が使われる際には，社会全体としての功利計算には解消しきれない価値や存在意義を個々人に認める人々という意味で使われることが多い。後者の意味でのカンティアンは，必ずしもカントの研究者ではなく，また，カントの道徳理論と親近性のある議論を展開しているとも限らない。

25/　Christine Korsgaard, *The Sources of Normativity* (Cambridge University Press, 1996), p. 257. 自己の名誉を守ろうとする，いわば自己中心的な貴族の行動が，結果として人民一般の自由と権利を守る効果を生み出し得ることは，モンテスキューがこれを指摘している。この点については，長谷部・前掲注5『憲法の円環』第8章「比較の中の内閣法制局」135-37頁参照。なお，組織犯罪集団としてのマフィアと盗賊団との間には，トマス・シェリングが指摘するように，相違点もある (Thomas Schelling, *Choice and Consequence* (Harvard University Press, 1984), pp. 179-94)。組織犯罪集団（organized crime）は，賭場の開帳者，売春婦，レストラン経営者等に「保護」サービスを与える代償に金銭の支払いを強要する。保護サービスである以上，地域独占を求めて，競業者を暴力的に排除することを厭わない。他方，盗賊団が地域独占を求めることはなく，互いに殺し合うことも稀である。

ここで社会の側がとる1つの態度は，人間本来の理性的判断からすれば許容し得ないはずの行動を理由のある行動だと考えるような人格を形成してしまった，そのことについて責任を問うというものであろう。定言命法の要請に反する非理性的な行動を「合理的」な行動だと考える性向を有する人，社会生活を可能とする実定法秩序と両立し得ない行動を常習的にとる人は，たまたま不注意でそうした行動をとってしまった人とは異なる。

　一見明瞭であるが，これは故団藤重光教授が提唱した人格形成責任論とパラレルな考え方である。「犯罪行為は人格そのものの現実化である」[26]とする人格形成責任論については，こうした反社会的性格を形成してしまった人に対して，より重い責任を問うことが果たして正当化可能かという疑問が提起されることがある。一旦形成された人格は，簡単には変わらない。そして，その人格によって反社会的な行動を「合理的」だと自然に考えてしまうような人であれば，むしろ，責任を問うことは困難となるのではないか，という疑問である。また，こうした人の行動について非難可能性がより大きいと言えるかについても疑問が提起され得る。彼らも彼らなりに真正の倫理判断を行っており，しかもそれに拘束されるものと真摯に考えて行動している。

　とはいえ，困難であるとはいえ，矯正は必要である。少なくとも，定言命法の要請に反しない範囲内の人格への矯正が。そして改善の困難な犯罪常習者の人格をあえて改善するためには，自由刑であれば，より長期にわたる刑期が必要となるという判断は自然なものであろう。刑罰の目的が法益の保護と犯罪者本人の更生にあるのだとすれば，こうした人により重い刑を科すことも正当化され得るように思われる[27]。また，非難の対象が行動そのものではなく，その

---

[26] 団藤重光『刑法綱要総論〔第3版〕』（創文社，1990）39頁。なお，同書258頁以下をも参照。団藤博士はときにカントを援用することがあるが（同書32, 35頁），行動の背後に人格を見る点において，博士の人格形成責任論とカントの道徳理論の間には距離がある。団藤教授の議論については，そこで言う「人格」の意味や範囲についても疑問が提起されることがあるが，本文で述べたように，本人にとっての選択肢の幅を方向付け，何が合理的で理由のある行為であり得るかについての第一次的な枠組みを与えるものを「人格」として捉えるならば，その形成について責任を問うことがおよそ考え難いとまでは言えないであろう。

[27] これは，堀内捷三「團藤先生と人格形成責任論」論究ジュリスト4号（2013）24頁以下で展開される人格形成責任論の「再構成」の驥尾に付す理解である。

背後にある人格の形成過程に向けられているのであれば[28]，それがより強い非難に値すると言い得る余地もあるように思われる[29]。

　もちろん，そうした非難が可能なのは，常習的な犯罪者も，現在の人格から距離を置いて，普遍的な道徳法則のあり方を理性的に判断すること，他者と社会生活を共にするメンバーとして可能な範囲での人格を形成することが，少なくとも潜在的にはできるはずだという前提があるからである。

5　普遍的道徳と人格の衝突──その 2

　道徳の普遍性要求と個々人の人格に基づく行動とが衝突することは，盗人やマフィアのような反社会的集団のメンバーに限ったことではない。数々の決疑論的問題を提起することで，カント自身もこうした衝突の可能性を認め，ときには道徳の普遍性要求が譲歩すべきだとしたことは，上述の通りである[30]。いかなる意味で道徳は譲歩すべきなのだろうか。

　チャールズ・フリードが提示する事例を素材に，バーナード・ウィリアムズが展開する議論を見てみよう。フリードが提示するのは，下記のような事例である[31]。

28/　もっとも，団藤博士の理論では，「人格は具体的な行為において現実に露呈される」ことから，「まず第一次的に行為意思責任が問題とされるべきで，これを裏付ける人格形成責任が問題とされるのは第二次的」（『刑法綱要総論〔第 3 版〕』39 頁）だとされている点に留意が必要である。

29/　以上の叙述は道徳理論として見た人格形成責任論についてであって，刑事法の観点から見たときにどの程度，有効で説得力を持つか──たとえば，刑務所により長期間収容すると，人格がより善い方向へ変化する可能性がそれだけ増すのか──とは別のレベルのものである。他方，カントは刑罰に関しては厳密な応報刑論を標榜し（『人倫の形而上学』179 頁［A 332］），それがいかなる善い結果をもたらすかという帰結主義的な議論には与しないかに見えるが，彼が真正の応報刑論者と言い得るかについては，アレン・ウッドにより深刻な疑問が提起されている（cf. Wood, supra note 10, chapter 12）。

30/　前掲注 *7* に対応する本文参照。以下の本文で述べる問題状況について，デイヴィッド・ヴェルマンは，ウィリアムズが問題としているのは，救助者の妻への愛（love）ではなく，信じ合う伴侶としての関係と普遍的道徳との衝突だと言う（Velleman, 'Love as a Moral Emotion', in his *Self to Self*, pp. 108-09）。愛は，理性的存在としての他者への対応の一つ──情緒的防御を解き放った対応──であり，ある人を愛することは，それ以外の人々を理性的存在として尊重することと全く矛盾しない（ibid., pp. 100-01）。しかし，かりにヴェルマンの言う通りだとしても，ウィリアムの提起した問題自体がなくなるわけではない。

31/　Charles Fried, *An Anatomy of Values* (Harvard University Press, 1970), p. 227.

もしある人が，自分は何らのリスクを負うこともなく，危険に晒されている人を1人，あるいは2人助けることができるとして，危険に晒されている人々の中に彼の妻が含まれている場合，すべての人を公平に扱うべきだ——たとえばコイン投げで誰を助けるかを決める等——と主張するのは馬鹿げている。1つの答え方は，当人が船長であるとか，防疫対策にあたる公的立場にあるというのでない限り，そうした危険の発生自体が公平性の要請に十分に対応する無作為的偶然性たり得るのであり，彼が親友や妻を優先的に助けることは許されるというものである。しかし，当人が公的地位にあるのであれば，そうした人的な繋がりは無視すべきだという議論は受容可能であろう。

ウィリアムズが批判的に指摘するのは，フリードが道徳の普遍性要求を排除しようとする側に立証責任を負わせようとしている点である[32]。道徳の要求する公平性は，コイン投げに典型的に示されるような無作為的偶然性を要求するのであり，誰かが自分の知り合いであることどころか，自分の妻であるという事実さえ，道徳の要求に優越する理由とはなり得ない。当人が「公的地位」にあることは，あたかもそうした個人的事情を無視することを許す「救い relief」であるかのようである[33]。

　救助者の妻が助かって他の人が助からないのは，本来，後者にとって許しがたい不公平なのだが，大惨事の発生自体がコイン投げと同程度の無作為的な偶然性なので，公平だと言い得る——この大惨事では救助者には特定の人を助けるべき特別な理由があり，別の大惨事では別の人を助けるべきやはり特別の理由があったのかも知れない，というわけである。ウィリアムズは，「別の大惨事では別の人を助けるべき特別な理由があったのかも知れない」というだけでは，公平性の要請に適うとは言い得ないだろうと言う。大惨事の偶然性は，何らかの行動を正当化する事情というよりは，むしろ，あらゆる正当化を超える

32/　Bernard Williams, 'Persons, character and morality', in his *Moral Luck* (Cambridge University Press, 1981), p. 17. 緊急時において自分の配偶者を優先的に救助すべきだという格率は，普遍化した際に自己撞着を起こすわけではない（その結果，配偶者なるものが存在し得なくなるというわけではない）。フリードの求める普遍性要求は，カントの定言命法の要求よりもさらに強い。

33/　「個人的事情を無視したとき，彼はコインを投げて誰を助けるかを決めるのだろうか」とウィリアムズは問う（'Persons, character and morality', p. 17）。

例外的状況の存在を示すものと考えるべきである[34]。

　こうした状況で，危険に晒されているのが自分の妻であることは，救助者にとってそもそも「正当化理由 justification」を要求する事態ではないとウィリアムズは言う。それを正当化理由（の一部）として構成すること，こうした状況では道徳原則の要求にもかかわらず自分の妻を助けることも許されるのだと考え，そう述べることは，行為者本人にとって「余計な理屈 one thought too many」である[35]。自分の妻へのコミットメントの深さは，当人がこの世にいること，生きることの意味を形作っている。それは，普遍的な道徳原則の要求によって支えられること，あるいは，道徳原則の要求と衝突しないことの証明を必要としていない[36]。

　当人がその人生において行ってきた数々の選択，コミットメントによって形成された人格は，ときに普遍的な道徳原則と衝突する[37]。そして，あらゆる衝突場面において，道徳原則から逸脱することが正当化されなければならないわけではない。そこまでの普遍的妥当性を道徳は標榜し得ない。

---

[34] 'Persons, character and morality', pp. 17-18. 圏点は，原文では引用符による強調。前注 6 に対応する本文で述べたように，カントは，こうした非常事態でいかに行動すべきかを示すことが道徳哲学の課題であるとは考えていなかったように思われる。この点についてはさらに，長谷部・前掲注 5『憲法の円環』62 頁注 11 参照。

[35] 'Persons, character and morality', p. 18. 妻の側から見れば，「彼女は私の妻だ」ということが彼の行動の理由であるべきで，「彼女は私の妻だが，こうした状況では彼女をまず救助することも許される」ことが行動の理由であるべきではない。

[36] 緊急事態において，各人がその配偶者を救助することにすれば，結果として多くの人が救われることになるという中長期的帰結に関する功利計算によって「正当化」されるわけでも，もちろんない。こうした議論は端的に too many thoughts である。また，およそ人はその配偶者を優先的に助けるべきだとの道徳原則が個別の功利計算を超えた普遍的妥当性を標榜しているというわけでもない。問題は道徳ではない。

[37] カントが提示する決疑論的問題のうち，自殺をしてはならないという普遍的道徳原則にもかかわらず，捕虜となって身代に領土の割譲を要求されないよういつでも自死する用意をしていたフリードリヒ 2 世の事例は（『人倫の形而上学』295 頁［A 423］），こうした状況にあたるように思われる。そうした状況でおめおめと捕虜となることは，フリードリヒにとって，自らの人格（自分が何者であるか）の否定であったはずである。またカントは，友人を追う殺し屋に「お前の家に逃げ込んではいないか」と問われたときも，嘘をついてはならないと言うが（「人間愛からの嘘」谷田信一訳『批判期論集　カント全集(13)』〔岩波書店，2002〕256 頁），それが逆に，真実を残らず述べなければならないことを意味するとは限らない。この点については，長谷部恭男「嘘をつく権利？――カントと不完全な世界」本書第 6 章参照。

私の判断，私の行為は，常に普遍的な根拠で支えられなければならないわけではない。道徳にも限界がある。それが，ウィリアムズのメッセージである[38]。

6　むすび

　道徳は普遍的妥当性を標榜する。しかし，普遍的妥当性という形式的要求だけでは，道徳の具体的内容は決まらない。他方で，個別具体の状況におけるアドホックな判断の積み重ねのみが実在するわけでもない。人は，日々理由を衡量し，ときには比較不能な選択肢の中からの選択を通じて，自分が何者であるかを自ら決めていく。そうして形成された人格は，当人にとってこの世を生きる意味そのものと結びついている。そうした人格は，ときに道徳の普遍性要求を遮断し，ときには道徳の故に変化・矯正を求められる。

　本章はそうした問題をめぐるいくつかの局面をスケッチしたものである。

---

[38]　善く生きることと普遍的道徳との対立の可能性については，長谷部恭男『憲法の境界』（羽鳥書店，2009）第3章「人道的介入は道徳的義務か？」でも扱った。道徳と善とは完全に調和することはない。

第6章

嘘をつく権利？
―― カントと不完全な世界

1 はじめに

バンジャマン・コンスタンは，1797年3月に刊行したパンフレット *Des réactions politiques* の中で，「『真実を話すのが義務だ』という道徳原則を単独で取り出して絶対的なものとして受け取ると，あらゆる社会生活が不可能になることは，あるドイツの哲学者がこの原則から直接に引き出している結論から明らかだ」と述べる。その哲学者が引き出している結論とは，「あなたの友人を追跡する殺し屋たちから，友人があなたの家に逃げ込んでいるのではないかと訊かれたとき，嘘をつくのは罪であろう」というものである[1]。

カントは，そこで問題とされている哲学者が自分自身であることを認め，その場合も嘘をつくことは許されないとするエッセイ「人間愛から嘘をつく権利と称されるものについて」を同じ1797年の9月に公表した。「『すべての言明において真実的（正直）であること』は，真正な無条件的に命令する，いかなる便益によっても制限されない，理性命令である」というのがその理由である。

70歳を過ぎ，哲学者として名声を恣にしていたカントが30歳そこそこの駆け出しの文筆家に過ぎなかったコンスタンに対して反論の筆を執ったこと自体

---

[1] Benjamin Constant, *Des réactions politiques* (Kessinger Publishing, 2010 (1797)), p. 74 [chapitre Ⅷ]. コンスタンは，「真実を語れ」との原則を全否定するならば，社会生活が成り立たないであろうことは認めつつも，「真実を語る義務は，真実への権利を持つ者に対してのみ当てはまる。他者に危害を加えようとする者は，真実への権利を持たない」と言う (ibid., pp. 75-76)。カントが異議を唱えるのは，真実義務へのこうした原理的条件付けである。カントにとっての「嘘 Lüge」とは，法義務に反する意図的な不真実の陳述 (Aussage, Deklaration) であり，したがって，嘘をつく法的権利がないことは，彼にとって分析的真理であったとのアレン・ウッドの指摘がある (Allen Wood, *Kantian Ethics* (Cambridge University Press, 2008), p. 240)。

も驚きであるが，殺し屋に対して嘘をついたとき，そして真実を話したときに，負うべき責任についてカントが述べることも，一見したところ理解に苦しむ。

> もしきみがちょうどいま殺人をしようとうろつきまわっている者に嘘をつくことによって犯行を防止したとすれば，その場合，きみはそこから生じるかもしれないすべての結果に法的に責任を負わねばならない。しかし，きみが厳格に真実をかたく守ったとすれば，たとえその予測できない結果がどのようなものになろうとも，司直はきみに何の手出しをすることもできないのだ。しかも，その人殺しに狙われている人が家にいるかという問いに，きみが正直に「はい」と答えたあとで，この狙われている人が気づかれずに外へ出ていて，犯人と出会うことがなく，それゆえ犯行も行われることがなくてすむ，ということもありうるのである。しかし，もしきみが嘘をついてその狙われている人は家にいないと言ったとして，その彼が実際にも（きみが気づかない間に）外へ出て行って，そしてそのとき，人殺しは立ち去ろうとする彼に出会い，彼に対して犯行を行うに至るかもしれないのだ。その場合，きみは彼の死を引き起こした張本人として起訴されても当然であろう。というのも，もしきみが知っている限りの真実を言ったとすれば，もしかすると，その人殺しは狙っている相手を家の中で探しているあいだに駆けつけた隣人によって捕まえられて，犯行は阻止されたかもしれないであろうからである。それゆえ，嘘をつく者は，たとえそのさい彼がどんなに善意の気持ちを持っていたとしても，その結果について，市民社会の裁判においてさえも，たとえその結果がどんなに予測できないものであったとしても，責任を負い罪の償いをしなければならないのである。なぜなら，真実性は契約に基づくすべての諸義務の基礎とみなされなければならない義務であり，そして，その法則は，それにたとえほんの少しの例外でも認めると，ぐらついて役に立たなくされてしまうからである[2]。

殺し屋に対して真実を語ったからと言って，必ず殺人の共犯として罪を問われるわけではないという限りでは，カントの言うことにも一理あるが，真実を話しても殺人が起こらないかも知れない設例として彼が述べる事態はいかにも非現実的で，あまりにも都合が良すぎるように思われる。真実を語った結果とし

---

[2] 「人間愛からの嘘」谷田信一訳『批判期論集　カント全集(13)』（岩波書店，2002）255-56頁［A 247］。

て殺人が帰結したとき，共犯として罪を問われるか否かは，友人に対する保護義務の有無やその程度にもよるであろうし，それは時代や地域によっても異なるベースラインが引かれる話で，人類普遍の線引きがアプリオリに存在するわけではない[3]。

　他方，嘘をついたときに，いかに予測のつかないものであったにせよ，その帰結のすべてについて，刑事上のそれをも含めて責任を負わなければならないという議論は，少なくとも法的ディスコースとしては尋常ではないように思われる。責任を負ってしかるべき因果関係の連鎖の範囲には自ずと限界があるものであろう。カントは別のレベルの議論，道徳的な義務に関する議論を，法的議論の装いの下に行っていると見るべきであろうか。

　しかしそもそもカントは，上記のような状況で道徳的な観点からして嘘をつくべきでないと本気で主張しているのであろうか。嘘をついたときに，その帰結のすべてについて責任を負うべきだという主張と，およそ嘘をつくべきではないという主張とは，完全に同一内容の主張ではない。責任を負うリスクをおかしてでも，するべきことはあるという判断はあり得る。また，嘘をついたときにはそのすべての帰結について法的責任を問われるが真実を語ったときには法的責任を問われることはない，というカントが行っているかに見える主張と，道徳的にも嘘をつかず真実のみを語るべきだという主張とは同じではない。

　カントが道徳的に見ても上記の状況で嘘をつくべきでないと主張しているか否かについて疑問が生ずるのは，別の箇所では，類似の状況で嘘をつくことを容認しているかに見えるからである。「コリンズ道徳哲学」の中で，カントは次のように述べる。

> たとえば，私が金銭を所持していることをその時点で分かっている人が，「いったい君には金の持ち合わせがあるかい」と私に尋ねる。——私が黙っているなら，そこからその他人は私が金を持っていると推し量る。私が「ああ」と言うなら，その他人は私から金を取り上げる。私が「いいや」と言うなら，私は嘘をつくことにな

---

[3] 友人の保護義務なるものは，「人間愛」という「便益」ないし「傾向性」に基づく薄弱な行為理由に過ぎないというのが，カントの主張であるかにも見える。責任の有無がベースラインの引かれ方に依存する点については，後掲注 *17* 参照。

る。この場合，私はどうすべきだろうか。私が自白するように私に向けて行使された暴力によって強制されていて，しかも私の発言が不正に使用され，そして私が沈黙によって自分を救うことが不可能である限り，嘘はひとつの抵抗である。強要された言明が悪用されるなら，それは自衛を私に許容する。なぜなら，他人が巧みに私から私の自白を手に入れようと私の金銭を手に入れようと同じことだからである[4]。

　本章で検討するのは，(1)カントは道徳的に見て嘘をつくことが決して許されないと考えたのか，(2)道徳的に見て嘘をつくことの善悪と，法的に見て嘘をつくことの責任とを区別して論ずることにはどのような意味があるか，という論点である[5]。この2つは，カントがなぜ一見したところ不思議な論理を展開したかを説明する2つの筋道に対応する。以下，第1節および第2節では(1)の問題を，第3節および第4節では(2)の問題を検討する。

2　なぜ嘘をついてはいけないのか──定言命法の要請

　カントが道徳哲学の基礎に定言命法を置いたことはよく知られている。カントは，定言命法の要請は，ごく普通の人々の日常的な道徳的判断の根底に常在するものと考えていた。「もちろん普通の人間理性が，その原理をそのように［筆者注：カントが定式化したように］普遍的なかたちで抽象的に思い描いているわけではない。けれども，実際にはいつもそれを念頭に置いていて，価値判断の尺度にしている。……普通の人間理性はその原理を磁石盤のように携えていて，どんな場合が起ころうとも実にうまく，何が善くて何が悪いのかを，義務に適っているのか義務に反しているのかを，すらすら区別できる」とカントは

---

[4]　「コリンズ道徳哲学」御子柴善之訳『講義録Ⅱ　カント全集(20)』（岩波書店，2002）254頁［A 448］。

[5]　念のために付言しておくと，カントは道徳においても法理論においても，原則レベルの議論と，その具体的事例への当てはめのレベルの議論とを区別しており，したがって，実際にコンスタンが挙げるような事例が生起したとき，あくまで嘘をつくべきではないとの結論にカントが固執したと考えるべき理由は乏しいと思われる。この世はあまりにも複雑であり，人によって適用可能な程度に単純に定式化されたルールでは，現実の適用の際に例外を免れることはできない（Wood, *Kantian Ethics*, supra note 1, p.250）。この点については，後掲注 *43* 参照。本章で問題とされるのは，原則レベルの議論である。

言う[6]。

　カントは定言命法の要請をいくつかの異なる形で定式化するが，嘘をつくべきでない根拠としてカントがまず言及するのは，普遍的合法則性原則と言われる次のような定式である[7]。

　　自分の信条が普遍的法則となるべきことを，自分でも意欲できる，という以外の仕
　　方で，私は決して振る舞うべきではない。

たとえば，「進退窮まってどうしようもなくても，私は守るつもりがない約束をしてはいけないのか」という問いに対しては，嘘の約束をして窮地を脱してもよいという信条が普遍的法則として成立しているとすると（つまり，そのことをすべての人が承知しているとすると），そもそも約束というものが成り立ち得なくなるため，誰も私の言うことを信じてくれなくなる。したがって，こうした信条は自家撞着を起こし自滅すると回答されることになる[8]。

　同様の論理は，コンスタンに返答する前述のエッセイの中でも援用されている。「真実性は契約に基づくすべての諸義務の基礎とみなされなければならない義務であり，そして，その法則は，それにたとえほんの少しの例外でも認めると，ぐらついて役に立たなくされてしまう」[9]。

　他方，人間性原則と言われる，定言命法の次のような別の定式も，嘘をつくべきでない根拠とされる[10]。

　　自分の人格のうちにも他の誰もの人格のうちにもある人間性を，自分がいつでも同
　　時に目的として必要とし，決してただ手段としてだけ必要としないように，行為し
　　なさい。

6/　平田俊博訳『人倫の形而上学の基礎づけ カント全集(7)』（岩波書店，2000）28頁［A 403-04］。

7/　『人倫の形而上学の基礎づけ』25頁［A 402］。同書53-54頁［A 421］では，「信条が普遍的法則となることを，当の信条を通じて自分が同時に意欲できるような信条に従ってのみ，行為しなさい」と表現されている。「信条 Maxime」はしばしば「格率」と訳される。

8/　『人倫の形而上学の基礎づけ』25-27頁［A 402-03］。同様の論旨は，同書55-56頁［A 422］で繰り返されている。

9/　「人間愛からの嘘」256頁［A 427］。もっとも，この言明は後掲注 23 で描く別の（さほど説得力があるとは言い難い）論拠を述べるものかも知れない。

10/　『人倫の形而上学の基礎づけ』65頁［A 429］。

他人に対して嘘の約束をする者は，相手をたんに手段としてのみ利用することとなり，相手を同時に目的として扱ってはいない。そしてそのように取り扱われることについて，相手が同意することはあり得ないであろうし，また，そうした行動の目的を相手が自らのものとして肯定することもおよそあり得ない[11]。いずれの定式についても言えることは，どのような理由に基づいて行動してはならないかを，カントは問題にしていることである。

ハーヴァード大学で道徳哲学を講じるクリスティン・コースガードは，上記の2つの定言命法の定式は，嘘をつくべきでない義務について，異なる帰結を導くことを指摘する[12]。以下，彼女の展開する論理をたどることとしよう。

第一にコースガードは，普遍的合法則性原則からすると，上記の特殊な状況では，嘘をつくことは許されると言う。問題は，出発点において，すでに殺し屋による嘘言があるはずだということである。かりに殺し屋が，「私はあなたの友人を殺すつもりで来ました。彼はこの家にいますか？」と，腹蔵なくあなたに尋ねたとする。この場合，殺し屋をだますために嘘をついてもよい，という行動指針は，普遍的法則としては成立し得ない。かりにそうした普遍的法則が成立していたとすると（つまり，当の殺し屋も含めてすべての人がそのことを承知しているとすると），たとえあなたが嘘をついても，彼はだまされないはずだからである。

しかし，実際には殺し屋はこのように率直に尋ねたりはしないはずである。「あなたの友人は今，この家にいますか？」と尋ねる殺し屋は，彼の意図をあなたが知っているはずはないという前提で質問している。であれば，こうした状況では友人を庇うために嘘をついてもよい，という行動指針は普遍的法則としても成り立ち得る。自分の意図をあなたが気づいていると知らない殺し屋は，たとえそうした普遍的法則が成り立っていることを承知していたとしても，あなたが嘘をついたとは分からないはずである。

そうだとすると，普遍的合法則性原則に基づいて議論を進める限り，いつい

---

[11]/ 『人倫の形而上学の基礎づけ』66頁［A 430］。言うまでもないが，これは嘘をつかれた当人が後で相手を許す気持ちになるか否かとは関係のない話である。

[12]/ Christine Korsgaard, 'The Right to Lie: Kant on Dealing with Evil', in her *Creating the Kingdom of Ends* (Cambridge University Press, 1996).

かなる場合においても嘘をつくべきではないと結論づけた点で，カントは誤っていたことになる。最初からだますつもりで嘘をついた者に対して，それに気づいた者が嘘をついても構わないという行動指針は，十分に普遍化可能であり，最初に嘘言を発した者は，そのことによっていわば，普遍的合法則性原則の保護の及ぶ範囲外に身を置いたことになる[13]。「コリンズ道徳哲学」での自衛としての嘘言というカントの設例も，こうした議論を補強する。

これに対して，人間性原則に則して議論を進めるならば，嘘をつくべきでないという義務は文字通り，普遍的に妥当するとコースガードは言う[14]。ここで言う「人間性」とは，理性的思惟を通じて自ら目的を設定する能力を言う[15]。そして，嘘をついて相手を単なる手段として利用することは，そうした意味での人間性への攻撃である。

前述したように，そうした取り扱いについて，相手が同意することはおよそあり得ないし，また，そうした行動の目的を相手が自らのものとして認めることもおよそあり得ない。これは，他者の自由や所有権を侵害する行為に対して，権利主体がおよそ同意したり，そうした行為の目的を自らのものとして認めることがあり得ないのと同様である。

> 他者が理性的存在者であって，いつでも同時に目的にして，すなわち，同一の行為については自身もまた同一の目的をもつことができなければならない理性的存在者として，尊重されるべきことを，人間の権利の違反者が考慮していないのが，はっきりと分かる[16]。

13/ Korsgaard, 'The Right to Lie', p. 137. 嘘言をまず発することで嘘をつかない義務の保護範囲外に置かれるという論理の筋道からすると，殺人を阻止するためであっても，無関係の第三者に嘘をつくことは正当化され得ないであろう。たとえば，家の中にはいりこんだ殺し屋を止める手助けとして隣人を呼び集めるために「火事だ！」と叫ぶこと（「殺し屋だ！」と叫んだのでは，誰も怖がって近づかないから）は，許されない。こうした状況でも「火事だ！」と叫んで人々を呼び集めることが許されるという格率が普遍法則として成立していることを承知している人々は，容易なことでは集まってこないであろう。

14/ Korsgaard, 'The Right to Lie', p. 137; cf. Thomas Scanlon, *Moral Dimensions: Permissibility, Meaning, Blame* (Harvard University Press, 2008), pp. 107 ff. スキャンロンは，コースガードが論ずる害悪を「同意なく被害に巻き込むこと costly involvement without consent」と再定式化している（ibid., p. 110）。

15/ 樽井正義＝池尾恭一訳『人倫の形而上学 カント全集(11)』（岩波書店，2002）258頁［A 392］。

16/ 『人倫の形而上学の基礎づけ』67頁［A 430］。

他者の自由や権利を強制によって侵害することについて、権利主体がおよそ同意し得ないことは容易に理解できる。ことは詐欺や嘘言による場合も同様である。こうした場合、相手が同意を与える可能性そのものが排除されている。そもそも相手がおよそ同意し得ないことであるか否かが、相手を単なる手段（道具）として扱っているか否かを判断する物指しとなる[17]。

人間性原則は、相手をつねに目的としても見ることを要求する。人間は自らの意思によって自由に因果の連鎖を開始する[18]。これに対して、あなたがそうした因果の連鎖の開始者であることを妨げようとすることは、あなたを単なる手段として扱うこと、因果関係の単なる中間項として扱うことである[19]。そして、他者を目的として扱うことは、他者を単なる手段としてのみ扱わないことだけではなく、他者を理性的存在者として、自らの行動を自らの意思によって決定し得る存在として尊重すべきことをも含意する。それは、他者が見事に申し分なく行動する場合にのみ要求される態度ではない。

> 人間理性の失策を、ばかげた愚にもつかぬ判断などという名で非難することなく、むしろそのような判断にも、やはり何か真なるものが存在するにちがいないと前提して、これを探し求め……人間に自分の悟性に対する尊敬を保存させる、ということである。……悪徳を非難するにあたっても、まったくこれと同様である。その非難は決して、悪人を完全に軽蔑することや、かれのあらゆる道徳的価値を剝奪することにまでいたってはならない[20]。

---

[17]　Korsgaard, 'The Right to Lie', p. 139. コースガードは、「強制 coercion」が嘘言よりも簡明・単純な例であるかのように語るが、ことはそう単純ではない。何が強制であり何が妥当な同意であるかは、時代や社会によって線引きの異なるベースラインのあり方に依存するからである。ロバート・ノージックの挙げる例で言うと（Robert Nozick, 'Coercion', in *Philosophy, Science, and Method*, eds. Sidney Morgenbesser et al., (St. Martin's Press, 1969), pp. 449-50)、ボブが海で溺れかけているところへ、エレンが手漕ぎのボートで通りかかり、「1万ドルくれるなら助けてあげる」と持ちかけたとする。もし当該社会のベースラインが、こうした状況ではエレンに救助義務があるというものであれば、エレンがしているのは脅迫である。しかし、そんな義務はないのであれば、これはまっとうな契約の申し込みであり、ボブはよろこんで同意するであろう。

[18]　カントは、「意思とは、生命ある存在者が理性的である限りでもつ一種の因果性である」とする（『人倫の形而上学の基礎づけ』90頁［A 446］)。なお、『純粋理性批判』熊野純彦訳（作品社、2012）487頁［A448/B476］での第三アンチノミーへの注解をも参照。

[19]　Korsgaard, 'The Right to Lie', p. 141.

[20]　『人倫の形而上学』352頁［A 463］。

人間を目的として扱うことは，人間を常に理性を自律的に使用し得る存在として扱うことを意味する。他人に嘘をつくことが，他人を単なる手段として扱うことになるのは，このためである。そして，このことは，なぜカントが，嘘をつく者はその帰結のすべてについて責任を負うべきだと強調するかをも説明する[21]。

　もしあなたが殺人者に対して真実を語り，かつ，相手の理性に訴えかけて犯罪を思い止まるよう説いたならば，そこであなたの責任は終わる。その後の行動の責任は，すべて彼がとるべきである。これに対し，嘘をつかれ，それを信じて行動した者は，もはや自らの意思によって自由に因果の連鎖を開始してはいない。彼は，嘘をついたあなたが開始した因果の連鎖の単なる中間項に過ぎない。したがって，いかに予測のつかないことが起ころうとも，その責任はすべてあなたにある。もっとも，コースガードは，だからと言って，そうしたリスクをつねにあなたが回避すべきだとは限らないが，と付言する[22][23]。

3　嘘をついても構わないのか――悪への対処

　以上の説明からすると，カントによる定言命法の2つの定式――普遍的合法則性原則と人間性原則――は，上記の状況において嘘をつくことが許されるか否かについて，異なる結論を導くことになる。しかし，人間性原則に照らしたとき，あなたは決して嘘をついてはいけないのだろうか。コースガードは疑義を提起する。あなたは他者を単なる手段として扱うべきではない。しかし，あなたは自身が殺人者の単なる手段として扱われることをつねに許容すべきなの

21/　Korsgaard, 'The Right to Lie', pp. 142-43.
22/　Korsgaard, 'The Right to Lie', p. 143.
23/　カントは，嘘をつくべきではない根拠として，もう1つの理由付けを提示している。それは，他者に自分の考えを伝達するという行為は，そもそも真実を伝えることを含んでいるはずであり，したがって，虚偽を伝える行為自体が，自身の人格性の破壊を意味するというものである（『人倫の形而上学』303頁［A 429］）。しかし，バーナード・ウィリアムズが指摘するように，他者への伝達行為が伝達内容の真実性を含意することが通常であること自体から，とくに特別な道徳的帰結がもたらされるわけではないし，少なくともあらゆる嘘言は決して許されないという極端な帰結はもたらされないと思われる（Bernard Williams, *Truth and Truthfulness* (Princeton University Press, 2002), p. 106）。Wood, *Kantian Ethics*, supra note 1, pp. 252-53 は，ここでのカントの言明は修辞的誇張であり，額面通りに受け取るべきではないとする。

だろうか。カント自身,「コリンズ道徳哲学」では,相手の嘘言に対して嘘言で応ずることを,相手の反道徳的行動に反道徳的行動で自衛することを,認めていた。おそらく問題はより複雑である[24]。

コースガードが示唆している方向性は,カントが描く理想的な世界,つまりすべての理性的存在者がお互いを目的として扱う「目的の王国 Reich der Zwecke」と,理想的ではない,つまりすべての人が互いを目的として取り扱うわけではない現実世界とを区別する方向性である。カントの道徳哲学,とくに人間性原則がきわめて峻厳な義務を課すかに見えるのは,完全な世界と不完全な世界との区別を認めないからである。たとえ現実世界が不完全な世界であっても,それが完全な理想的世界であるかのように行動せよ,と定言命法は要求する。それが悪しき帰結をもたらしたとしても,それはあなたの責任ではない。

しかし,カントの助言通りに行動することは道徳の悪しき主観化——私の手が汚れさえしなければ,それで善い——を招くのではないだろうか[25]。コースガードがここで参照を求めるのは,功利主義を批判的に検討するバーナード・ウィリアムズの議論である[26]。功利主義は,つねに社会全体の功利(幸福)の最大化を求める。それはときに日常的な道徳観念に反する行動を求める。

ウィリアムズが挙げる仮想の設例では[27],南米の山間を植物採集のため旅する研究者が,反政府活動に参加した山村を政府軍が襲撃し,村人たちを捕縛して全員を見せしめのため,広場で処刑しようとしているところに出くわす。政府軍の長はあなたに対し,村人のうち1人を選んでこのピストルで処刑しても

---

[24] Korsgaard, 'The Right to Lie', p. 144. スキャンロンは,これほど深刻でない事例でも,真実を語らないことが許される場合があることを指摘する。たとえば,ボブはパリで開催される学会への参加を予定している。もしこのことをエレンに話すと,彼女は必ず自分も参加すると言い出しそうである。しかし,エレンが一緒だと,ボブが学会に参加する楽しみも成果も半減しそうだとする。この場合,ボブは学会への参加についてエレンに話さないようにするだろう。このことが道徳的に見て否定的に評価されるか否かは,学会への参加についてエレンがボブに告知されるべき権利を有するか否かに依存する。必ず告知されるべきだということにはならない (Scanlon, *Moral Dimensions*, p. 109)。とはいえ,嘘をつくことと秘密を守ること(情報を隠すこと)とは同じではない。

[25] Korsgaard, 'The Right to Lie', pp. 149-50.

[26] Korsgaard, 'The Right to Lie', p. 149.

[27] J. J. Smart and Bernard Williams, *Utilitarianism: For and Against* (Cambridge University Press, 1973), pp. 98-99.

らいたい。そうすれば，遠国からの来訪者の栄誉に免じて，残りの村人は助けようと言う。彼は嘘を言っているわけではないらしい。功利主義的に言えば，あなたは是非そうすべきである。村人たちも是非そうしてもらいたいと嘆願している。しかし，自分はそんなことができる人間ではない。ただ政府に抗議したからと言って，しかも同じことをした村人の中から1人だけを選んで処刑するのは，あまりにも不公平で冷酷残忍な行為だ。しかし，自らの手を汚しさえしなければ，村人が全員虐殺されても，それでよいのか。

カントの勧めに従って自らの責任を回避し，殺人者に真実を語り，あとは自らの手を離れた因果の連鎖を観察することは，同様のグロテスクな「責任逃れ」となるのではないか。それがコースガードの疑問である[28]。

結局のところ，カントの人間性原則の描く世界——目的の王国——は，すべての人がそれを目指すべき理想の世界ではあっても，現実の世の中で常にそれに則して行動すべき世界像ではない。しかし，不完全な世界においてもなお守るべき指針，つまり普遍的合法則性原則はある。悪から逃れることのできない現実世界では，人はときに人間性原則に反する行動をとって自衛をせざるを得ない。それでも，目的の王国が，すべての人がその実現を目指すべき理想であることをやめるわけではない。

コースガードは，カントが『永遠平和のために』と『人倫の形而上学』「法論」の末尾で描く永遠平和へ向けた実践的営為が，この点で参照に値すると言う[29]。戦争はあるべきではない。永遠平和があるべき理想の状態である。しかし，その実現は見通し得る将来にはない。「永遠平和はおそらくありえないにしても，ありうるかのようにわれわれは行為しなければならない」。永遠平和をもたらすために最適と思われる体制，つまり常備軍を廃止し，民兵のみによ

---

[28] Korsgaard, 'The Right to Lie', p. 150. もっともウィリアムズは，こうした反功利主義的選択を「道徳的自己満足 moral self-indulgence」として全面的に否定することには批判的である (Bernard Williams, 'Utilitarianism and Moral Self-indulgence', in his *Moral Luck* (Cambridge University Press, 1981))。仮に植物研究者が自ら手を下すことを拒否したとすれば，殺人そのものが悪だからというのがその理由のはずであり，自らの道徳的純潔性を守ることは理由にはならない。同旨のコメントとして，Thomas Nagel, 'War and Massacre', in his *Mortal Questions* (Cambridge University Press, 1979), p. 63 参照。

[29] Korsgaard, 'The Right to Lie', p. 154.

って武装する共和政体をすべての国家が実現することをわれわれは目指さなければならない。永遠平和を実現することが「つねにむなしい願望であり続けようとも，それに向かって不断に努力するという格率を想定することは，けっして自己欺瞞ではない。というのも，この格率は義務だからである」[30]。

　同じことは，国家についてだけではなく，個々人についても妥当するだろうとコースガードは言う[31]。理想の世界に生きるわけではない共和政体の諸国家が人民武装で自衛すべきように，不完全な世界で生きるわれわれは，ときに嘘言をもって自衛する必要がある。それは，普遍的合法則性原則が許す限りにおいてではあるが。

4　法と道徳の区別——対立する道徳的判断への対処

　不完全な世界への対処には，少なくとももう1つの仕方があり得るように思われる。殺人者が家の玄関に現れるという想定は，そもそも尋常なものではない。通常は，友人を追う殺人者は悪の化身であり，あなたと友人とは善良な市民であると想定されている。前節で描いたのは，不完全な世界で善良な市民が悪にいかに対処すべきかであった。しかし，なぜ当然のように，あなたと友人とは善良な市民で，殺人者は悪の権化と言えるのか。

　殺人者に追われるのは，よほどのことである。あなたの友人は（ひょっとするとあなた自身も）犯罪者集団の一味なのだろうか。そうだとすると，もはや話は通常の道徳論の範囲を超えている。ギャングにはギャングの掟がある[32]。ギャングの一員が，ギャングの一員であることによって招いた事態において，世俗の道徳原則通りに行動すべきか否かは，法的責任（あるいは量刑の程度）を問われる場においてはともかく，道徳的な善悪を検討する対象にはそもそもなりにくい。少なくとも定言命法の定式に合致する行動をたまたまとったからといって，ギャングの一員が善人だということになるわけではない。

　他方，カントが想定していた典型的な状況は次のようなものであった可能性

30/　『人倫の形而上学』207 頁［A 354-55］。「永遠平和のために」遠山義孝訳『歴史哲学論集　カント全集(14)』（岩波書店，2000）をも参照。
31/　Korsgaard, 'The Right to Lie', p. 154.
32/　この点については，本書第5章参照。

がある。カントが生きた時代は，宗教改革後の長年にわたる宗教的争乱がようやく終結に向かい，代わって国民国家の形成にいたる市民革命が，アメリカとフランスにおいて生起した時代であった。社会内部が異なる宗派や政治結社によって根底的に分断され，それが政治体制の混乱と崩壊を招く状況において，宗派間，政治結社間の対立は勢い，拷問，処刑，殺人，テロ等を含む暴力沙汰を導くこととなる[33]。

詳しくは別の箇所で論じたので詳細はそちらに譲るが[34]，そうした状況においては，自分の信条は何か，仲間はどこにいるか等の質問に対していかに応答するかは，自身と仲間の生命のかかる問題であり，かつ，嘘言をなすことが神への義務への違背と考えられたキリスト教信仰の内面からすれば，道徳的にも深刻な問題であった。

他方で，こうした内心の信仰や道徳にかかわる党派間の対立についてカントがとった解決法は，基本的にはホッブズに近いものである。公権力による客観的な法秩序の定立と運営がなされない限り，人々は相互に暴力を振るう。「しかもそうした事態は，だれもが自分にとって正しくかつ善いと思われることを行い，この点で他の人の意見に左右されないという，だれもがもつ固有の権利に由来する」[35]。

定言命法の要請は，人々の道徳的判断の対立を縮減する役割は果たすが，その機能は自家撞着を起こすためにそもそも道徳原則としては成り立ち得ない行動指針を排除するにとどまる[36]。人々の道徳的判断の余地はなお広範であり，それは相互に対立するであろうし，人々が真摯であればあるほど，対立は激化

---

[33] サリー・セジウィックは，「人間愛からの嘘」でカントが峻厳な立場をとっているのは，コンスタンによる批判の背後に，当時のフランス革命政府への抵抗運動を擁護しようとする彼の意図を嗅ぎ取ったからではないかとの推測を紹介する（Sally Sedgwick, 'On Lying and the Role of Content in Kant's Ethics', *Kantstudien*, vol. 82, p. 50 (1991)）。総裁府体制を支持していた当時のコンスタンに，反革命運動に加担する意図があったとは考えにくいが（cf. Dennis Wood, *Benjamin Constant: A Biography* (Routledge, 1993), pp. 144-47），女性関係と同様，政治的立場においてもコンスタンがしばしばフラついていたことは確かである。

[34] 長谷部恭男『続・Interactive 憲法』（有斐閣，2011）第21章「嘘はつかない」。たとえば，イギリスで審査律が廃止され，公職がカトリックにも開放されたのは，1828年である。

[35] 『人倫の形而上学』153頁［A 312］。

[36] 『人倫の形而上学』254-55頁［A 389］で，カントは，普遍的立法という形式的原理は消極的制約条件に過ぎず，その条件の範囲内での格率は恣意的（willkürlich）であり得ると述べる。

する。この世の中が理想の世界ではなく，不完全な世界であるとの前提は，この対立をさらに激化させるおそれがある。カントは，人々は，誰もが自分にとって正しいと思うことを自由に行う自然状態を去って，すべての人が客観的に定立された法秩序に従い，各自に割り当てられた自由と権利の範囲内でのみ行動し得る市民状態にはいることを要求されると言う。そうしない限り，人々の自由な判断と行動とが相互に両立する安全な社会生活は保障されない[37]。そこで法秩序のあり方を決めるのは，普遍的合法則性原則でも，人間性原則でもなく，万人の自由を両立させる次のような客観法の原則である。

> だれの行為でも，その行為が万人の自由と一般的法規に従って両立し得るならば，正しい（recht），または，その行為の格率からして，各人の選択意思の自由が，万人の自由と一般的法規に従って両立し得るならば，その行為は正しい[38]。

以上のような観点から殺人者が玄関に現れる事態を見ると，実は，殺人者こそが悪人であり，あなたと友人こそが正義の味方であるとは，軽々には言い得ないことが分かる。あなたが嘘を述べた場合の，または真実を述べた場合の因果的帰結に関するカントの描写が奇妙に現実離れして見えるのも，1つは，そもそも殺人者が玄関に現れること自体がきわめて稀なことだから，第二に，それが現実化するとすれば，背景にあるのは友人とあなたも敵対する殺人集団の一味であるか，あるいは激しく闘争し合う結社の一員であって，果たして嘘をついてまで追手から逃れるべき客観的な正当性を主張し得るか否かに疑いがあるからかも知れない[39]。少なくとも，あなたとあなたの友人の側が当然に善良

---

[37]/ 以上の点については，さしあたり長谷部恭男『憲法の円環』（岩波書店，2013）第4章「カントの法理論に関する覚書」および本書第1章第4節参照。カントにおける道徳と法の独立性については，Allen Wood, *Kant's Ethical Thought* (Cambridge University Press, 1999), pp. 322-23 をも参照。こうした多様な道徳的判断の衝突と客観的法秩序によるその抑制の必要性の認識は，カントが『実践理性批判』坂部恵゠伊古田理訳『カント全集(7)』（岩波書店，2000）323-26頁［A 138-41］で行っている，道徳的判断のバックアップとしての神の存在証明がアイロニカルなものにとどまるとの推察を補強する。現実世界では多様な神々が相争うのであり，それは客観的法秩序によって調停されなければならない。

[38]/ 『人倫の形而上学』49頁［A 230］。邦訳に忠実には従っていない。なお，58頁［A 237］での自由（Freiheit）の定義をも参照。

[39]/ カントは，生活手段としての外的信仰告白を厳しく批判している（「弁神論の哲学的試みの失敗」福谷茂訳『批判期論集　カント全集(13)』〔岩波書店，2002〕192頁［A 267］）。

な正義の側であり，追手が悪の権化だとは言い切れない。政治道徳のレベルで見れば，そこには激しく対立する2つの立場があるだけであり，いずれがより正しいかを判断することは容易なことではない。

そうだとすれば，とりあえずは人々の社会関係を客観的に整序する法秩序に従うこと，より具体的にはそれを維持・執行する司直の手に事態の解決を委ねることこそが肝要だということになる。他者があなたの言明に依拠して行動する場面で，あなたが意図的に嘘言を発するならば，他者の自由な行動の範囲は縮減され，その法的権利が侵害される。嘘言に依拠して他者が行動することを意図することは，万人の自由と一般的法規に従って両立することはない[40]。あくまで客観的法秩序の枠内で行動しようとする限り，あなたに嘘をつく余地はない。

冒頭のカントのエッセイが，司直の役割と法的責任の有無を強調していたこと，また，同じエッセイの後半部分が法の形而上学とそれを現実社会に適用するための政治の原則についてもっぱら語っていることも，こうした背景を前提とするなら，よりよく理解できる[41]。カントの道徳理論と法理論とは，直接的には連絡していない。両者の関係は屈折している。

また，カントが「コリンズ道徳哲学」の中で述べている事例，つまり金を奪い取ろうとする人に対して嘘言で自衛するという事例と，玄関に現れた殺人者にいかに対処すべきかという事例とは，性格を異にしていることになる。あなたの金を奪い取ろうとする人は，あなたの確定した法的権利を侵害しようとしており，あなたを単なる手段として扱っている点で道徳的に邪悪であるだけでなく，客観法をも明白に侵害している。彼は，あなたに対して，行動の根拠となる事実について真実を陳述するよう要求する立場にはない。玄関に現れた追手については，ことはさほど分明ではない。

もっとも，こうした道徳と法との役割分担と，それによる市民の宗教観・道徳観の対立・紛争の抑止に，限界がないわけではない。政府に対する抵抗の権

---

[40] Wood, *Kantian Ethics*, supra note 1, pp. 242-43.
[41] 前掲注2『批判期論集　カント全集(13)』所収の谷田信一氏の解説（492頁）も，カントのこのエッセイについて，政治社会の秩序維持という観点を強調したものとの理解を示している。

利は否定したカントであるが，市民的不服従の余地は認めていた[42]。客観法の役割自体を支えるのも，道徳的な理由付けである以上，具体の場面における客観法の要求がいかなるものであっても，つねに個人の道徳的判断に優越するわけではないであろう[43]。たとえば，客観法秩序によって宗教的対立を収束させるには，公権力が特定の宗教を樹立したり，他の宗教を弾圧しないことが必須条件となるはずである。

　カント自身，客観的法秩序の構築によって，人々の道徳的判断の対立にもかかわらず平和な社会生活を確保するという彼の目論見が，永遠に解決不可能なものであることを認めていた。なぜなら，法を定立するのはやはり人間だからである。「人間という曲がりくねった素材から，完全にまっすぐなものを切り出すことは不可能」[44]であり，したがって，普遍的客観法による安定した市民社会の実現も，永遠にその実現を目指すべき理念にとどまる。

---

[42]/ 「実践理性批判」164-65頁［A 30］。カントが挙げているのは，君主が亡き者にしようとする人物を陥れるために偽証するよう，即刻の死刑という威嚇の下に要求した場合，それを拒否することは可能だという設例である。また，『人倫の形而上学』230頁［A371］では，「あなたたちに対して権力をもつ上位者に従え」という命法に「内的な道徳に矛盾しないかぎり」という限定を附している。この限定を，定言命法に抵触しない限りで実定法に従えという趣旨に理解する Reider Maliks, *Kant's Politics in Context* (Oxford University Press, 2014), p. 137 参照。

[43]/ セジウィックは，普遍法の定立に関する限り，一見したところいかなる例外をも認めないカントの議論は，法の適用の場面における柔軟性を許容し得るものであることを指摘する (Sedgwick, supra note 33, pp. 51-60. 同旨の見解として，Andrea Esser, 'Kant on Solving Moral Conflicts', in *Kant's Ethics of Virtue*, ed. Monika Betzler (Walter de Gruyter, 2008), pp. 291-94 参照)。「人間愛からの嘘」の末尾でも，カントは，「法的・実践的な原則を実際の諸事例に適用するためのより詳細な規定」によって，適切な事例判断がなされる余地を認めている（前掲注2, 260頁）。

　また，道徳に関しても，カントは『人倫の形而上学』「徳論」の各所で，定言命法から導かれる普遍的道徳原則（その中には，「嘘言をなすべからず」も含まれる［A429］）が具体の場面では決疑論的問題（Kasuistische Fragen）を引き起こすことを指摘するし，普遍的規則を具体の事案に適用する場合における媒介項としての判断力（Urteilskraft）の必要性を強調する（「理論と実践」北尾宏之訳『歴史哲学論集　カント全集(14)』〔岩波書店，2000〕163頁［A 275］; see also Wood, *Kant's Ethical Thought*, supra note 37, p. 151)。冒頭で引用したカントの言明は，少なくとも具体の結論に関する限りは，額面通りに受け取りにくいことになる。

[44]/ 「世界市民的見地における普遍史の理念」福田喜一郎訳『歴史哲学論集　カント全集(14)』（岩波書店，2000）第6命題［A 23］。また，前掲注37「カントの法理論に関する覚書」70-71頁参照。

5 コンスタンと「密告する自由」

　平和な市民生活の確保を第一義とするカントの法秩序観とコンスタンの法秩序観とは，容易には折り合いがつかない。

　古典古代の都市国家における共和政と異なり，革命の帰結として生まれた大規模な民主主義社会では，個々の市民に公益に貢献しようとする公徳心を期待することは困難である。公事や政府の存在を特に意識することなく，社会生活が自律的に存立し得ると信ずる近代的市民が求める権利は，古典古代の市民が求める権利とは全く異なる。そうした近代社会では，選挙の結果が一般意思を示すとの神話は，一部の特殊利益による国政の簒奪を正当化することとなりかねない。しかも，異なる社会階級の利害の均衡を図ることで人民の自由を保障するモンテスキュー流の企図が絶望的となるほど，革命後の社会は平等化されている。こうした悪条件の下で，いかにして法の支配を維持し，国民の自由と権利を保障することができるか。それが，フランス自由主義の系譜に属するコンスタンの問題意識であった[45]。カントのホッブズ的な問題意識とは全く異なる。

　コンスタンは，古代人の自由と近代人の自由とを図式的に対比させることで，彼の問題意識を示した[46]。古代人の自由は，政治に常時，積極的に参加する権利として理解されることが多いが，コンスタンの描く古代人の自由はそれほど単純ではない。小規模な国家が互いにせめぎ合う古典古代の市民にとっての自由は，何よりも生産活動や家内労働を担う奴隷身分からの自由であり，だからこそ，いつ起こるとも知れぬ戦争に備え，戦闘に積極的に参加し，しかも勝利することが肝要であった。古代人の積極的自由が守ろうとしていたのは，

---

[45] この点については，さしあたり長谷部・前掲注 *37*『憲法の円環』第 8 章「比較の中の内閣法制局」参照。もっともコンスタンは，古典古代の市民たちが公徳心にあふれていたというモンテスキューの（そしてルソーの）想定には懐疑的である。後述するように，彼らが常時，積極的に政治に参加したのは，政治と個々人の利害とが直接に関係していたからだというのが，コンスタンの見方である。

[46] 以下，本節の記述は，Stephen Holmes, 'The Liberty to Denounce: Ancient and Modern', in *The Cambridge Companion to Constant*, ed. Helena Rosenblatt（Cambridge University Press, 2009），pp. 47-68 に依拠している。

奴隷的な拘束と使役からの自由という、典型的・核心的な消極的自由である[47]。そして、奴隷身分の存在を不可欠の前提とする古代人の自由は、平等化と分業化の進む近代社会においては実現し得ないものである。

また、コンスタンは、平時における古代人の政治参加のあり方として、将軍や財務官の選挙での投票よりは、陶片追放や裁判等を通じた同胞市民の国外への追放、断罪、処刑への関与を重視する[48]。

> 人民は法を制定し、執政官たちの執務を審査し、ペリクレスに対して釈明を要求し、アルギヌサイの海戦を指揮した将軍すべてを処刑した。同様に陶片追放という当時のすべての立法者により褒め称えられたあの恣意的法制度、われわれには恐るべき邪悪な制度としか見えない陶片追放こそ、今日のいかなるヨーロッパの自由国家よりもはるかに、アテネにおいて個人が社会の至上性に屈従していたことを示している[49]。

大規模な近代国家に比較して、小規模な古代国家での投票行動には、個々の市民にとってより大きな意味があったはずである[50]。しかし、個々の市民の意思に現実的な意味があったのは何より、いかなる有力者であっても、その同胞市民としての地位を恣意的に剥奪し、追放し、処刑する権限が、全市民から構成される共同体全体にあったからであった。そして、マキアヴェッリが指摘するように、一般市民が有力者を弾劾し得る制度は、社会に渦巻く不満の吐き出し口となり、かえって政治秩序の安定につながる[51]。

こうしたコンスタンの視角は、彼がなぜ近代人の自由として、公正な裁判を

47/ Ibid., pp. 52-53.
48/ Benjamin Constant, 'De la liberté des anciens comparée à celle des modernes', in Benjamin Constant, *Écrits politiques*, ed. Marcel Gauchet (Gallimard, 1997), p. 595; Holmes, 'The Liberty to Denounce', pp. 53-54. これはコンスタンが1819年に行った講演の記録である。
49/ Constant, 'De la liberté des anciens', p. 601.
50/ 「[規模の小さい]ローマやスパルタの最も無名の市民も権力を持っていた。イギリスやアメリカ合衆国の一市民について同じことは言えない」(Constant, 'De la liberté des anciens', p. 599)。See also his 'De l'esprit de conquête et de l'usurpation', seconde partie, chapitre VI, in his *Écrits politiques*, pp. 206-10.
51/ Benjamin Constant, *Commentaire sur l'ouvrage de Filangieri* (les Belles Lettres, 2004 (1822-24)), p. 241; cf. Nicolò Machiavelli, *Discourses on Livy*, trans. Harvey Mansfield and Nathan Tarcov (University of Chicago Press, 1996), pp. 23-26 [Book 1, Chapter 7].

通じた法の支配，手続的正義を重視したかを説明する[52]。自由に対する最大の脅威は，密告による裁判，被告人が反論する機会を与えられることのない裁判による自由の剥奪である[53]。

> 密告する自由は，きわめて深刻な不利益をもたらす。嫌悪，妬み，下劣で悪意に満ちた感情のすべてが，この自由を利用しようとする。無実の者が中傷され，非の打ち所の無い市民が隠れた敵のなすがままとなる。……裁判官としては，忌まわしい手段に訴える者が熱情や公平無私の心からそうすることは稀なこと，正義への愛や罪への憎しみからなされる密告は何百ものうち1つしかないことを熟考すべきである[54]。

近代人にとっての，平穏に自律的に生きる消極的自由を確保するためには，為政者を批判し，信頼を裏切った為政者の政治責任を問い，選挙を通じて解任する権利も重要である[55]。しかし，大規模な近代国家において，個々人の投票の持つ意味は大海の一滴にとどまる。他方，一人の密告によって他人を政治的・社会的に葬り去ることができれば，得られる効用は大きい。近代社会における密告はいわば，「民営化された陶片追放 privatized version of ostracism」[56]である。革命後の恐怖政治でさえ，ジャコバンによる単なる国家テロではなく，同胞を密告する多くの市民たちとの公私協働事業であった[57]。それが，古代人の自由を近代社会に押しつけた帰結である。カントの目論見と異なり，絶対的権力を掌握する政府を樹立しさえすれば，戦争状態から平穏な社会生活への移行

52/ Constant, 'De la liberté des anciens', p. 593; do, *Les principes de politique*, ed. Etienne Hofmann (Droz, 1980 (1806)), p. 181. 彼は，古代と近代とで社会の存立条件が異なることに気付かず，同胞市民を国外追放に処する制度を導入する動きがあることに警鐘を鳴らす (ibid., p. 321)。また，「法の定める場合で，かつ，法の定める手続に従うことなくしては，何人も起訴・逮捕・拘束または国外追放されることはない」と定める1815年4月22日帝国憲法補充法61条について，フランス憲法史上初であると誇らしげに述べる彼の 'Principes de politique', in *Écrits politiques*, p. 491 も参照。コンスタンは，同法の起草に深く関わっていた。
53/ Holmes, 'The Liberty to Denounce', pp. 49–50.
54/ Constant, *Commentaire sur l'ouvrage de Filangieri*, p. 238.
55/ Constant, 'De la liberté des anciens', p. 616. コンスタンは，標準的な意味における積極的政治参加の権利が近代社会において持つ意義を決して否定していない。
56/ Holmes, 'The Liberty to Denounce', p. 68.
57/ Holmes, 'The Liberty to Denounce', p. 50.

が実現するわけではない。公権力が悪意を抱く市民によって密かに民営化され，同胞を陥れる手段とならないような手続的工夫も必要である。

　カントとコンスタンとの違いは，政治と法秩序が何を解決すべきかという問題意識の違いにはとどまらない。そもそも，司法官憲をどこまで信用できるかという点で，両者には根本的な違いがある。コンスタンの想定する状況では，殺し屋と司法官憲との境界線が不分明であり，仲間の居所について司法官憲に真実を告げることは，あなたと仲間がギロチン送りとなる危険を孕んでいた[58]。

6　むすび

　われわれの生きる世界は理想の世界ではない。そこでも，普遍的な道徳原則に可能な限り忠実に生きるか，あるいは，道徳的判断の深刻な対立可能性を前提としつつ，客観的法秩序の枠組みの下で平和に社会生活を送ることを第一義とすべきか。本章が描いたのは，その2つの方向性である。

---

[58]／　Stephen Holmes, *Benjamin Constant and the Making of Modern Liberalism* (Yale University Press, 1984), pp. 106-10; cf. Wood, *Kantian Ethics*, supra note 1, p. 249.

第7章

絆としてのプライバシー

1 はじめに

　ユビキタス・コンピューティング社会の到来は、人々のプライバシーを掘り崩す懸念を増大させている。自らの私的な情報、それも健康状態、信仰、出自、思想など、センシティヴな情報が知らないうちに取得・収集され、利用されているのではないかとの懸念を人々は強めている。

　情報通信技術の急速な発達と社会の隅々までの浸透は、表現の自由や財産権など、他の権利のあり方にも大きな影響を与えるはずであり、これらの権利も、プライバシーと同様、人として生きるためには、必須の権利である。しかし、こうした古典的な権利が技術の変容によって掘り崩されるという懸念を、人々はプライバシーほどには抱いていないように見える。なぜだろうか。

　この問題に対する一つの回答の仕方は、ジェド・ルーベンフェルド教授が提唱するように、現代社会において人々が侵害への懸念を抱いているのは実はプライバシーではなく、匿名性への権利（the right to anonymity）だというものである[1]。一旦、公共的な場で活動した以上は、保護への合理的な期待が否定されるプライバシーではなく、人々が集う公共の場においても保護されるべき匿名性、つまり他者に同一性を認識されることなく表現し、行動する自由の保護

＊　本章は、2011年9月に大阪市立大学で開催された日米法学会総会におけるシンポジウム「ユビキタス社会におけるプライバシー」で行った報告に加筆・修正を加えたものである。同シンポジウムのとりまとめ役であった山口いつ子教授、基調講演者であったジェド・ルーベンフェルド教授をはじめ、シンポジウムにおいてご意見・ご質問を頂戴した方々に感謝を申し上げる。なお、本章の内容は、Yasuo Hasebe, 'Privacy in the Age of Ubiquitous Computing', 1 *Percorsi Constituzionali* 133 (2014) と重複する点がある。

[1]　ジェド・ルーベンフェルド「デジタル革命における匿名性」アメリカ法2012-1号。これは日米法学会総会シンポジウム（2011年9月11日）での同教授の基調講演の記録である。

こそが問われている。ユビキタス・コンピューティング社会の到来は、確かに人々から匿名性を奪う危険を増大させる。そこでは、各人が何時、何処で何をしたかが逐一記録され、全世界に伝播し、しかも半永久的に記録にとどめられる危険さえある。

しかし、筆者は、匿名性はそれ自体で独立に法的保護の対象となる利益ではなく、他の何らかの権利——表現の自由、移動の自由、裁判を受ける権利、そしてプライバシー等を実効的に保障するためにこそ保護が必要となる、その意味で寄生的（parasitic）な利益ではないかとの疑念を抱いている。表現の場で匿名性が重要となるのも、匿名で「表現する」ためであり、自動車で移動する際に発信機によって追尾されないことが重要なのも、追尾されないで「移動する」ためである。匿名による表現の自由、匿名で移動する自由、匿名のままで裁判を受ける権利等は、それぞれ表現の自由、移動する自由、裁判を受ける権利を実効的に享受するために重要である。しかし、匿名性が独自に保護されるべき利益となっているわけではない。そして、同じく匿名性が剥奪される危険はあっても、やはり、人々は表現の自由や移動の自由よりもむしろ、プライバシーが掘り崩されることを懸念している[2]。なぜだろうか。

2 プライバシーの特性

プライバシーは個人のセンシティヴな情報を本人がコントロールすることのできる権利だと言われる。しかし、このコントロール可能性は、確実なものではない。自分の所有する金の延べ棒であれば、金庫に入れて鍵をかけておくことができる。表現の自由を実現するには、自分が実際に話せばよいだろう。他

---

[2] ルーベンフェルド教授が、匿名性への権利という観念を打ち出している背景には、アメリカ合衆国におけるプライバシー保護の水準が十分ではないという事情が存在する可能性がある。警察が私人の邸宅をヘリコプタを使って上空から監視すること（Florida v. Riley, 488 U. S. 445 (1989))、クロロフォルムの容器に追跡装置を付けて公道上での移動を監視すること（United States v. Knotts, 460 U. S. 276 (1983))、警察が通話記録装置（pen register）を用いて被疑者が誰と通話したかを記録することは（Smith v. Maryland, 442 U. S. 735 (1979))、修正4条による保護の対象とならないとされている。ただし、Unites States v. Jones, 132 S. Ct. 945, 181 L. Ed. 2d 911 (2012) は、被疑者の自動車にGPS追跡装置を付着させて移動を監視することは、修正4条で言う「捜索 search」に当たるとした（本件について令状が必要であったか否かについては、判決は述べていない）。

方，自分のセンシティヴな情報は，隠者としてではなく，普通の人間として社会生活を送ろうとすれば，誰かに伝えざるを得ない。自分の健康状態に関する情報であれば医師に，法的紛争に関する情報であれば弁護士に，信仰に関する信念であれば聖職者や同じ信仰集団の仲間に，そして本やDVDの好みはアマゾンに。伝えられた情報は，本人ももちろんなお保有している。伝達された相手と本人とは，同じ情報を共有する。他人に手渡してしまえば，本人はもはや物理的に占有しているはずのない金の延べ棒とは違う。

センシティヴな私的情報は，本人の選ぶ相手にのみそれを伝えることで，本人の選んだ相手と本人の選ぶ程度の親密な（あるいは親密でない）人間関係を取り結ぶ手段となる。プライバシーが保護されるべきなのも，こうした人間関係の自由な構築能力を支える資産として，本人の私的情報が保有され，使用されるからである[3]。本人が選ぶ相手と，そうした相手とのみ共有されることで，センシティヴな情報は価値を持つ。私的情報は人と人をあるときはつなぎ，あるときは切り離す，絆である。

他人に伝えられた情報は，もはや自分で事実上コントロールすることはできない。プライバシーに関わる情報をどこまでコントロールできるかは，それを本人から受け取った相手——医師，弁護士，聖職者，アマゾン等——や，たまたま入手した見知らぬ人が，どこまでプライバシーを尊重するかに依存する。財産権や表現の自由などの古典的権利に比べると，プライバシーの保護は，人々が当該情報をどこまでセンシティヴなものとして適切に取り扱うべきかという，仲間内の共通了解，さらには，広く当該社会で共有されている了解にはるかに多く依存している[4]。古典的諸権利に比べると，そもそも傷つきやすい，

---

[3] この点については，長谷部恭男『憲法学のフロンティア』（岩波書店，1999）第6章「プライヴァシーについて」で論じたことがある。そこでも述べたように，プライバシーの保護には，本人が静穏な生活を送るための環境を整える等の他の効果も期待できるが，それらを，プライバシーの保護をとくに重視すべき根拠と見ることは困難である。もちろん，弁護士や医師にセンシティヴな情報を打ち明けるのは，これらの人々と親密になるためではなく，紛争の解決や病気の治療など，そうすべきやむを得ない事情があるからである。弁護士や医師は，本人が自由に人間関係を構築するその能力を阻害しないためにも，職業上の守秘義務を負っている。

[4] アメリカ合衆国では，Smith v. Maryland 判決で言及された，いわゆる第三者法理（third party doctrine）のために，アマゾンやグーグル，インターネット・サービス・プロバイダ等が蓄積した個人情報に対して，政府機関は捜査令状なしでアクセスが可能である。この点については，

バルネラブルな権利である。

　これに対しては，古典的権利もやはりそれがどこまで保護されるべきものかに関する当該社会で共有されている了解に依存しているのではないかとの疑問が提起されるかも知れない。確かに，自分の住居で平穏に暮らす権利がどこまで保障されるかは，他人の住居への侵入について，どのような場合に「正当な理由」があると言えるかに関する社会通念に依存している。とはいえ，住居であればそれを物理的に壁や柵で囲い，鍵をかけることもできる。物理的なアーキテクチャによる保護の手立てが可能である。それにもかかわらず暴力的に侵入する事件が頻発するような社会は，もはやプライバシーが掘り崩されることを懸念すべき平穏で文化的な社会ではないであろう。肝心な情報がすでに他者の手にわたっている状況が少なからずあるプライバシーとは，やはり大きな程度の差異があるように思われる。

3　古典的な権利

　古典的な権利は，カントが指摘するように，各人が自律的に，自由に活動できる範囲を共通の社会生活の枠組みとして平等に設定することにその意味がある。各自の権利の範囲内では，各自は自らの生き方を自分で判断し，自由にそれを生きる。宗教戦争後の，人々の価値観が激しく衝突する社会で，各人の自由な判断と行動の余地を平等に，しかも相互に両立するように保障することが，カントの目的であった[5]。こうしたカントの思考様式を典型的に示すのは，『人倫の形而上学』の次の一節である[6]。

　Daniel Solove, *Nothing to Hide: The False Tradeoff between Privacy and Security*（Yale University Press, 2011）, Ch. 11 & pp. 149-50 参照。

5/　カント「世界市民的見地における普遍史の理念」福田喜一郎訳『歴史哲学論集　カント全集(14)』（岩波書店，2000）10-11 頁［A22］；長谷部恭男『憲法の円環』（岩波書店，2013）第 4 章および本書第 1 章第 4 節参照。

6/　樽井正義＝池尾恭一訳『人倫の形而上学　カント全集(11)』（岩波書店，2002）153 頁［A312］。この引用部分にも表れているように，各人の自由な判断と行動の余地を平等に保障する客観的秩序は，第一義的には相互での侵害の停止という義務の秩序として立ち現れる。しかし，この義務は，侵害しないよう要求する相手方の権利と対応している。その限りで，カントの客観法の秩序を権利の秩序として表現することは当を得ていないとは言えないであろう。もちろん，およそあらゆる義務に対して，権利が対応するわけではない（Joel Feinberg, 'The Nature and Value of Rights', 4 *Journal of Value Inquiry* 243, 244 (1970)）。良好な環境を保全すべき政府の義務は，必ずしも誰か

人間は暴力行為を，また権力による外的立法がないかぎり互いに攻撃しあう悪意を，格率にしている。経験がそれをわれわれに教えている。しかしそうした経験や事実が，公的法による強制を必然的にしているのではない。人間をたとえどのように善良で正義を愛するものと考えようとも，そうした法のない状態という理性の理念にアプリオリに含まれるのは，公的法の存在する状態（法的状態）が確立されない限り，暴力行為に対して個々の人間や人民や国家は互いにけっして安全ではありえないということであり，しかもそうした事態は，だれもが自分にとって正しくかつ善いと思われることを行い，この点で他の人の意見に左右されないという，だれもがもつ固有の権利に由来するということである。

多様で比較不能な価値観が激しく対立する近代以降の世界では，たとえ人々が主観的にはいかに善良で正義を愛する存在であろうとも，自己の道徳的判断を思いのままに各自に実行させたのではこの世の安全は保障されない。そのため，すべての市民に共通する客観的法秩序を単一の立法者が定立し，妥当させることにより，自由に判断し行動する余地をすべての市民に平等に保障することが必要となる。

客観的法秩序が定立される法的状態以前の自然状態においても，人々は自然法に則って正当に財産を取得し，それを使用し，処分することができるはずである。しかし，自然状態の下においては，そうした財産の保有や使用・処分は決して安全ではない。法に基づいて生きることがそもそも可能となるためには，人々は自然状態を去って，他のすべての人々とともに客観的法秩序の下で生きる状態に入る必要がある。

このように，カントが主に想定していた客観的権利は，市民相互間の関係を規律する私法上の権利であるが，こうしたカントの思考様式は，国家（公権力）との関係で各市民に保障される権利についても，延長することが可能である[7]。多様で比較不能な価値観が並存する状況の中で，それにもかかわらず人々が人

特定の者の権利と対応するわけではない。
[7] カント自身は，法を定立する国家にも対抗可能な人権あるいは基本権を市民が享有するとは考えていなかった。実定法秩序の定立を通じてはじめて平等で相互に両立可能な権利を人々に保障することが可能だとの観念を純粋に貫くならば，そうした立場は可能である。つまり，法律による権利画定前には，当該権利画定を評価する基準となるベースラインは存在しない。

間らしい社会生活を営むことができるよう，その便益とコストを公平に分かち合うための仕組みを構築することが，近代立憲主義の根本的な目標である。その一環として，たとえば表現の自由が各人に保障されるべきだとすれば，それはすべての市民に平等に，しかも社会公共の利益の維持・実現や各市民の保有する他の権利の十分な享受との調整が可能な範囲で保障されるべきものであろう。各人がその奉ずる価値観に従って自由に行動し，生きる私的空間を確保すると同時に，社会公共の利益を実現するための公的空間での審議と決定を可能にするためにこそ，憲法上の諸権利は保障されている。各人の思想や価値観の如何を問うことなく，権利として保護された範囲での活動であるか否か，そしてそれへの制約・侵害が公共の利益に基づいて正当化されるか否かのみを問い，各人の自律的な判断と行動の範囲を平等に確保する。各人に保障された空間の中での，各人の選択と行動については，法は無関心である。同様のことは，精神的自由，経済的自由，人身の自由など，他の古典的権利について当てはまるはずである。

　もっとも，私法上の権利と憲法上の権利との間には違いもある。私法上の権利と異なり，憲法上の権利は，一般的に言えば，各人の日常的な生活空間を国家（公権力）との関係で直接に画定するわけではない。それを画定するのは，法律以下の実定法令である。しかし，そうした実定法令自体の内容も，また，実定法令に基づく個別の公権力の発動も，憲法上の権利を不当に侵害するものであってはならない。社会全体の利益が侵害の正当化理由であるとしても，法制度を通じて市民に要求し得ることには限度がある。カントの指摘するように，実定法秩序の設営を通じて，はじめて個人の自由が具体化されるのは確かであるが，しかし，いかなる内容の実定法秩序であっても設営さえされれば善いわけではない。憲法の与える保護は，保護された範囲において，実定法に基づく規範的要請を排除することを行為主体に対して，そして紛争を解決する司法機関に対して許容している[8]。各人の自由な判断と行動の範囲が国家（公権

8/　ジョゼフ・ラズの言う，憲法上の権利による排除の許容（exclusionary permission）である。憲法上の権利を通じて，実定法の権威主張を排除し，一般的な実践理性に立ち戻って何が衡平を得た正しい行動かを判断する余地が認められる。この考え方については，差し当たり，長谷部恭男『憲法の理性〔増補新装版〕』（東京大学出版会，2016）113-15頁参照。

力）との関係においても平等に区画され，保障されることは，憲法のバックアップによって支えられている。

　また，私法上の権利を構成する規範の多くが準則（rule）としての側面を持つのに対して，憲法上の権利が法的問題に関する回答を一義的に定める準則としての側面を持つことは稀である。アメリカやフランスの人権宣言に対するジェレミー・ベンサムの批判は，そこで宣言された権利が準則としての性格を持つことを前提とする批判，つまり生命，自由，財産に対する不可譲の権利とは，権利主体の生命，自由，財産を侵害することがいかなる場合にも許されず，したがって，戦場に赴くよう命令すること，犯罪への処罰として自由刑や財産刑を科すこと，公共サービスの費用を調達するために私有財産に課税することが正当化されることはない等の帰結が導かれるとするものであった。人権や憲法上の権利に関するこうした理解は，贔屓目に見ても常軌を逸している[9]。むしろ，人権や憲法上の権利は，法的問題への回答を一定の方向へと誘導する原理（principle）としての性格を強く持つ。

4　共通了解が支えるプライバシー

　プライバシーについては，前節で述べたカントの目論見をそのままの形で当てはめることは困難である。第2節で述べたように，プライバシーとして保護されるはずのセンシティヴな情報がいかに取り扱われるかは，本人だけではなく，相当程度まで，他人の判断に依存する問題である。本人と他者との親密な，あるいはそれほど親密でない，人間関係とそれに相応する情報の取扱いに関する当該社会のエチケット，つまり共通了解がそれを決める。

　こうした共通了解は，実定法令と異なり，技術の進歩に合わせて，適時に見

---

[9] Cf. E.g., Jeremy Bentham, *An Introduction to the Principles of Morals and Legislation*, eds. J. H. Burns and H. L. A. Hart (Methuen, 1982 (1970)), pp. 308-11 [Concluding Note to Chapter XVII, Sections 26-27].ベンサムの人権宣言批判は，より根底的には，権利は政府の定める実定法によって基礎付けられてはじめて存在し得るものであり，自然権なるものは「大げさなナンセンス nonsense upon stilts」に過ぎないという権利実証主義に支えられている（*Rights, Representation, and Reform: Nonsense Upon Stilts and other Writings on the French Revolution*, eds. Philip Schofield et al. (Clarendon Press, 2002), p. 329）。ベンサムの人権宣言批判については，差し当たり長谷部恭男『権力への懐疑』（日本評論社，1991）62-67頁参照。

直され，修正されるものではない。技術の進歩の後を遅れがちに追いかけていく。ユビキタス社会が人々のプライバシーを掘り崩すのではないかとの懸念を増大させるのは，そのためである。肝心なのはプライバシーの保護を支える共通了解なのに，それを直ちに調達することは難しいことである[10]。

技術の進歩に合わせて適時に改善されていくことのない共通了解のこうした側面は，H. L. A. ハートの指摘した，前近代社会における慣行（practice）としての社会規範の性格と似ている。前近代社会では，法は人々の慣行を通じて徐々に成立し，確立し，人々が従わなくなるにつれて徐々に衰退し，消え去っていく。規範が慣行としての地位を獲得するのは，繰り返し実践されることによってであり，実践されなくなることで衰退する。慣行としての規範は，意図的に改変されることはない。

しかし，近代社会では情勢の変化が激しく，人々の行動を律するルールは，状況に応じて頻繁に変更する必要があるし，変更した際には，それを世に広く知らしめる必要もある。そのため，人々の行動を律する法を人為的に変更し，あるいは新たに制定する際に従うべきルールや，法の解釈・運用について争いが生じた場合にそれを解決する際に従うべきルールといった，ルールに関するルール（つまり二次的ルール）の必要性が生ずる。そして，この二次的ルールの中核を占めるのが，当該社会で人々が従うべき法が何かを見分ける（認定する）ための，認定のルールである。認定のルール自体は，慣行を通じて，それも裁判官を中心とする公務員集団の実務慣行を通じて生成し，発展する[11]。

こうした前近代社会から近代社会への変化は，無条件に望ましい進歩とは評価し得ない[12]。日々実践される道徳規範によって支配される社会では，すべてのメンバーが何が従うべき規範かを自ら判別することができる。しかし，実定

10/ United States v. Jones, 132 S. Ct. 945（2012）に附されたアリトー判事の結論同意見は，「技術は［プライバシーに関する］期待を変化させ得る。劇的な技術の変化は，人々の期待が流動化し，その結果，人々の態度に重大な変化を生み出す時代へと導き得る。新技術は便利さや安全性を増大させる代わりにプライバシーを損ない得る。そして多くの人々は，そうしたトレードオフを価値あるものと見なすかも知れない」と述べる（132 S. Ct., at 962）。

11/ H. L. A. Hart, *The Concept of Law*, 3rd ed. (Oxford University Press, 2012), Chapter VI, Section 3;（邦訳）長谷部恭男訳『法の概念』（ちくま学芸文庫，2014）155-66 頁。

12/ Leslie Green, 'Introduction' to Hart, *The Concept of Law*, supra note 11, pp. xxviii-xxx; 邦訳 441-442 頁参照。

法の支配する近代社会では、何が人々の行動を支配すべき法かは、認定のルールに基づいてそれを判別する能力を有する法律専門家集団の判断に委ねられる。近代社会における人為的・意図的に創出・改変される実定法秩序の誕生は、不可避的な現象である。しかし、それが社会のメンバー、とくに法律専門家集団以外のメンバーにとって幸福な現象であるとは限らない。

5 絆としてのプライバシー

プライバシーが社会の共通了解によってこそ支えられていることを的確に理解するためには、個々人の享有する権利ではなく、人と人とをつなぐ絆（vinclum）としてのプライバシーの側面に注目する必要がある。プライバシーを保護すべき根拠は、各人に人間関係を自由に構築する能力を確保する点にあるが、そのプライバシーが適切に保障されるのは、各人のセンシティヴな情報を誰との関係でどこまで保護すべきかについて、本人にとっては見知らぬ人をも含めて、社会全体に共通の了解が浸透している限りにおいてである。理解の助けとなるのは、パリ大学で長く法思想史を講じたミシェル・ヴィレイの描く、古典期ローマの法（jus）観念である[13]。

ヴィレイによると、ローマ人は権利という観念を持たなかった。彼らにとっての jus とは、社会生活における正義を体現するものであり、特定の社会において、貸し手と借り手、相隣関係にある隣人同士、加害者と被害者等の具体的な当事者間に公正な均衡を実現する事態を指すものであった。それは何らかの主体に属する権利ではなく、実現を目指すべき理想でもない。それは、関係する当事者間をつなぐ客観的な絆であり、それに対応して、各人には正義に適う jus の持ち分（lot）が割り当てられる。ガイウスの語る、建物をより高くして隣家の日照を遮る jus および建物をより高くしない jus、あるいは隣地からの排水を妨げない jus ということばの使い方は[14]、jus が権利ではなかったこと

---

[13]/ Michel Villey, *Le droit et les droits de l'homme* (PUF, 1983 (2008))．ヴィレイの議論については、差し当たり、長谷部・前掲注 **5**『憲法の円環』第 3 章参照。

[14]/ D. Ⅷ. 2.2（『学説彙纂』第Ⅷ篇第 2 章第 2 項を示す。以下、同様）; Francis de Zulueta, *The Institutes of Gaius*, Part I (Clarendon Press, 1946), p. 68; cf. Richard Tuck, *Natural Rights Theories: Their Origin and Development* (Cambridge University Press, 1979), p. 9.

を例証している。

　ヴィレイは、キケローの法の定義を手掛かりとして、ローマ人の法（jus）の観念を明らかにしようとする[15]。キケローは、法の目的は、市民間の問題（res）と係争（causa）における法律と慣習に即した衡平の維持にあるべきだとする[16]。法は係争の存在を前提とし、それは同じ国家（cité）内の市民間の関係にかかわる。異邦人との関係や主人と奴隷のような家庭内の関係に法は介入しない。法が裁くべき res は、有体物には限られない。ローマには現代における法典は存在しなかったが、制定法は存在したし、慣習も存在した。それらを勘案した、同一国家に属する係争当事者間の具体的衡平の維持が法の任務である[17]。

　『学説彙纂』の冒頭に現れるウルピアヌスの格言 jus suum cuique tribuere は[18]、各人に法の正当な持ち分を割り当てるべき裁判官の任務を示すものであり、各人の権利に応じてその取り分を配分するという意味ではない。犯した罪に応じた刑罰を受けることも、ここで言う jus にあたる。たとえば、親殺しを犯した人間にとっては、毒蛇で満ちた袋に封入されてテヴェレ川に投げ込まれることがその jus である[19]。

---

[15]　Villey, supra note 13, pp. 57-60.

[16]　'legitimae atque usitatae in rebus causisque civium aequabilitatis conservatio'. キケロー「弁論家について De Oratore」大西英文訳『キケロー選集(7)』（岩波書店，1999）90 頁［I. 42. 188］参照。

[17]　ヴィレイは、このキケローによる法の目的の定義がアリストテレスの具体的正義の観念を凝縮したものだとする（Villey, supra note 13, p. 59）。彼によると、ローマ人の jus 観念を理解するには、アリストテレス哲学から出発することが不可欠である（Michel Villey, *La formation de la pensée juridique moderne* (PUF, 2003), p. 261）。ヴィレイによるアリストテレスの具体的正義の説明については Michel Villey, *Philosophie du droit* (Dalloz, 2001 (1986 & 1984)), pp. 54-57; Villey, supra note 13, pp. 47-54; *La formation*, pp. 80-85 & 397 参照。当事者間の具体的均衡としての法という観念が、基本的に、トマス・アクィナスにも受け継がれている点については、John Finnis, *Natural Law and Natural Rights*, 2nd ed. (Oxford University Press, 2011), pp. 206-09 および Anthony Lisska, *Aquinas's Theory of Natural Law: An Analytic Reconstruction* (Clarendon Press, 1996), pp. 229-30 参照。

[18]　D. I. 1.10: 'Justitia est constans et perpetua voluntas jus suum cuique tribuendi.'

[19]　Michel Villey, *Leçons d'histoire de la philosophie du droit*, 2nd ed. (Dalloz, 1962 (2002)), p. 161; cf. Brian Tierney, *The Idea of Natural Rights* (William B. Eerdmans Publishing Company, 1997), p. 16.

表現の自由や財産権等の古典的な権利と異なり，プライバシーについては，やはり各人が自律的に生きるために必要な価値でありながら，それを権利として保障するだけでは，各人の自律的な活動を保障することは困難である。各人を分断された自律的判断・行為主体として捉え，それぞれに自由に判断し，行動し得る範囲・領域を割り当てるだけでは，プライバシーを適切に保障することはできない。センシティヴな個人情報はしばしば，本人以外の他者が把握している以上，プライバシーの保護を支える仲間内の，あるいは社会の共通了解が必要となるからである。この共通了解の果たす役割を理解するためには，プライバシーは個人の意思に基づいて結果を発生させる主観的権利としてではなく，ヴィレイの描く古典期ローマの法観念，つまり人々をつなぎ，各人に正当な持ち分を与える客観的絆に似たものとして把握することが有益だというのが筆者の主張である。

　こうした観点からすると，ある個人のプライバシーにどのような保護が与えられるべきかについては，そこで問題となっている情報の性格，開示した（あるいはしようとする）者とプライバシー主体との関係，それが誰に向けられた開示であるか等の個別具体の状況に即した，しかも当該主体を含む社会において，当該情報の保護の必要性と合理性について受け入れられている共通了解に照らした判断が必要とされる。あらゆる社会に共通する標準化された結論が一律に妥当するわけではない。

6　アリストテレス後の世界とプライバシー

　誤解を避けるために付け加えておくと，筆者の以上のような主張は，プライバシー保護のあり方や，プライバシー侵害の主張適格を誰に与えるべきか，保護のために必要かつ適切な法的措置は何か，あるいは国家行為の違憲審査基準はどれほど厳格であるべきかといった実践的な論点について，新たな結論を直ちにもたらすわけではない。また，訴訟の場において，プライバシー侵害にかかる主張を「権利侵害」の主張として技術的に構成することが不適切であるとの結論を導くわけでもない。現在，プライバシーの保護が掘り崩されつつあるとの懸念がどのような事情から生じているかという冒頭で提起した問題に回答するための，あくまで認識のレベルでの主張にとどまる。

たとえば，日本の最高裁の先例は，表現の自由とプライバシーとが衝突する場合，後者がどこまで保護されるべきかは，具体的な状況に即して，いずれの保護の必要が上回るかにより，アドホックに判断すべきだとしている[20]。こうした考え方は，所有権や契約上の請求権のような通常の権利に当てはめれば，権利の保護に過剰な不確定性をもたらすものとして批判の対象となるであろうが，プライバシーを社会通念に支えられつつ人と人とをつなぐ絆と見る観点からすれば，紛争ごとの具体の状況に即した適切な解決を与える道筋として，説明可能な論理のように思われる[21]。最初に保護範囲を画定し，それへの制約・侵害が正当化されるか否かを論ずるのは，むしろ古典的権利について妥当する論理である[22]。

　他方，ヴィレイは，前述したローマ人特有の観念こそが法学者が目指すべきものであり，権利を中核とする思考様式，とくに人権を唱導するそれは野蛮で混乱したものだと主張するが[23]，筆者はこうしたヴィレイの主張には同調しな

20/　最判平成15・3・14民集57巻3号229頁〔長良川事件報道訴訟〕等参照。同判決によれば，「プライバシーの侵害については，その事実を公表されない法的利益とこれを公表する理由とを比較衡量し，前者が後者に優越する場合に［プライバシー侵害を理由とする］不法行為が成立する」。なお，2014年5月13日に下されたGoogle Spain v. Mario Costeja González判決で，ヨーロッパ司法裁判所は，グーグルが提供する検索エンジンで表示される，第三者たるコンテンツ・プロバイダのウェブ・ページが，合法的に，かつ真実の個人情報を表示している場合であっても，当該情報が，具体的事情を総合的に勘案したとき，検索エンジン提供者（グーグル）の行う情報処理の目的との関係で「不十分か，関連性に欠け，若しくは，もはや関連性を失った，または必要性を欠いている（inadequate, irrelevant or no longer relevant, or excessive in relation to the purposes of the processing at issue carries out by the operator of the search engine）場合」，当該個人情報の主体の請求に基づいて，リンクおよび情報の表示を消去すべきであるとした。「もはや関連性を失った個人情報」の削除を求める「忘れられる権利 right to be forgotten」を肯定したとされることがある（e.g., *The Independent*, 31 May 2014）。

21/　イングランド法において守秘義務違背（breach of confidence）が認められるか否かを判断する際にも，同様の利益衡量が行われる。Sarah Worthington, *Equity* (Oxford University Press, 2003), pp. 138-89 参照。

22/　もっとも，まず社会通念に即してプライバシーの保護範囲が一応引かれ，その後に対立する利益との衡量を行う二段階の操作が，本文で述べたプライバシーの理解と根本的に衝突するわけではない。いずれの操作がより適合的かという程度問題である。日本の判例が一段階の個別的利益衡量を行っているように見えるのは，プライバシーが表現の自由の保護範囲を画するものと理解され，当該保護範囲の線引きが個別的利益衡量を通じて行われているからである。プライバシーと他の権利・利益との対立が問題となる局面では，二段階の検討枠組みが当てはまることはあり得よう。

23/　Villey, supra note 13, ch. 1.

い[24]。権利概念は法的思考と論理の簡素化，体系化に大きく貢献するし，また，古典的な諸権利に関しては，それを平等に尊重する思考方法は比較不能とさえ言い得る多元的な価値観・世界観が衝突する現代社会のあり方に即して各人に自由な判断・行動の余地を確保する適切な機能を果たしており，さらに，法的紛争に際して具体的正義に適った結論を与えるという司法の任務を現代社会において果たすためにも，必須の観念であると言い得る。

　本章でスケッチした議論については，なお数多くの疑問が残るであろう。ここでは，その1つについて差し当たりの回答を示しておきたい。その疑問とは，社会の絆としての法の観念は，アリストテレスの想定した小規模な政治社会の内部，共通の規範意識が行き渡った社会においてのみ存在し得るのであり，多様な，しかも相互に比較不能な価値観が並存し，競合する近代社会においては，そうした絆としての法はあり得ないのではないかというものである。第3節で見たように，カントの近代法の観念が必要となったのも，アリストテレスの想定した社会の共通の規範秩序が分裂し，不確定化したためであった。

　そうだとすれば，社会全体で共有された通念を基盤とする絆としてのプライバシーの観念自体，近代社会には存在し得ないのではないかとの疑問が浮かんでくるはずである。そもそも，プライバシーの観念が必要となったのも，社会学者のアーヴィング・ゴフマンが描くように，前近代社会において暗黙のうちに受け入れられていた道徳が近代以降の社会において衰退し，社会全体に共通する客観的道徳への希求が断念されたからである。今や我々の生活の場は，家庭，学校，職場，教会，地域政治，余暇の場等に分断され，それぞれの場に固有の規範に従って振舞いを変えざるを得ない。分断された社会生活は分断された道徳を要求する[25]。

24/　この点については，長谷部・前掲注5『憲法の円環』51-55頁参照。この問題は，そもそも「権利」という概念を我々は何故使うのかという論点と関わる。たとえば，「所有権」という概念を用いなくとも，所有権者に相当する主体はいかなる権限と義務を持つか，それらの権限と義務の束を獲得する原因は何であり，それを喪失する原因は何かを記述する数多くの個別の言明を逐一列挙することで，「所有権」に関する記述と置き換えることは可能ではある。しかし，「所有権」という概念を使えば，関連する記述をはるかに簡易に体系化することができ，思考の経済に役立つ（長谷部恭男「権利の機能序説」本書第1章第3節参照）。他の権利についても同様であろう。このことは，権利がカントの指摘するような政治的・社会的機能を果たしているか否かとは関わらない。

25/　Alasdair MacIntyre, 'Politics, Philosophy and the Common Good', in *The MacIntyre Reader*,

ゴフマンによると，人はさまざまな生活場面ごとに，それに応じた異なる役割を演じる存在である。次から次へと変転する役割演技こそが自我の正体であり，多様な演技の背後に本当の自分が存在するわけではない。自我（self）とは，たとえて言うならば，さまざまな衣装が一時的に引っかけられる壁のフック（peg）のようなものである[26]。社会全体で共有された秩序立った価値観に基づいて各自の本分がおのずと判明した前近代社会と異なり，現代では個々の人間に本来的価値はない。他者による操作の対象としての手段的価値があるのみである。そして，個人はいかなる価値観であれ，自分が選びさえすれば，採ることができる。客観的価値など存在しない。

　プライバシーを論ずる文脈でしばしば言及されるゴフマンの議論が，プライバシーの果たす重要な機能を捉えてはいるものの，なぜプライバシーが保護されるべきかについての説得的な根拠を与えることができないのも，こうした理由によるものとして説明されることになるであろう。ゴフマンの議論では，同一の個人が果たす異なる役割，異なる生活の文脈に関して，相互の侵入を防ぐことがプライバシーの機能だとされる。相互の侵入を防がねば，個々の役割をそれぞれの場面で一貫して演ずることが困難となるからである。しかし，ではなぜそうしたさまざまな演技を，それぞれ一貫して演じることが正しいのかと言えば，それに対する答えは，現代社会を生きる個人とはそうしたものだから，という循環的なものでしかあり得ない。そうした個人像がなぜ価値ある生き方を示していると言えるのかという問いに対する答えはない。正しい価値ある生き方などないというのが，ゴフマンの答えである。人は壁に取り付けられ，さまざまな服が次から次へと掛けられるフックに過ぎない。人であること自体から当然に付与されるべき価値など存在しない[27]。

Kelvin Knight ed.（Polity, 1998), pp. 235-36. アラステア・マッキンタイアは，現代社会の病理状況を現実の人間関係に即して描写するのがゴフマンの社会学だと言う（Alasdair MacIntyre, *After Virtue*, 3rd ed.（University of Notre Dame Press, 2007), p. 32; 邦訳『美徳なき時代』篠崎榮訳（みすず書房，1993）40頁．*After Virtue*, pp. 115-17; 邦訳141-44頁をも参照）。マッキンタイアの現代社会観については，長谷部・前掲注5『憲法の円環』第2章参照。

26/ Erving Goffman, *The Presentation of Self in Everyday Life*（Penguin, 1959), p. 245.
27/ プライバシーについて，本人に関する正確な情報の取得・流通・利用を阻害する経済的に見て非効率な観念だとの批判があるのも（長谷部・前掲注3『憲法学のフロンティア』113-15頁参照），ゴフマン流の空虚な個人観からすれば了解可能である。異なる役割演技の背後に統一的に物語り，

そうだとすると，プライバシーを保護する必要性さえ実は明確ではなく，ましてやその保護を支える社会の共通了解が行き渡ることなど，到底期待できないということになりそうである。

　この疑問に対するきわめて簡単な回答は，社会全体に浸透した共通了解がないのであれば，それに応じてプライバシーの保護もない。存在する程度に応じて保護はある，というものである。しかし，これでは簡単に過ぎる。プライバシーの保護に必要な共通了解は，近代以降の社会においてそれほど存在可能性の薄いものであろうか。

　近代社会においては，前近代社会と異なって，社会のすべてのメンバーが受容している生活の全領域を覆う共通の道徳規範の体系は，確かに存在しない。人であること自体からして，当然に遵守すべき規範がゴロンと「そこにある out there」わけではない。また，第4節で指摘したようにそうした規範は，技術の進歩に合わせて，適時に修正可能なものでもない。

　しかし，それはいかなる意味でも共通の社会規範が存在しないことを意味するわけではない。殺人，窃盗，強盗はすべきでないこと，人の財産や名誉は尊重すべきこと，契約は遵守すべきこと，個人の表現の自由・信教の自由は尊重すべきこと等，現代においても，社会生活を送る上で守るべき規範として大多数の人々に受け入れられているものは少なくない。カントの近代法のプロジェクトがそもそも可能であったのも，人はいかに生きるべきか，世界の存在する意味は何かといった根本的な価値観において激烈な対立がある中で，それでも人々が寛容で公正な，開かれた社会において，人間らしい，生きるに値する暮らしを営むためには，各自が自由に判断し，行動し得る範囲を平等に画する客観的法秩序が必要であるという少なくともその一点は，人々が一致して受け入れているからである。そして，その客観的法秩序の内容は，外形的に言えば殺人，窃盗，強盗の禁止，財産や名誉の保護，契約の遵守，表現の自由・信教の

説明することのできる価値ある個人の生があるわけではない以上，その個人の尊厳を守るために社会全体の効率性を犠牲にする理由など考え難い。そして，こうした批判を行う学説，つまり効率性＝富の最大化を唯一の価値基準としてあらゆる問題に回答しようとする学派も，マッキンタイアからすれば，現代社会の価値分裂のありさまを如実に示す症候の表れだということになる。あらゆる人，あらゆる行為はこの学説からすると，効率化の手段に過ぎない。効率化という目標に向けて，すべてが機械のように動いていくべきである。

自由の尊重といった社会生活の共通の道徳と一致している。これらの道徳規範も，狙いは客観法秩序と同じく，比較不能な価値観の対立の中での人間らしい社会生活の枠組みの構築である[28]。

　そして，プライバシーもそうした枠組みの一環，人々の生活領域を公と私とに区分し，各人の自由な判断と行動を両立させるための枠組みの一環である。殺人や窃盗をすべきでないのと同様に，プライバシーも侵害すべきではない。そのことは，価値観が根本的に対立する社会においても，あるいは，根本的に対立する社会であるからこそ，社会生活を可能とする共通の道徳として受容は可能である。ただし，人の生命や財産と異なり，プライバシーは，よりバルネラブルである。実効的な保障は，公権力によるサンクションのバックアップを通じて各人の保護された境界を守ることよりも，むしろ，社会の共通了解に依存する程度が高い。それが，本章の主張するところ（の一部）である。

7　むすび

　本章が焦点を当てたのは，第2節の冒頭で説明したように，本人が選んだ相手と，本人が選ぶ程度の親密さをもって人間関係を取り結ぶ能力を支える情報的資産としてのプライバシーの機能であった。もとより，プライバシーは多様な機能を果たし，それぞれに応じた正当化根拠を備えている。それは，典型的な自由権である表現の自由の場合と変わらない。

　表現の自由によって保護されるのが，個人の自律の確保，民主的政治過程の維持，寛容な社会の育成と再生産等，さまざまな根拠に基づいて正当化される多様な利益の集合体であるように，プライバシーの正当化と保護の及ぶ範囲についても，単一の根拠によって全体が隈なく整合的に説明されなければならないという硬直的立場をとる必然性はない。

　プライバシーによる個人の私的情報の公表からの保護は，表現の自由と同様に，他者の批判の目から自由な領域を確保することで個人の自律を保障し，か

---

[28]　殺人や窃盗を犯すなという規範は，多くの前近代社会においても受け入れられていたものであろう。しかし，そこではこれらの規範は，すべてのメンバーが生活の全領域にわたって受容していた共通の規範秩序の要素であり，各人の自由な判断と行動の範囲を画定するための秩序の要素として受容されていたわけではない。

つ,各人の能力・性向の発展の場をも保障する。また,私的な場での政治的討論や結集の機会を保障することで民主的政治過程の維持にも役立ち,気兼ねのないスムーズなコミュニケーションを保護することで自由な経済活動をも支える[29]。自分の選ぶ相手と自分の選ぶ程度の親密をもって人間関係を構築する機能は,プライバシーの多様な機能の1つにとどまる。そして,とりわけ最後の機能を理解する上では,プライバシーの権利としての側面よりも,絆としての側面に光を当てることが,より豊かな理解をもたらす。それが,本章の主張である。

---

[29] プライバシーの機能および正当化根拠の多様性については,Daniel Solove, *Understanding Privacy* (Harvard University Press, 2008), p. 143;山本龍彦「プライヴァシー――核心はあるのか」長谷部恭男編『人権の射程』(法律文化社,2010)参照。ごく簡単には,長谷部恭男「ノンフィクションと前科の公表――ノンフィクション『逆転』事件」長谷部ほか編『憲法判例百選I〔第6版〕』(有斐閣,2013) 141頁参照。

第8章

漠然性の故に有効

1 徳島市公安条例事件判決

徳島市公安条例事件最高裁判決[1]は，問題となった条例の規定の含む問題点を次のように指摘する[2]。

> ［当該規定は］その文言だけからすれば，単に抽象的に交通秩序を維持すべきことを命じているだけで，いかなる作為，不作為を命じているのかその義務内容が具体的に明らかにされていない。全国のいわゆる公安条例の多くにおいては，集団行進等に対して許可制をとりその許可にあたつて交通秩序維持に関する事項についての条件の中で遵守すべき義務内容を具体的に特定する方法がとられており，また，本条例のように条例自体の中で遵守義務を定めている場合でも，交通秩序を侵害するおそれのある行為の典型的なものをできるかぎり列挙例示することによつてその義務内容の明確化を図ることが十分可能であるにもかかわらず，本条例がその点についてなんらの考慮を払つていないことは，立法措置として著しく妥当を欠くものがあるといわなければならない。

条例の文言があまりにも抽象的で漠然としているため，市民として遵守すべき義務内容を了解し得ない疑いがあるとの指摘である。最高裁は，しかしながら，結論としてこの規定が漠然性の故に文面上無効であるとは判断しなかっ

---

[1] 最大判昭和 50・9・10 刑集 29 巻 8 号 489 頁。本判決を含めた明確性の原則に関する最近の論稿として，君塚正臣「明確性の原則」戸松秀典 = 野坂泰司編『憲法訴訟の現状分析』（有斐閣，2012）324 頁以下および青井未帆「過度広汎性・明確性の理論と合憲限定解釈」論究ジュリスト 1 号（2012 年春号）90 頁以下がある。

[2] 問題となった徳島市公安条例（「集団行進及び集団示威運動に関する条例」）3 条は，柱書で「集団行進又は集団示威運動を行［なお］うとする者は，集団行進又は集団示威運動の秩序を保ち，公共の安寧を保持するため，次の事項を守らなければならない」とした上で，3 号で「交通秩序を維持すること」を遵守すべき事項として掲げている。ブラケット内は筆者が補った。

た。判決によれば，

> およそ，刑罰法規の定める犯罪構成要件があいまい不明確のゆえに憲法31条に違反し無効であるとされるのは，その規定が通常の判断能力を有する一般人に対して，禁止される行為とそうでない行為とを識別するための基準を示すところがなく，そのため，その適用を受ける国民に対して刑罰の対象となる行為をあらかじめ告知する機能を果たさず，また，その運用がこれを適用する国又は地方公共団体の機関の主観的判断にゆだねられて恣意に流れる等，重大な弊害を生ずるからであると考えられる。しかし，一般に法規は，規定の文言の表現力に限界があるばかりでなく，その性質上多かれ少なかれ抽象性を有し，刑罰法規もその例外をなすものではないから，禁止される行為とそうでない行為との識別を可能ならしめる基準といつても，必ずしも常に絶対的なそれを要求することはできず，合理的な判断を必要とする場合があることを免れない。それゆえ，ある刑罰法規があいまい不明確のゆえに憲法31条に違反するものと認めるべきかどうかは，通常の判断能力を有する一般人の理解において，具体的場合に当該行為がその適用を受けるものかどうかの判断を可能ならしめるような基準が読みとれるかどうかによつてこれを決定すべきである。

そして，同判決によれば，「交通秩序を維持すること」を命ずる条例の規定は，「道路における集団行進等が一般的に秩序正しく平穏に行われる場合にこれに随伴する交通秩序阻害の程度を超えた，殊更な交通秩序の阻害をもたらすような行為を避止すべきことを命じているものと解され」るのであって，「通常の判断能力を有する一般人が，具体的場合において，自己がしようとする行為が右条項による禁止に触れるものであるかどうかを判断するにあたつては，……通常その判断にさほどの困難を感じることはないはずであり，例えば……だ行進，うず巻行進，すわり込み，道路一杯を占拠するいわゆるフランスデモ等の行為が……殊更な交通秩序の阻害をもたらすような行為にあたるものと容易に想到することができるというべきである」。

とはいえ，徳島市の公安条例が避止すべきことを命じていると最高裁が指摘する「殊更な交通秩序の阻害をもたらすような行為」も，それ自体，抽象的で漠然とした概念である。具体的に何がそれに当たるかは，だ行進やうず巻行進など，最高裁自身が例を挙げることではじめて了解できる。通常の判断能力を

有する一般人は,「だ行進やうず巻行進」などが「殊更な交通秩序の阻害をもたらす」典型的な行為であることに容易に思い当たることができるのかも知れないが,それはこれらが典型的な行為だからであろう。では,それ以外に何が「殊更な交通秩序の阻害をもたらす行為」なのかと言えば,通常の判断能力を有する一般人が容易にその外延を判断し,確定できるとは言いにくいはずである。そうだとすると,かりに「だ行進やうず巻行進」が条例の想定する典型的な場面であることに一般人が思い当たったとしても,そのことから,条例が避止すべきことを命じているのが「殊更な交通秩序の阻害をもたらすような行為」であるという解釈が理の当然のように帰結するとは言いにくいこととなろう。そもそも,「交通秩序を維持すべきこと」という文言から,当然に「殊更な交通秩序の阻害をもたらすような行為」を避止せよとの指令が思い浮かぶものであろうか。

　高辻正己裁判官が法廷意見に左袒しなかった背景にも,こうした点に関連する疑念があったように思われる。同判決に付した意見で高辻裁判官は,「本件におけるだ行進が,交通秩序侵害行為の典型的のものとして,本条例 3 条 3 号の文言上,通常の判断能力を有する者の常識において,その避止すべきことを命じている行為に当たると理解しえられるものであることは,疑問の余地がない」としつつ,同項が「道路における集団行進等が一般的に秩序正しく平穏に行われる場合にこれに随伴する交通秩序阻害の程度を超えた,殊更な交通秩序の阻害をもたらすような行為を避止すべきことを命じている」ものとする法廷意見の解釈については,「そのような解釈をもつて,直ちに,通常の判断能力を有する一般人である行為者が,行為の当時において,理解するところであるとすることができようか」との強い疑念を示している。

　高辻裁判官は,本件におけるだ行進が同項の禁止する典型的な行為であり,これに同項を適用しても被告人の憲法 31 条によって保障された権利を侵害することにならないとの判断さえあれば,被告人を無罪とした原判決破棄の根拠として十分であるとする。「元来,裁判所による法令の合憲違憲の判断は,司法権の行使に付随してされるものであつて,裁判における具体的事実に対する当該法令の適用に関して必要とされる範囲においてすれば足りるとともに,また,その限度にとどめるのが相当である」からである[3]。法廷意見は,通常の

判断能力を有する一般人にとっては困難と思われる規定の読み替えを，その必要もないにもかかわらず行っている，というわけである。

　法廷意見による条例の解釈は，裁判所による立法ではないかと疑われるほどの規定の大幅な読み替えである[4]。しかも，読み替えられた規定の核心となる「殊更な交通秩序の阻害をもたらすような行為」という概念も，相当程度に抽象的で漠然としている。こうして読み替えられた規定が，それ自体，漠然性の瑕疵の故に違憲と判断されないのはなぜであろうか。それは，規定の文言の表現力には限界があるという言語一般の抽象性の故であろうか。そしてまた，も

3/ 昭和 40 年法 33 号による全部改正前の所得税法 70 条 10 号の刑罰規定の内容をなす同法 63 条の規定が，当該事案に適用される場合に，その内容に何等不明確な点は存しないとした最大判昭和 47・11・22 刑集 26 巻 9 号 554 頁に見られるように，日本の判例は，憲法 31 条の要求する明確性の法理に関して第三者の違憲主張の適格を認めていないものと思われる。徳島市公安条例事件は，当該規定の文言があまりにも不明確であるために当該規定が適用され得るあらゆる場合に違憲となるという意味で文面上違憲となるか否かが問題となった例外的な事案である。合衆国の判例法理も漠然性の故に無効の法理について第三者の違憲主張の適格を認めておらず，この点で過度の広範性の故に無効と法理と異なる態度がとられていることについては，高橋和之『憲法判断の方法』（有斐閣，1995）135-36 頁，芦部信喜『憲法学Ⅲ——人権各論(1)〔増補版〕』（有斐閣，2000）390 頁および長谷部恭男『憲法〔第 6 版〕』（新世社，2014）205 頁参照。日本の学説の中には，漠然性の故に無効の法理についても第三者の主張適格を認めるべきだとの見解も見られるが（芦部・前掲書 392-93 頁），表面上いかに明確に規定された法令であっても適用上，不明確性の生ずる限界事例はつきものであるから，こうした見解は，きわめて限定的に運用しない限り，非現実的な帰結を導くであろう（君塚・前掲注 *1* 332 頁）。「不明確な外延の範囲が極度に広く違憲適用の範囲が合憲適用の範囲と不可分といえる程度に至っている場合」という時國康夫裁判官の示唆する運用は（同『憲法訴訟とその判断の手法』〔第一法規出版，1996〕243 頁），そうした限定の試みの例である。もっとも，ここまで限定的に運用されるのであれば，漠然性の瑕疵について第三者の主張適格を認めない立場との違いはほとんどない。法令が全体としていかなる場面で適用されるかが明らかでない場合には，本人の権利侵害の主張のみを認める立場からしても，当該法令は漠然性の故に文面上無効となるはずであるし，本人に適用される限りにおいて明確であっても適用場面の大部分において不明確性の瑕疵を帯びる場合は，例外的に文面上無効の主張を認めることもあり得よう。

4/ 団藤重光裁判官の補足意見は，高辻裁判官の意見に応答する形で，「本件についてかような問題［規定の文言の不明確性のゆえに国民一般の表現の自由を侵害しているのではないかとの問題：筆者注］に立ち入ることが，司法権行使のありかたとして許されるかどうかについては，疑問がないわけではない」としつつも，高辻裁判官のような割り切り方では，「裁判所が国民一般の表現の自由を保障する機能を大きく制限する結果をもたらす」と言う。法廷意見の展開するような解釈を通じて，条例の規定が国民一般の表現の自由を侵害するものでないことを明確にすべきだとの趣旨であろう。しかし，規定の文言自体からは容易に到達し得ない読み替えを経ることによってようやく違憲の瑕疵を免れることのできるような規定であれば，そのこと自体からして当該規定を文面上違憲とすべきであるとの議論も成り立ち得るはずである。

ともとの条例の文言からしても，だ行進が禁止の対象となる典型的な行為であることは，なぜそれと理解できるのであろうか．本章が扱うのはそうした論点である．

ただし，徳島市公安条例事件最高裁判決の到達した結論がそれとして妥当であったかという問題は，本章は扱わない．本章が扱うのは，最高裁が同判決で用いた論理が正当なものであると考えることが，そもそもなぜ可能であったのか，というより根底的な問題である．

2　法の支配とその限界

法文が明確であるべき理由，言い換えれば法文が漠然としているべきでない理由は，徳島市公安条例事件最高裁判決によれば，「その規定が通常の判断能力を有する一般人に対して，禁止される行為とそうでない行為とを識別するための基準を示すところがなく，そのため，その適用を受ける国民に対して刑罰の対象となる行為をあらかじめ告知する機能を果たさず，また，その運用がこれを適用する国又は地方公共団体の機関の主観的判断にゆだねられて恣意に流れる等，重大な弊害を生ずるからである」．より一般的なレベルで言うと，いわゆる「法の支配」の要請に反する事態が生じないため，ということになる．

法の支配という概念もさまざまな意味で用いられるが，英米の法理論で the rule of law と言われる概念は，法の公開性，一般性，明確性，安定性，無矛盾性，非遡及性等，およそ実定法秩序の構成要素たる法が人の行動を嚮導し，方向付け得るために法が備えるべき特質を総称する概念として使われることが通常である[5]．実定法の規定があまりにも不明確であれば，その法が何を指示しているかを認識することができないし，法の運用にあたる公機関の判断もまちまちとなり，どのような行為に対して公機関がどのような反応をするかを市民が予測することも不可能となる．それでは，「法に従うこと」がそもそもで

---

[5]　長谷部恭男「法の支配が意味しないこと」同『比較不能な価値の迷路』（東京大学出版会，2000）第10章．See also Yasuo Hasebe, 'The Rule of Law and Its Predicament', *Ratio Juris*, Volume 17, Number 4 (2004). 近年における議論を整理するものとして，土井真一「『法の支配』論の射程」民商法雑誌134巻1号（2006）1頁以下がある．

きない。

　法の支配をさらに根底で支える理念として，ロン・フラーやジョゼフ・ラズは，いかに行動すべきかを自律的に判断し得る主体として個人を扱うべきだとの考え方があると言う。遵守可能な法を定めるとき，はじめて政府は，法を内面化し，それに基づいて自らの行動を責任をもって制御し得る存在として人を扱っていることになる。法の支配の要請を守らず，人々の予測可能性を保障しない法秩序は，「人々に具体的な害悪をもたらすだけではなく，人々を自律的な主体として扱わないことによって，その尊厳を害している」[6]。「非公開の法や事後法によって人の行為を処断すること，およそ実行不可能な行為を命ずることは，法の名宛人が自律的な行為能力の持ち主であるか否かに無関心な態度を示している」[7] というわけである[8]。

　とはいえ，法は明確であればあるほど善いのか，いかなる行動をとるべきか（とるべきでないか）の結論を一義的に示す準則（rule）としての性格を強く持てば持つほど，それだけ善い法と言えるのかと言えば，必ずしもそうではないであろう。法の支配は法秩序が備えるべき徳目の一つに過ぎず，唯一最高の徳目というわけではない[9]。そもそも千里眼ではない立法者は，自らの制定した法がもたらす具体的帰結を残らず予見し得るわけではないため，条文上も一定の不確定性（解釈の余地）を残そうとすることが通常である[10]。また，個別の法にはそれぞれなぜその法が制定されたか，つまり当該法令の必要性と合理性とを支える立法の目的があるはずである。結論を一義的かつ明確に示す法は，その目的を常によりよく実現する法であるとは限らない。

　ティモシー・エンディコットの挙げる，一定の年齢に達した市民に一律に選

6/　Joseph Raz, 'The Rule of Law and Its Virtue', in his *The Authority of Law*, 2nd ed. (Oxford University Press, 2009), p. 222.
7/　Lon Fuller, *The Morality of Law*, revised ed. (Yale University Press, 1969), p. 162.
8/　ここで問題となる「個人の自律」は，行動のあり方を実践理性に基づいて判断する主体の単位は個人であるとの，ごく希薄な意味合いのものである。自らの人生のあり方や根底的な価値観・世界観を自ら構想し，それを自ら生きることが人としての善き生き方であるとの濃厚な意味のものではない。
9/　Raz, supra note 6, p. 228.
10/　Joseph Raz, 'On the Autonomy of Legal Reasoning', in his *Ethics in the Public Domain: Essays in the Morality of Law and Politics*, revised ed. (Clarendon Press, 2001), p. 331.

挙権を与える規定を例にして考えてみよう[11]。日本の公職選挙法9条1項は，「日本国民で年齢満18年以上の者は，衆議院議員及び参議院議員の選挙権を有する」と定める。一定の年齢に達してはじめて選挙権を有するとされる理由は，社会公共の利益について熟慮し判断する能力を備えるとともに，家族や雇い主等，第三者の不当な影響力から独立して自律的に選挙権を行使し得る能力を備える者のみに選挙権を与えるべきだからであろう。しかし，そうした能力を備えているか否かは，本来，年齢のみによっては判定し得ない事柄のはずである。満16歳でそうした能力を十分備えている者もいるかも知れない。

　そうだとすれば，選挙管理委員会の職員または市町村の職員に個々の国民にそうした能力があるか否かを実質的に審査させる制度を設営する方が，この種の制度を設ける本来の趣旨に適っているはずである。なぜ各国でそうした制度が設営されず，年齢によって一律に選挙権を付与することとしているかと言えば，公務員が与えられた裁量を濫用して，特定の政治勢力や利益団体にとって有利あるいは不利に制度を運用する危険があまりにも大きく，その結果，本来選挙権を付与されるべき者が権利を付与されず，憲法上の権利が侵害される事態の生ずることが容易に想到されるからである[12]。公機関の権限濫用の危険と比較すれば，制度の本来の趣旨と厳密には一致しない結果をもたらすとしても，一律に結論を決める準則に基づいて選挙権を付与することとする方が全体としてははるかに望ましいとの考慮がこうした制度の背景にあるはずである。

　しかし，こうした裁量権限濫用の危険と本来の制度趣旨との適合性のバランシングは，一義的な答を明示する準則が好ましいとの結論を常に導くわけではない。日本の刑罰法規を見ても，住居侵入罪は，「正当な理由がないのに，人の住居若しくは人の看守する邸宅，建造物若しくは艦船に侵入」することを構成要件とするし（刑130条），軽犯罪法は「正当な理由がなくて人の住居，浴

---

[11]/　Timothy Endicott, 'The Value of Vagueness', in Andrei Marmor and Scott Soames eds., *Philosophical Foundations of Language in the Law* (Oxford University Press, 2011), p. 22.

[12]/　Cf. Endicott, supra note 11, p. 22. 成年被後見人は一律に選挙権を有しないとする公職選挙法11条1項1号が違憲であるとした東京地判平成25・3・14判時2178号3頁を受けて，同年5月に成年被後見人の選挙権を回復するための公職選挙法改正が行われた際も，同法11条1項1号を削除することで，すべての成年被後見人の選挙権を一律に回復する措置がとられた。

場，更衣場，便所その他人が通常衣服をつけないでいるような場所をひそかにのぞき見た者」を拘留又は科料に処すこととしている（軽犯1条23号）。また，議院における証人の宣誓及び証言等に関する法律7条は，「正当な理由がなくて，証人が出頭せず，現在場所において証言すべきことの要求を拒み，若しくは要求された書類を提出しないとき，又は証人が宣誓若しくは証言を拒んだときは，1年以下の禁錮又は10万円以下の罰金に処する」と規定する。

　これらの規定における「正当な理由」が何を意味するかは，文言自体を観察しても直ちに理解はできない。立法者としては，何が正当な理由のある場合かを具体的に列挙し，明示することもできたはずである。しかし，現在の規定は，こうした漠然とした概念を用いている。その結果，何が「正当な理由」であるかは，第一次的には，行為者の判断に委ねられることになる[13]。さらに，行為者の判断が当を得たものであったか否かは，捜査当局，さらには裁判所の判断に委ねられる。

　こうした漠然とした概念が犯罪の構成要件として用いられている理由は，規定の文言の表現力に限界があるという事情にのみあるわけではない。住居侵入罪は，住居等の建物に対する管理権，とくにその内容をなす「誰に立ち入りを認めるか」の自由を保護法益とするものと一般に理解されている[14]。こうした法益は確かに法的保護に値するものと考えられるが，人の住居も社会生活一般の網の目中に据えられたものである以上，何時いかなる場合であっても，管理権者の許諾なくして建物に立ち入ることは絶対に許されないとの法準則を設定することは極端に過ぎる。しかし逆に，どのような場合に管理権者の意思に反して立ち入ったと言い得るか，とくに管理権者の許諾が推定されるのがいかなる場合かについて，文言によって明確な輪郭を引くことはきわめて困難である。

　この論点について数多くの先例があり，緻密な解釈論が展開されていること

13/ 　Jeremy Waldron, 'Vagueness and the Guidance of Action', in Andrei Marmor and Scott Soames eds., *Philosophical Foundations of Language in the Law* (Oxford University Press, 2011), p. 65; cf. H. L. A. Hart, *The Concept of Law*, 2nd ed. (Clarendon Press, 1994), pp. 132-33.
14/ 　山口厚『刑法〔第3版〕』（有斐閣，2015）250-51頁。最判昭和58・4・8刑集37巻3号215頁は，改正前の「刑法130条前段にいう『侵入シ』とは，他人の看守する建造物等に管理権者の意思に反して立ち入ることをいうと解すべきである」とする。

は筆者も承知しているつもりではあるが[15]，どのような場合に建物に侵入することに「正当な理由」があるかについては，社会通念に基づく一般的な了解があり，少なくとも具体的場面においては，一般市民としてさほど判断に困らないことが通常であろう。「正当な理由」という概念は，意味論上は漠然としているが，語用論上，明確さに欠けることは稀だと言い換えることもできる。

宅急便業者が歳暮を配達するために広壮な邸宅の開かれた門を通って，住人に予め断ることなく邸内の住居に向かって歩いていくことは，違法な住居侵入とは言えないであろうし，アパートの住人に面会すべき緊急の用件があるからといって，鍵のかかったアパートの入り口をこじ開けて入れば住居侵入とされることが普通であろう。立ち入りが行われるのが日中か夜間かによっても，結論は異なってくる。こうした社会通念が時・所に応じて変動し得るものであることは確かであるが[16]，具体的場面において人によって大きく判断の分かれる性格のものではないはずである。しかも，立ち入りに「正当な理由」があるか否かの判断は，具体的な状況ごとに多種多様な要素の考慮を要求するものであり[17]，抽象的なレベルで一律の明確な結論を示すと，かえって社会常識にそぐわぬ結論を数多くの場面でもたらしかねない[18]。

つまり一方で「正当な理由」という漠然とした概念を用いることで，最終的にその内容を判断する権限を裁判所に与えたとしても，その判断権限が濫用さ

---

[15]/ 例えば居住者全員を殺害した後で侵入することが住居侵入罪にあたるか等（山口・前掲注 *14* 251-52 頁）。

[16]/ 例えばオートロック式マンションの普及によって，玄関ホールのどこまでが立ち入りについて管理者の許諾の不要な範囲かが変化し得るように。

[17]/ 前述の例でアパートの住人に会うべき緊急の用件が，当該住人が命を狙われている事実を伝えるという内容のものであれば，鍵をこじ開けてでも本人にそれを伝えることは正当であり得る。他方，侵入者自身が命を狙っている張本人であれば，また話は別となる。

[18]/ Scott Soames, 'What Vagueness and Inconsistency Tell Us about Interpretation', in Andrei Marmor and Scott Soames eds., *Philosophical Foundations of Language in the Law* (Oxford University Press, 2011), pp. 38-40. アリストテレスが指摘するように（『ニコマコス倫理学』第 5 巻第 10 章 [1137b]），時・所によって変化することのない普遍的真理の認識であるエピステーメーと異なり，実践的判断たるフロネーシスは，具体的状況に応じて変化するものである。一般的な規律たる法は，本来，一般的な形では規律し得ないはずの問題を「比較的多くに通ずるところ」をとって定めるものであり，実践的判断の手段としては次善の策にとどまる。「規則によって法が与えられるのではない non ex regula ius sumatur」とのパウルスの法格言（『学説彙纂』L. 17. 1）をも参照。

れたり，裁判官によってまちまちな判断がなされる危険は大きなものではない。しかも，立法者としては，一律に結論を明確に指定する準則を制定することによって問題に対処するよりは，意図的に漠然とした概念を用いることを通じて具体的な状況に即した判断を各市民および裁判官に委ねることで，より制度の本来の趣旨に沿った具体的結論を個別の事案ごとに得ることが期待できる[19]。漠然としていることが，かえって規範としての有効性を高めるわけである[20]。

　表現活動を制約する法令に関しては，表現活動を萎縮させる危険があるため，漠然とした概念による規制は避けるべきだとの配慮は重要である。とはいえ，表現の自由を可能な限り広く保障しようとする法理の多くも，それ自体，漠然とした概念を用いていることには留意が必要である。「現実の悪意」の法理[21] でいう「公人」とは何か，ブランデンバーグ法理[22] のいう「差し迫った非合法な行為を生ぜしめる蓋然性がある」場合とはどのような場合を指すかは，こうした定式を読めば一目瞭然というわけではない。定式の具体的な適用を裁判所や陪審に任せたとしても，判断権限が濫用されたり，裁判所によってまちまちな判断が行われる危険は少ないであろうとの考慮が，こうした定式の背景にはあるはずである。

　そして，具体的な場面で何が正当な行動であるかの判断を各市民に，そして最終的には裁判所に委ねる法令のあり方は，自律的な判断主体として個人を扱うべきだという法の支配の背後にあって，それを支える理念と必ずしも衝突す

---

[19] この点に関連して，グロチウス以降の近代法が，事前に確立された明確で抽象的な法規に従う裁判を要求することで，具体的事案に即した正義の実現という法の本来の任務から逸脱したとのミシェル・ヴィレイの指摘を参照（Michel Villey, *La formation de la pensée juridique moderne* (PUF, 2003), pp. 547-49 et 556-57)。

[20] 公機関の判断過程を透明化すべきだとの観点から，裁量権限行使の判断基準を可能な限り具体的準則の形で示すべきだとの議論がなされることがあるが，本文で示した考え方からすれば，こうした観点は考慮すべき要素の一つにとどまる。裁量権限行使の判断基準が常に具体的準則の形で示されるべきだとすると，そもそも裁量権限を当該機関に委ねた意味が没却される。逆に言えば，そうした具体的準則の策定が常に可能であり，望ましいのであれば，下位機関に裁量権限を委ねるべきではなく，そもそもの授権法令において権限行使の基準を定めておくべきもののはずである。

[21] Cf. New York Times Co. v. Sullivan, 376 U. S. 254 (1964).

[22] Cf. Brandenburg v. Ohio, 395 U. S. 444 (1969).

るわけではない[23]。他人の管理する住居に立ち入る正当な理由があるか否かを，社会常識を参照しつつ具体的状況に即して自身で判断するように指示されたとき，市民はそうした判断を自らなし得る主体として立法者に扱われている。およそ従い得ない法を示されているわけではない。明確に人の行動を方向付け，指示する法のみが人の自律性を尊重しているわけではないはずである。

3 法の権威

漠然とした概念を用いる法令が，法の支配を根底で支える個人の自律という理念に必ず反するわけではないとしても，それは人々の行動を方向付ける法の本来の役割を果たしていないのではないかとの疑念はあり得る。つまり，そこで当該法令は権威としての役割を果たしていないのではないかとの疑念である。

法の権威に関して広く受け入れられた見解は，権威一般に関するラズの標準的な正当化の理論に基づいた，次のようなものである[24]。人はいかに行動するかを自ら判断するものである。しかし，ときに人はいかに行動すべきかを自分で判断せず，他者の指示に従うこと，つまり，他者を権威として受け入れて行動することがある。なぜ権威に従って行動するのかと言えば，それは自分で判断するより，権威の指示に従って行動した方が，本来自分のとるべき行動をよりよくとることができるからである。人が法を権威として受け入れるのも，そうした理由による。法を制定する政府が，一般市民よりも当該事項についてより優れた知識を持ち合わせている場合や，社会生活においてしばしば反復・継続して生起する調整問題を解決するために法が制定される場合には，各市民が

23/　Waldron, supra note 13, p. 65. アンドレイ・マルモアは，もし問題となる概念が語用論上も漠然としているのであれば，個人の自律性を損なうことになるし，語用論上は明確なのであれば，もはや漠然とした概念が個人の自律を尊重しているとは言えなくなると指摘する（Andrei Marmor, *The Language of Law* (Oxford University Press, 2014), pp. 98-99）。これはその通りであろう。本文で述べたのも，語用論上は個人の行動を方向付ける役割を当該概念が果たす場合の話である。とはいえ，意味論上，漠然としている概念を常に避けるべきだとは言えないことに気付くことは重要である。

24/　Joseph Raz, *The Morality of Freedom* (Clarendon Press, 1986), Chapters 3 & 4. 邦語文献としては，ジョゼフ・ラズ「権威と正当化」森際康友編訳『自由と権利』（勁草書房，1996）所収のほか，さしあたり長谷部恭男『法とは何か〔増補新版〕』（河出書房新社，2015）第1章参照。

独自にいかに行動すべきかを判断するよりも，法の指示に従った方が，本来とるべき行動をよりよくとることができるというわけである。

　住居侵入罪の規定は，他人の住居に立ち入ることが許されるか否か，つまり立ち入ることに「正当な理由」があるかについて，特定の行動をとるよう又はとらないよう，指示をしてはいない。行為者自らが「正当な理由」の存否につき判断するよう指示している。そこで必要となる判断は，本来の実践理性の地平での道徳的判断である。ところが，法の存在理由はそもそも那辺にあるかと言えば，何よりもそれは，各市民が各自の実践理性に基づく道徳判断をすることなく，法の指示に従うことで，本来各市民がとるべき行為，つまり実践理性の地平での各自の道徳的判断によってとるべき行為をよりよくとることができるからである。それなのに，肝心な場面で判断を現場の行為者に丸投げしているとすると，法はその存在理由たる権威としての役割，つまり道徳的判断の省力化をはかり，市民の行動を嚮導する役割を果たしてはいないとの疑念を払拭できないのではないか。

　ジェレミー・ウォルドロンは，この論点について，相互に両立しにくいと思われる２つの回答を与えている[25]。第一に，彼は，この種の漠然とした概念を用いる法令も，当該法令の規定する状況において行為者が道徳的判断を行うべきことを指示しており，その限りでやはり権威としての役割を果たしていると言う。日本の住居侵入罪の場合で言えば，他人の管理する住居に立ち入るべきか否かの選択を迫られた者は，その立ち入りに「正当な理由」があるか否かを自ら判断すべきことを指示されている。その点で「ある意味で，我々は権威を受け入れている」[26]。この場合，法が指示している行為は，判断の結果としての特定の行為ではなく，「判断する」という行為そのものである。

　第二に，ウォルドロンは，判断の結果として行為主体がとるべき行為が道徳的判断の結果そのものであり，結論として法の指示するところと道徳の指示するところが重なるとしても，そのこと自体は問題ではないと言う[27]。法の多く

---

[25] Waldron, supra note 13, pp. 67-72. ウォルドロン自身は，２つの回答の両立が困難であることに気付いているか否か疑わしい。
[26] Waldron, supra note 13, p. 69.
[27] Waldron, supra note 13, p. 71.

はもともと道徳の要請を繰り返している。人を殺すな，他人の財物を盗むなと指示する法は，単に社会生活において要請される本来の道徳を繰り返しているに過ぎない[28]。日本の住居侵入罪の場合で言えば，「正当な理由」なく他人の管理する住居に立ち入ったとして行為者を処罰する裁判官は，結局のところ，社会生活の道徳の要請に反したことを理由に処罰しているのであるが，だからと言ってそれが法の役割に反しているとは言えない。

ウォルドロンの示す2つの回答は，それぞれそれとして筋の通ったものではあるが，同時に主張することは困難であるように思われる。住居侵入罪の規定が社会生活において当然に踏むべき道徳的要請を単純に繰り返しているだけだとすれば，住居侵入罪自体は道徳とは独立の権威としては機能していないと言うべきであろう。当該法規は，行為者自身による実践理性の判断に何かを付け加えているわけではないからである。当該法規に従うべき理由があるとすれば，それは一般的に了解される道徳に従うべき理由そのものであり，それとは別に法に従うべき独立の理由はない[29]。

仮に住居侵入罪の規定が権威としての役割を果たしているとすれば，他人の管理する住居への立ち入りに「正当な理由」があるか否かは，社会常識に基づいてかなりの程度の判断の収斂が見込まれるとはいえ，具体的状況に即応した多様な要素の考慮が求められ，人がときには判断を誤り得る問題であるため，改めて当該事項の慎重な判断を行為者に求めることに意味があるからであろう。その場合，立ち入りに「正当な理由」があるか否かを改めて考慮するよう求める住居侵入罪の規定は，一般的な実践理性の判断の過程に変更を加えており，その限りで当該法規に従うことには，独立の理由がある。いざ立ち入る前に「慎重によく考えるように」という法の要求には，やはり意味があることになる。

ただし，こうした説明が成り立つか否かは，一般市民が刑法典を開き，住居

28/ 殺人罪に関する法の規定は，殺人を犯した者を一定の刑で処断するよう裁判官に命ずる形態をとる。とはいえ，それが同時に，一般市民に対して人を殺すべきでないことを指示していることは明白である。

29/ この点については，Joseph Raz, 'The Obligation to Obey: Revision and Tradition', in his *Ethics in the Public Domain: Essays in the Morality of Law and Politics*, revised ed. (Clarendon Press, 2001), pp. 343-44 参照。

侵入罪の構成要件を読むことが果たしてどれほどあるかにも依存している。そうした市民が数多く存在することはあまり期待しない方がよいであろう。そうだとすると、むしろ、住居侵入罪の規定が果たしているのは、単に社会生活において当然に踏むべき道徳的要請を繰り返しているだけであり、時折出現するそうした道徳への違背者を処罰することで、社会生活の道徳（の一部）をバックアップしているにとどまるということになる。それはそれで、問題とは言えない。法に従うべき理由が、それが確認している道徳に従うべき理由に尽きることは、前述した通り、しばしば見られることである。

4　一般人の判断能力

　徳島市公安条例事件で最高裁の法廷意見と高辻裁判官の意見は、「だ行進、うず巻行進、すわり込み、道路一杯を占拠するいわゆるフランスデモ等の行為」が当該条例の規定が避止するよう指示している典型的な行為であることについて一致している。なぜなら、これらが集団行進にあたって避止すべき典型的な行為であることは、社会通念、つまり人々の共通了解となっている一般的な実践理性によって容易に到達し得る判断だからである。両者がともに採用する「通常の判断能力を有する一般人の理解」とは、法令の文言をその辞書的な意味や文法規則に基づいていかに理解するかという局面だけではなく、広く共有された一般的な実践理性に基づく道徳的判断、つまり良識に照らしたとき、いかに理解されるかという局面をも含んでいると見るべきであろう。

　しかし、そうした同じ前提に立ちながら、法廷意見と高辻裁判官の意見とが分岐したのは、当該条例の規定がこうした社会の良識によって容易に到達し得る行為のみを禁止したものとして、その規定を読み替えることの必要性と合理性についてであった。

　法廷意見がその解釈によって到達したのは、この規定は「道路における集団行進等が一般的に秩序正しく平穏に行われる場合にこれに随伴する交通秩序阻害の程度を超えた、殊更な交通秩序の阻害をもたらすような行為を避止すべきことを命じているものと解され」るとの結論である。この定式化自体、第1節で述べたように相当程度に抽象的であり、漠然としている。しかし、それでもこうした解釈が合理的であると法廷意見が結論付けたのは、この規定が行為者

に対して，良識に基づく道徳的判断を要求しているだけだとの前提があるからであろう。そして，少なくとも「だ行進，うず巻行進，すわり込み，道路一杯を占拠するいわゆるフランスデモ等の行為」が避止すべき典型的な行為であることは良識に照らして容易に判断できる。つまり，法廷意見は，当該条例の規定は一般的な道徳的判断の要請，つまり一般市民にとって避けるべきことが分かって当然である行動を避けよとの要請と一致しており，それを繰り返しているのみだと主張していることになる。

　他方，高辻裁判官は，こうした読み替えは必要でもなければ合理的でもないと主張している。合理的でないのは，「そのような解釈をもつて，直ちに，通常の判断能力を有する一般人である行為者が，行為の当時において，理解するところであるとすることができようか」という点に疑いがあるからである。当該条例の規定が一般的な道徳的判断の要請と一致しているとの読み替えは，通常の判断能力を有する一般人が直ちに行い得る操作ではない。また，個別具体の事案に解決を与えるという付随的違憲審査の性格からして，こうした解釈を与えることは必要でもない。「本件におけるだ行進が，交通秩序侵害行為の典型的のものとして，本条例3条3号の文言上，通常の判断能力を有する者の常識において，その避止すべきことを命じている行為に当たると理解しえられるものであることは，疑問の余地がな」く，そのことのみからして，被告人が有罪であるとの結論は得られるからである[30]。

　いずれの意見も，条例の規定の文言に国語辞典と文法規則を掛け合わせると直ちに導き出される意味論上の意味の理解（のみ）を問題にしているわけではない。規定が当然にその存在を前提とし，場合によっては単にその要請を繰り返しているにとどまる社会生活における道徳観念（良識とも言い換えることができる）の要請に照らしたとき，通常の判断能力を有する一般人がどのような判

---

[30]　前掲注3で取り扱った論点に即して言えば，高辻裁判官は，本件被告人に法令全体の漠然性を攻撃する適格を否定していることになる。これに対して，法廷意見および団藤裁判官の補足意見は，本件条例の文言が「著しく妥当を欠くもの」であり，「いかなる作為，不作為を命じているのかその義務内容が具体的に明らかにされていない」もので，適用可能なあらゆる場面で漠然性の瑕疵を帯びかねない規定であるが故に，本件被告人のように，本来，合憲的に規制され得ることは当然の行為を行った者による文面上違憲の主張をも取り上げ，それに応答すべきだとの立場をとっていることになる。

断をするかが，いずれの意見にとっても核心となる，しかし明示的には論及されていない論点である。

　逆に言えば，徳島市公安条例事件における最高裁と同様の論理の道筋をたどったとしても，問題となる漠然とした実定法規の適用が，通常の判断能力を有する一般人の良識に照らしたとき結論の収斂を導かない場合——たとえば，相互に比較不能な道徳原則の深刻な衝突が問題となる場合——には，法令全体として漠然性の瑕疵を帯びるため文面上違憲無効と判断される余地は残ることになる[31]。

---

[31]　もっとも，アンドレイ・マルモアが指摘する通り，比較不能な複数の原則の間での総合衡量が要求される場面は，法律学においてはさほど珍しくはない。「わいせつ」「プライバシー」「適正手続」等の憲法上の概念を用いて具体的事案を解決する際には，こうした総合衡量が要求されることが少なくない（Marmor, supra note 23, pp. 101-04）。意味論上は不明確であっても，語用論上は明確な概念の使用を躊躇う必要がないこととともに，語用論上不明確な概念を法の世界から放逐することは不可能であることにも留意する必要がある。
　筆者は，『憲法の imagination』（羽鳥書店，2010）において，「わいせつ」概念がもたらすのは sorites paradox であることを示唆したが（115 頁以下），これは単純に過ぎたのではないかと反省している。「わいせつ」概念が比較不能な諸価値の衡量を要求するものであるために語用論上も不明瞭なのだとすれば，任意の線引きをすることで解決され得る sorites paradox のみが問題だというわけではないはずである。

Ⅱ　憲法の限界

第9章

主権のヌキ身の常駐について
—— Of sovereignty, standing and denuded

1 はじめに

　樋口陽一教授は『近代立憲主義と現代国家』の補章において，「現代に特徴的な法イデオロギーのひとつ」として「超実定法的『主権』概念への特殊なしかたでの回帰」が見られることを指摘する。それは「国民の憲法制定権」あるいは「国民主権」が「実定憲法の正当性の所在を示すものとして凍結されていた状態から目をさまして，いわばエネルギー解放され，実定法秩序のなかにヌキ身で常駐し——あるいは，すくなくとも『非常的に』有事駐留し——，たえず——あるいは，すくなくとも『非常時に』——発動することによって，実定法の破壊を実定法上の概念の名において正当化すること」を意味する[1]。

　本章は，国民の憲法制定権力あるいは主権が現実世界に「ヌキ身で常駐」した具体例として，フランス革命時のconvention nationale[2]をとりあげ，非常事態の法理と対比しつつ，その特質を描くことを目的とする。

---

[1] 樋口陽一『近代立憲主義と現代国家』（勁草書房，1973）302頁。強調は原文通り。
[2] 「国民公会」と訳されるのが通例であるが，当初の任務からしても，アメリカの用法にならった語義からしても，憲法制定会議と訳してしかるべき存在である。通常の立法と区別されるべき憲法を制定するために，それを目的とする特別会議（convention）の選挙と招集が必要だとの考え方は，1770年代後半のアメリカ諸州で広まった（Gordon Wood, *The Creation of the American Republic 1776-1787* (University of North Carolina Press, 1998), pp. 306-10）。conventionとは，もともとはイングランドで正式の議会（Parliament）の枠外での集会を広く指すことばで，17世紀の長期にわたる憲法争議において，国王抜きで集会した庶民院および貴族院もconventionと呼ばれた。名誉革命によるジェームズⅡ世の亡命後，ウィリアムとメアリが王位に就くまでの庶民院および貴族院もconventionである。18世紀はじめには，国王を欠いた議会が一般的にconventionと呼ばれるようになった。独立前のアメリカ諸州においては，正式の議会がイギリス政府を代表する総督によってしばしば閉会されたため，人々は総督抜きの集会であるconventionによって意思を表明し，こうしたconventionに通常の議会によっては変更し得ない憲法を制定する役割が期待されることとなった（Wood, ibid., p. 338）。

2 山岳派の機会主義的転換

　1793年6月はじめのジロンド派の追放から94年7月のテルミドール反動にいたるまで，conventionの活動を主導したのは，ロベスピエール率いる山岳派である。山岳派は，少数派に甘んじていたconventionの初期においてこそ主権が人民にあり，それは代表され得ないこと，議員は受任者であって人民から独立し得ないことを強調していたが，93年6月はじめの人民蜂起によってジロンド派が追放され，山岳派が議事の主導権を握る一方，全国各地でジロンド派による反乱が発生する状況に直面すると，conventionを支配する山岳派による革命的統治（gouvernement révolutionnaire）こそが，腐敗分子を浄化・粛清し，公益を目指す徳性を備えた真の市民を形成して，主権の不可分性を保障することができるとの立場に転換する[3]。

　6月24日に採決され，その後8月にレファレンダムで承認された93年憲法は，29条で「各議員はナシオン全体に属する」として命令委任を否定しており，同日には，エロー・ドゥ・セシェルの提案した議員の再選可能性を審査する一種のリコール制も否決されている[4]。憲法59条の定める法律に対する人民拒否制度も，手続の複雑さのため実際に起動することは考えにくく，同憲法は，内実においては，91年憲法と同様，有権者に対する議会の独立性を保障していると考えるべき十分な理由がある。今やconvention主流派となった山岳派にとって，現実の人民による直接の政治参加は，むしろ警戒の対象であった[5]。

　93年10月10日に革命的統治が宣言されるに至ると，conventionに蟠踞し，密告と即決裁判を通じて全人民の生殺与奪の権限を握る山岳派に対抗し得る人

---

[3]　Lucien Jaume, *Le discours jacobin et la démocratie* (Fayard, 1989), pp. 280-82, 338-40.
[4]　*Moniteur*, no. 178, an II, p. 768.
[5]　Jaume, op. cit., pp. 326-30, & 332-35. 1794年2月5日のロベスピエールの演説は，人民の直接参加に消極的なこの時期の彼の姿勢を示している。「民主政とは，人民が継続的に集会し，自身ですべての公事を処理する国家ではないし，人民が何万もに分割され，区々に分かれて性急に相互に矛盾する措置をとり社会全体の運命を決める国家ではさらにない。……民主政とは主権的な人民が自身の制定した法に導かれ，自らなし得ることはこれをなし，なし得ないことは代表に委ねる国家である」（*Moniteur*, no. 139, an II, p. 561)。

権はもはやあり得なくなる。シィエスが指摘するように，政府は公事に関する république であることをやめ，公私の別なくすべてを支配する ré-totale となる[6]。

3 93年憲法の施行停止

山岳派が策定を主導した93年憲法は施行されることはなかった。施行停止を決定的にしたのは，サン－ジュストが提案し93年10月10日に採択された「平和に至るまでのフランスの統治は革命的である Le gouvernement est, jusqu'à la paix, déclaré révolutionnaire」とするデクレである[7]。

convention の任務が新たな憲法の制定に尽きるのであれば，93年8月10日の人民による憲法承認の宣言によりその使命は終わり，新たな立法議会に席を譲るべきだったはずである。実際，ダントン派はそれを要求した[8]。それにもかかわらず，いかなる正当化根拠により，統治の革命性を宣言し，憲法の施行を停止し，恐怖政治を実行することができたのか。

この憲法の施行停止についてカール・シュミットは，次のように言う[9]。「いかなる制定された機関も憲法の停止を宣言することはできない。つまり convention は，人民の憲法制定権力（pouvoir constituant）を直接に召喚することにより行動している」。

憲法制定権者は人民自身であって convention ではないという反論は意味をなさない。憲法制定権力は常に自然状態にとどまり，いかなる規範からも，いかなる形式からも自由である[10]。したがって，それが convention という形態をとり，かつ，とり続けることも当然可能であるし，convention に具現化さ

6/　Sieyes, intervention du 20 juillet 1795, *Moniteur*, no. 307, an Ⅲ, p. 1236; cf. Jaume, op. cit., p. 354. ré-totale については，Pasquale Pasquino, *Sieyes et l'invention de la constitution en France* (Odile Jacob, 1998), pp. 108 & 175-76 参照。

7/　*Moniteur*, no. 21, an Ⅱ, p. 86.

8/　Jaume, op. cit., p. 124.

9/　Carl Schmitt, *Die Diktatur*, 7th ed. (Duncker & Humblot, 2006 (1921)), p. 145;（邦訳）田中浩＝原田武雄訳『独裁』（未來社，1991）167 頁（必ずしも邦訳に忠実に従っていない）; cf. Olivier Jouanjan, 'La suspension de la constitution de 1793', *Droits*, no. 17 (1993), p. 132.

10/　Emmanuel Sieyes, *Qu'est-ce que le tiers-état?* (Flammarion, 1988), p. 132;（邦訳）稲本洋之助ほか訳『第三身分とは何か』（岩波文庫，2011）109-10 頁。

れた憲法制定権力は何者によっても制約されず，その任務が憲法の制定にとどまる理由もない。それは全権力（plenitudo potestatis），すなわち主権である[11]。シュミットの言う通り，convention の諸権限は，convention 自身によって認定された憲法制定権力の直接の流出物（Emanationen）に他ならない[12]。

しかも convention の活動は革命のイデオロギーによって武装されていた。convention は均質性を帯びる人民との同一化を通じて人民を代表する。それにはまず，人民の均質性を確保するための浄化（épuration）が必要であり，かつ，人民との同一化を確保するための convention の浄化も要求される。つまり，制定されるべき新憲法にふさわしい徳性を備えた均質的な市民を創造するために内外の敵対分子を排除・粛清する恐怖政治（politique de Terreur）が当然に帰結する[13]。敵対分子の密告は，市民の徳性の現れとして奨励される。排除・粛清の対象となる敵対分子の側に抵抗する術はない。憲法前の，憲法が存在しない状態では，権力の分立も人権の保障もないからである。権力が分立せず，権利が保障されない社会に憲法はないという 89 年人権宣言 16 条の原理が，ここでは論理的に逆回転する。「有徳の少数者は徳に勝利を得させるべく，あらゆる暴力的手段をとることが許される」[14]。

4 主権独裁と委任独裁

シュミットは主権独裁と委任独裁とを区別する[15]。委任独裁は，既存の政治体制を守るため，非常時に際して特定の機関に権限を集中する形態であり，発動には明白な必要性が要求される。他方，主権独裁に守るべき既存の体制はない。主権独裁は守るべきもの，守るに値するものを自ら創造する。convention はそれであった。convention は新たな共和国の創設を目指しただけではなく，

---

[11]　Jouanjan, op. cit., pp. 132-33.
[12]　Schmitt, *Diktatur*, p. 149；邦訳 171 頁。
[13]　Jouanjan, op. cit., p. 134. 要求される徳性の核心は理性ではなく心情（coeur）である（Jaume, op. cit, pp. 318-23）。なお，革命的統治のイデオロギーを端的に示すものとして，ビヨ＝ヴァレンヌ（Billaud-Varenne）の言説を紹介する Lucien Jaume, *Le religiex et le politique dans le Révolution française : L'idée de régénération* (PUF, 2015), pp. 37-48 をも参照。
[14]　Schmitt, *Diktatur*, p. 121；邦訳 138 頁。
[15]　Ibid., p. XIX；邦訳 12 頁。

その共和国にふさわしい徳性を備えた人民を自ら作り出そうとした。その徳性をすでに備えた山岳派は，浄化と粛清を実施する人民の前衛として行動する。主権独裁は憲法制定権力であり，制定された権力である委任独裁とは異なる[16]。

ここでは，革命的統治と立憲的統治とを区別する93年12月25日のロベスピエールの演説が参照に値する[17]。

> 立憲的統治の目的は共和国を保全することにある。革命的統治の目的は共和国を創設することにある。革命とは自由による，その敵対者との戦いであり，憲法とは勝利し，平和を得た自由の体制である。……革命的統治が通常の統治より，より積極的に突き進み，より自由に活動することで，その正義や正当性は弱まるだろうか。いや，革命的統治は法の中でも最も神聖な法，人民の安寧（salut public）により支えられている。しかも，最も論駁不能な権原である必要性（nécessité）により支えられている。

あるべき人民との一体化を果たしたconvention（の指導的少数者）を通じて，人民は自身を浄化し，自身に対して独裁を行使する[18]。これはプロレタリアート独裁やファシズム独裁体制と共通する革命の正当化の論理である[19]。それらの独裁においても，被治者の均質性が確保されてはじめて治者と被治者の自同性（identity）という民主主義の理想が実現する。

オリヴィエ・ジュアンジャンは，conventionが主権独裁の実行に際して非常事態の概念に訴えたとしているが[20]，ここには，議論の混乱が見受けられ

---

[16]/ Ibid., p. 143; 邦訳167頁。前提となるのは，ルソーの言う一般意思を「良心」と同視して実体化する解釈である（cf. Jaume, *Le discours jacobin*, p. 322）。この解釈については，長谷部恭男『憲法の円環』（岩波書店，2013）114-17頁参照。

[17]/ *Moniteur*, no. 97, an II, p. 390.

[18]/ Schmitt, *Diktatur*, p. 148; 邦訳170頁。

[19]/ Ibid., pp. 201-02; 邦訳229頁。異分子を排除・粛清して人民の均質性を実現することが，人民を代表することである。こうした代表観は，カトリック教会の純化された統一性を要求し，ナント勅令の廃止を擁護したボシュエの教説と並行関係にある（Jaume, op. cit., pp. 368-85）。さらにCarl Schmitt, *Die geistesgeschichtliche Lage des heutigen Parlamentarismus*, 3rd ed. (Duncker & Humblot, 1961), p. 20; （邦訳）樋口陽一訳『現代議会主義の精神史的状況』（岩波書店，2015）149-50頁で示されたルソー国家論の理解参照。

[20]/ Jouanjan, op. cit., p. 135.

る。少なくとも、既存の体制が通常の状態に復帰するための前提として、非常の権限が行使されているわけではない。非常事態ないし緊急事態という概念は、既存の憲法体制への復帰を予定して非常の権限行使が正当化される事態を指して使われることが通常であろう。フランス行政法における非常事態（circonstaces exceptionnelles）の法理も同様である[21]。

この混乱は、シュミットがおそらくは意図的に誘発したものである。シュミットは『独裁』において、主権独裁は、ルソーの言う立法者（législateur）と独裁者（dictateur）という2つの概念を融合したものであるとする[22]。立法者は憲法以前の存在であり、宗教の力を借りつつ人民の精神を変革し、あるべき国制を提案してそれを受け入れさせるが、自ら権力を行使することはない。他方、独裁者は祖国の危機に際して行政権を一定期間、集中して行使するが、体制そのものを変更することはできず、立法権を行使することさえできない[23]。2つを融合することで、非常事態に対処するはずの独裁を入り口として、主権独裁が忍び込もうとしている。

「主権者とは非常事態に関して決定する者である」との断言で始まる『政治神学』第1章でシュミットは、ワイマール憲法48条について、「第48条はむしろ、制約なき絶対権限を与えており、したがって、［同条第5項が予定する法律による］限定が定められないならば、1814年シャルト第14条の非常事態権限が国王を主権者としたように、主権が付与されていることになる」と述べる[24]。ここでも非常事態に対処し、既存の憲法への復帰を可能にするための48

---

[21] フランスの行政判例法理によると、非常事態において行政は、法律の適用を停止すること、通常の権限を超えて活動すること、および、私人の基本的自由を侵害することが認められる。全くの私人が行政庁として行った活動に、正規の行政活動としての身分が認められることさえある。行政賠償責任の分野では、通常時は過失（faute）を構成すべき行為も責任を免除されることがあり、また、通常時であれば暴力行為（voie de fait）として司法裁判所の管轄に属すべき行為も、単純な過失として行政裁判所の管轄に属する行為とされる。さらに、通常時であれば過失による損害賠償の対処となる行為が、無過失責任による賠償の対象となることもある。非常事態の法理については、長谷部恭男「非常事態の法理に関する覚書」本書第10章参照。

[22] Schmitt, *Diktatur*, p. 126; 邦訳146頁。前者は『社会契約論』の第2篇第7章、後者は第4篇第6章に登場する。

[23] Cf. Schmitt, *Diktatur*, p. 148; 邦訳170頁。

[24] Carl Schmitt, *Politische Theologie*, 8th ed. (Duncker & Humblot, 2004 (1922)), p. 18; (邦訳) 田中浩＝原田武雄訳『政治神学』（未來社、1971）18頁。See also Carl Schmitt, 'Die Diktatur des

条を，無制約の主権を基礎付ける根拠規定として読み替えようとしている疑いがある。そもそもシュミットが引き合いに出す1814年シャルト14条に関しては，非常事態に対処する権限を国王に与えているかについてさえ，争いがあった[25]。主権独裁を正当化する条文では到底あり得ない（そもそもそうした条文が存在し得るかも問題だが）。シュミットはここでも，主権独裁と委任独裁の境界線を曖昧化しようとしている。委任独裁に対応する非常事態の法理と，主権独裁の問題とは，明確に区別する必要がある[26]。

『政治神学』冒頭のシュミットの断言にもかかわらず，主権者は非常事態，つまり既存の憲法体制への復帰を予定しつつ，通常とは異なる権限集中が行われる状況において決定を下す者ではない。むしろ非常事態の法理が前提とするはずの通常の憲法体制がこれから創設されようとしている薄明の混沌状態において，人民との一体性を標榜しつつ，なお未分化な全権力のままにとどまる憲法制定権力を行使し続ける者こそ主権者であり，それが主権がヌキ身で常駐する典型的な状態である。

非常事態に出現するのは委任独裁にとどまる。『政治神学』の前年の1921年に初版が刊行された『独裁』において，シュミット自身が行った委任独裁と主

　Reichspräsidenten', in Carl Schmitt, *Die Diktatur*, 3rd ed. (Duncker & Humblot, 1964 (1924)), pp. 258-59;（邦訳）田中浩＝原田武雄訳『大統領の独裁』（未来社，1974）91-92頁参照。48条5項が予定するライヒ法律による非常権限の細目の定めは，結局置かれなかった。なお，シュミットは「1815年シャルト Charte von 1815」とするが，これは1814年の誤りである。1814年シャルト14条に基づいて，出版の自由の制限と選挙制度の改変を目的として1930年7月25日に公布された王令は，その2日後に7月革命につながる武装蜂起をもたらした。

25/　François Saint-Bonnet, *L'état d'exception* (PUF, 2001), pp. 321-24. もっとも，神授の君主主権を基礎とする1814年シャルトの場合，君主は常にシャルトによる自己への制約を廃棄し得るとの主張はあり得る。起草者の一人Beugnotはそうした立場をとっていたと思われる（Alain Laquièze, *Les origines du régime parlementaire en France (1814-1848)* (PUF, 2002), p. 63)。つまり，シャルトは君主制原理に基づく自己制限の現れに過ぎないという理解である。君主制原理については，長谷部恭男「大日本帝国憲法の制定──君主制原理の生成と展開」本書第14章参照。

26/　この点については，Saint-Bonnet, *L'état d'exception*, pp. 308-15参照。もっとも，この区別が実際には困難であることは認めざるを得ない。委任独裁が主権独裁へと変貌する危険は常にある。この危険に対処する手段の一つは，ボン基本法115g条が規定するように非常事態に対処する国家機関の活動を裁判的コントロールの下に置くこと，つまり，委任「独裁」たる性格を否定することである。しかし，そのためには，統治行為論の消去，および任免の過程を含めた裁判官の独立の強固な保障が必要となる。

権独裁の区別に忠実であろうとする限り，主権独裁は非常事態では出現しない[27]。

委任独裁の活動は，回復されるべき既存の憲法体制によって正当化される。主権独裁の活動は，これから創設されるべきことが標榜される憲法体制によって正当化される。しかも，創設が標榜される体制の候補は1つではない。根底的に対立する憲法原理が相争っている。だからこそ，敵対分子を排除・浄化するための革命的統治が要求される。主権独裁が活動する状態は，あえて言うならば，非常事態が恒常化した状態であり，恒常化した非常事態はもはや非常事態とは言えない。そこにあるのは，内戦であり，革命的暴力である[28]。そして，シュミットが「非常事態 Ausnahmezustand」という概念で指示しているのも，実は身分闘争，階級闘争に根底的に揺さぶられる内戦状態である[29]。

既存の憲法体制が否定されるだけでなく，国家機関と社会組織の境界線もかき消され，いかなる憲法体制が創設されるべきか，新たな国家はいかなるものであるべきか等につき，根源的に対立する憲法理念が暴力的に衝突する場では，誰のいかなる行為が国家（法秩序）に帰責されるべきかも不分明となる[30]。そこでは複数の法秩序の候補が相争っているのだから。そこにあるのは，むしろ法的把握を許さない裸の革命的暴力である。主権者がヌキ身で常駐する状態は，誰が真正の主権者であるかを見極めることが困難な状態でもある。

ジョルジョ・アガンベンは，法秩序の定常的な運用が停止され，あるいはそれが消滅した状態をすべて「非常事態」と呼び，中でも法的把握が不可能な裸の暴力が顕現するアノミー状態こそが真正の非常事態だと考える[31]。しかし，

27/　John McCormick, 'The Dilemmas of Dictatorship', in David Dyzenhaus ed., *Law as Politics* (Duke University Press, 1998) は，1年を隔てた2つの著作の間で，非常事態および独裁に関するシュミットの態度が激変したとする。もっともこの論稿自体が指摘するように（pp. 227-29)，変化の兆しは『独裁』の中にすでにあらわれている。

28/　Giorgio Aganben, *State of Exception*, trans. Kevin Attell (University of Chicago Press, 2005), p. 59.

29/　Schmitt, *Dictatur*, p. 17; 邦訳 31 頁。

30/　Cf. Michel Troper, 'Y a-t-il un État nazi?', dans Michel Troper, *Pour une théorie juridique de l'État* (PUF, 1994).

31/　Aganben, op. cit. アガンベンは，アノミー状態は目的を度外視した純粋な暴力が行使される点で非常事態と区別されると考えているかにも見えるが（ibid., pp. 61-62)，目的を度外視した暴力は「革命的暴力」ではあり得ないであろう。

第一に法秩序の定常的な運用が停止した状態のすべてを覆う単一の法的観念（「非常事態」）が存在するか否かは疑わしい。第二に，非常事態は，前述の通り，法秩序が定常的に運用される状態への復帰を予定するもので，完全なアノミー状態とは異なる。真剣な検討に値するのが主権がヌキ身で常駐する権力の未分化状態だとしても，それを指して「非常事態」という概念を使用するのはミスリーディングであり，それはシュミットの仕掛けた罠にはまることである。

　他方，ミシェル・トロペールは逆の方向で問題を単純化しようとする。つまり，存在するのは既存の法秩序への復帰を予定する，そして実定法によって統御され得る非常事態のみである[32]。法的把握の不可能な状態はそこにはない。しかし，ヌキ身の暴力が跳梁する「諸組織のジャングル jungle organisationnelle」の存在は，「ナチス国家」なるものの存否を問う彼自身の論稿がそれを予想していた[33]。法的に把握不能な概念は，法の世界にはそもそも存在し得ないというのであれば，話は別となるが。

5　非常事態の法理の生成

　非常事態の法理は，権力を分立させる憲法体制の存在を前提に，明白な必要性の認められる非常時に限って権限の集中と人民の権利の侵害を正当化する法理である。非常事態が終息し必要性が消滅すれば，元の憲法体制に復帰することが当然の前提となる。しかし，歴史を顧みれば，既存の体制への復帰ではなく，新たな体制を創設するための手段として同様の論理が利用された例も少なくない。

　非常事態の法理の萌芽は，中世末期における教皇と世俗君主（皇帝・国王）との権限争議の中にも垣間見ることができる。グレゴリウスⅦ世の強力な指導の下で，教皇を頂点とするキリスト教会は，皇帝や国王から聖界の権限を剥奪し，立法・司法・行政の三権を世俗の諸権力から独立して行使する近代国家の

---

[32] Michel Troper, 'L'état d'exception n'a rien d'exceptionnel', dans Michel Troper, *Le droit et la nécessité*（PUF, 2011）.

[33] Troper, 'Y a-t-il un État nazi?', in *Le droit et la nécessité*, op. cit., p. 180.

装いを示し始める[34]。中世末期には、そうして形成された聖俗の権力分立を前提にしつつも、共同体の保全等のため、明白な必要性が認められる非常時には、規範的要請の階層化が発生し、通常時を超える権限の行使が正当化されるとの主張が現れる。フランスのフィリップⅣ世（端麗王）と教皇ボニファティウスⅧ世との闘争はその典型例である[35]。

当時の封建的主従関係の下では、君主といえども直接の封臣に対してのみ人的・物的貢献を要求することができた。世俗の君主による聖職者への課税も認められていなかったが、十字軍の費用調達のための課税等の例外はあった。しかし、そのためには、教皇の同意が条件となる。フィリップは、イングランドのエドワードⅠ世との戦争の費用調達を目的として、1296年に等族会議の同意は得たものの、教皇の同意抜きで50分の1税を聖職者から徴収した。ボニファティウスは、教会法に反して納税した聖職者は破門され、その地位を失うと主張したが、フィリップは安全を保障される聖職者が戦費に貢献するのは当然であると反論した。これに対してボニファティウスは1302年11月の回勅 *Unam sanctam* で、聖俗両界にわたる全権限は教皇に属し、教皇への服従が魂の救済の条件となるとの絶対君主制に見紛うテーゼを打ち出す。この対立が結局、教皇を異端として公会議に訴追しようとするフィリップの部下により教皇の身柄が拘束される1303年9月のアナーニ事件を引き起こし、教皇の屈伏を帰結したことは、周知の通りである[36]。

両者の対立の経緯には、権力分立を前提としつつ、明白な必要性が認められる非常時には、通常時を超える権限行使が正当化されるとの非常事態の法理と、権力分立原理自体を破毀し、不可分の全権力の集中を要求する主権の論理とが、2つながら萌芽的な形態で姿を見せている。帝国の下でのキリスト教世界の統一性が破綻し、各国が、ときには教皇権にも対抗する自足的な人民の安

34/ Harold Berman, *Law and Revolution* (Harvard University Press, 1983), pp. 113-15.

35/ Saint-Bonnet, op. cit., pp. 99-102; cf. Raymond Carré de Malberg, *Contribution à la théorie générale de l'État*, tome I (CNRS, 1962 (1920)), pp. 73-74.

36/ *Unam sanctam* については、J. H. Burns ed., *The Cambridge History of Medieval Political Thought* (Cambridge University Press, 1988), pp. 401-10 [J. A. Watt] 参照。アナーニ事件は、ダンテの『神曲』煉獄篇32歌で暗に言及されている。当時の教皇権に対するダンテの批判については、J. A. Watt, pp. 411-15 参照。

寧の秩序単位たることを標榜し始めた時期である。全ヨーロッパを覆うキリスト教世界の一員としての魂の救済ではなく，国ごとの安全保障を究極の目的として封建的主従関係を突き崩し，議会を通じて全国民の同意を調達すると同時に全国民に直接支配権を及ぼす思考様式が誕生する[37]。生成しつつある近代国家と正当防衛の観念が結び付くことで，国家防衛を弁証する正戦論も形作られる[38]。

6 むすび

　主権がヌキ身で常駐する状況は，新たな憲法体制の創設を目指して特定組織が理想の人民との一体性を標榜しつつ，裸の暴力の行使を通じて敵対分子を排除・粛清する状況である。既存の体制への復帰を目指す委任独裁が活動する非常事態とは，区別されなければならない。

---

[37] Saint-Bonnet, op. cit., pp. 114-15, 149-51.
[38] Ibid., pp. 127-28.

II 憲法の限界

第10章

非常事態の法理に関する覚書

1 はじめに

非常事態（circonstances exceptionnelles）の法理は，フランスの行政判例法理である[1]。非常事態では，行政は通常時は遵守すべき法律に反して必要な行動をとることが認められ，そうした行政活動も適法（soumis au droit）とされる。法律に基づく行政とは異なる法原則が妥当する。

非常事態の法理が妥当する場面としては，戦争（CE 28 juin 1918, Heyriès; CE 28 févr. 1919, Dol et Laurent），ゼネスト（CE 18 avr. 1947, Jarrigion），大規模な自然災害（CE 18 mai 1983, Félx Rodes）等がある。

非常事態において行政は，法律の適用を停止すること，通常の権限を超えて活動すること，および，私人の基本的自由を侵害することが認められる。全くの私人が行政庁として行った活動に，正規の行政活動としての身分が認められることさえある[2]。行政賠償責任の分野では，通常時は過失（faute）を構成す

---

[1] ジャン・リヴェロ『フランス行政法』兼子仁＝磯部力＝小早川光郎編訳（東京大学出版会，1982）91-94 頁参照。同書は circonstances exceptionnelles に「例外状況」の訳をあてる。例外は原則と一体となって単一の法規範を構成するが，circonstances exceptionnelles は，後出第 5 節・第 6 節で見るように，通常時の法状態とは全く別個の，並行する法状態を指す。なお，フランスには広い意味での制定法上の非常事態法制として，憲法 16 条の定める大統領の非常事態措置権，同 36 条の定める閣議による戒厳令のほか，緊急状態（l'état d'urgence）に関する 1955 年 4 月 3 日法律があり，この法律は近年では 2005 年 10 月のパリ近郊の暴動に際して，また 2015 年 11 月のパリにおける組織的テロに際して，適用された。比例原則に基づく裁判上のコントロールを含む同法を巡る諸論点については，Jean-Claude Masclet, 'Article 36', in François Luchaire, et al. eds., La constitution de la République française, 3rd ed. (Economica, 2009)；矢部明宏「法律による緊急事態制度と国家緊急権」高見勝利先生古稀記念『憲法の基底と憲法論』（信山社，2015）1127-33 頁参照。

[2] 「事実上の公務員 fonctionnaire de fait」として知られる観念である。ルコック事件（CE 7 janv. 1944, Lecocq）では，全く無権限の市長が行った課税処分が適法とされ，またマリオン事件（CE 5 mars 1948, Marion）では，住民の組織した委員会が貯蔵された食料を接収し市民に売却した活動が適法とされている（Les grands arrêts de la jurisprudence administrative, 19th ed. (Dalloz, 2013).

べき行為も責任を免除されることがあり，また，通常時であれば暴力行為 (voie de fait) として司法裁判所の管轄に属すべき行為も，単純な過失として行政裁判所の管轄に属する行為とされる。さらに，通常時であれば過失による損害賠償の対象となる行為が，無過失責任による賠償の対象となることもある。

本章は，非常事態の法理が形成された第1次大戦前後の判例と学説を素描し，その特質を記述する。評釈執筆者として主に参照されるのは，モーリス・オーリウである。

2 エイリエス判決[3]

原告のエイリエス氏 (sieur Heyriès) は，1916年10月22日付で工兵隊設計技師としての職を免ぜられ，その取消しを求めて越権訴訟を提起した。違法原因として彼は，1905年4月22日法律65条が，懲戒処分等の公務員の身分の変動に際して，事前に身上に関する書類を本人に交付すべきことを命じていたにもかかわらず，交付がなされなかったことを挙げた[4]。また，戦争継続中，同条の適用を停止する1914年9月10日のデクレは違法無効であるとも主張した。

コンセイユ・デタは，まず，1875年2月25日の公権力の組織に関する法律3条が，大統領に対して，法律の執行を保障すべきことを要求していること，したがって，法令によって構築された公役務が，戦争の引き起こす困難にもかかわらず，継続的に機能するよう保障すべきことを要求していることを指摘した。そして，大統領が1905年4月22日法律65条の適用を1914年9月10日のデクレにより戦時中，停止したことは，1875年2月25日法律3条に基づく適法な権限の行使であり，防衛大臣による免職処分も含めて，権限を逸脱したものとは言えないと結論付けた。

状況に関する説明が必要である。1914年から18年にわたる第1次大戦中，政府は通常時の権限を超える多くのデクレを発した。1915年3月30日の法律

---

   p. 195)。

3/   CE 28 juin 1918, Heyriès.

4/   この条項は，Maurice Hauriou, *La jurisprudence administrarive de 1892 à 1929*, tome 3 (Sirey, 1929), p. 155 に再録されている。

は，これらのデクレの多くを事後的に遡って合法とし，その効力を補完（ratifier）したが[5]，同法はおそらくは法案作成過程でのミスから，本件で問題とされた1914年9月10日のデクレを効力補完の対象としていない。

通常であれば，デクレによる法律の効力停止は明らかに違法であるが，コンセイユ・デタは，公役務の継続性の原則は，戦時下のような非常事態においては，政府および行政の権限の例外的拡張を正当化するとして，原告の請求をしりぞけた。

モーリス・オーリウは，本判決が憲法の解釈に踏み込んだ点を強調する[6]。学説は裁判所による憲法の解釈に否定的であるが[7]，本判決はこの臆病な見解を否定しているとする。オーリウによると，1905年4月22日法律65条は「出来の悪い法律 lois mal faites」の典型である。立法者は問題の一面——恣意的な免職から公務員を保護する必要性——しか見ていない。政府は戦時においてこの条項の適用を一時停止する必要に迫られ，1914年9月10日のデクレを発したが，このデクレは1915年3月30日法律による効力補完の対象とされなかったため[8]，コンセイユ・デタは大いに困惑（grand embarras）することになった。

デクレによって法律の効力を停止すること，とりわけ個人の権利を保障する法律の効力を停止することは，できないはずである。オーリウは，個人の権利を保障する法律は，通常時に向けて制定されたものであり，非常事態においては，国家の安全は個人の便宜に優先するとする。しかし，デクレによって法律の効力を停止することが許されるのか。それは立法権の侵害ではないのか。コ

---

[5]/ こうした法律の制定が立法権の行使として，そもそも正当化され得るのかという問題もある。問題の一局面につき，さしあたり長谷部恭男『続・Interactive憲法』（有斐閣，2011）第19章「法律の概念」参照。

[6]/ Maurice Hauriou, 'Note Affaire Heyriès', in his *La jurisprudence administrarive de 1892 à 1929*, tome 1 (Sirey, 1929), pp. 78-84.

[7]/ オーリウが引用するのは，エスマンとネザールの教科書の次の記述である。「裁判官は通常法律を適用し解釈する権限を有するが，憲法を適用・解釈する権限を持たない」(Adhémar Esmein et Henry Nézard, *Éléments de droit constitutionnel français et comparé*, 7th ed., tome 1 (Sirey, 1921), p. 592)。

[8]/ オーリウは憲法教科書の中でも，このデクレが補完の対象とされなかったのは立法上の過誤によるものだとの見方を示す (Maurice Hauriou, *Précis de droit constitutionnel*, 2nd ed. (Sirey, 1929), pp. 450-51)。

ンセイユ・デタはこの論点を解決するため憲法の条文に訴えかけた，とオーリウは言う。

判決によれば，「1875 年 2 月 25 日法律 3 条により，大統領はフランスの行政組織の頂点にあり，法律の執行を保障する責任を負う。したがって，彼は常時，法令によって組織された公役務が機能するよう保障する責任を負う。戦争の引き起こす困難がその機能を麻痺させることがないよう保障する責任をも負う……公権力がこの時期に置かれた状況のゆえに，大統領には，その権限の下にある公役務の執行のため必要不可欠な措置を自身で発令する責務がある」。

行政権の任務は法律の執行にはとどまらない。それ以前に，行政の機能自体を確保する必要がある。「まず統治と行政を確保し，しかる後に法律を執行する」。これは，「まず生きる，しかる後に，規則正しく生きる。平常時は常に規則正しく，しかし非常時には可能な限りで」ということである。ただ，非常事態においても，行政はすべての法律の執行を停止できるわけではない。国家の機能麻痺を招く法律の執行を停止し得るにとどまる。個人の自由を保障する法律についても同じである。「通常時は個人の自由が，戦時においては国家の正当防衛 (légitime défense) が，最上位に置かれる」。

オーリウの論理からすると，本件において 1905 年 4 月 22 日法律の適用を停止したのは，デクレではない。「適用を停止したのは，憲法である」。暗黙のうちに，適用違憲の手法がとられていることになる[9]。

3　ウィンケル判決

オーリウが 1905 年 4 月 22 日法律 65 条を論じたのは，エイリエス判決が初めてではない。非常事態の法理からは離れることになるが，1909 年のウィンケル判決 (CE 7 août 1909, Winkell) を見てみよう。

郵便切手製作所に勤務する公務員ウィンケル氏 (sieur Winkell) は 1909 年 5 月，ストライキに参加したことを理由に免職処分を受けた。彼は，処分が 1905 年 4 月 22 日法律 65 条に違背して，事前の通告および身上書類の交付な

---

[9]　オーリウは，アメリカ型の裁判所による適用上の違憲審査の導入を提唱していた。Cf. Maurice Hauriou, *Principes de droit public* (Dalloz, 2010 (1910)), pp. 75-76.

しで行われたとして越権訴訟を提起した。

　コンセイユ・デタは，公務員の集団的ストライキは違法であり，公務員はその地位に就くことで，公役務の必要性に基づくすべての義務を引き受け，国民生活に不可欠な公役務の継続性と両立し得ないあらゆる権能を放棄するとし，1905 年 4 月 22 日法律はストライキに参加した公務員に適用されることを予定していないとして，訴えをしりぞけた。

　オーリウが本判決に付した評釈は興味深い[10]。オーリウによると，コンセイユ・デタが述べているのは，公務員はその地位に就いたこと自体で，ストライキの権利を放棄しており，ストライキへの参加自体によって失職することになるということである。そして，コンセイユ・デタはもちろん正しい，と彼は言う。

　ストライキは，公役務の契約において違法 (illicite) であり，契約破棄 (rupture) の理由となるという以上のものである。公務について契約の観念を容れる余地はない。公務員のストライキは，契約状況の一要素ではない。

　問題は公役務におけるストライキにとどまらない。オーリウによると，ストライキは違法行為であり，社会秩序の破壊である。それを理解するためには，現代のサンディカリスムの教説を勘案する必要がある。団結とストライキは階級闘争であり，一部の国民による他の国民に対する蜂起である。そこには法も正義もない。プロレタリア階級はブルジョワ国家の正義を否認し，直接行動により彼ら自身の正義を実現し，主権を簒奪しようとしている。ストライキの権利は，私戦の再燃であり，主権を獲得しようとする階級による系統立った私戦である。オーリウからすれば，労働関係の教科書が，ストライキの権利をさも通常事であるかのように真面目に議論すること自体，理解不能である。労働紛争は法令に基づいて解決されるべきであり，私戦は終結すべきである。

　そうだとすれば，公役務を停止する公務員の団結とストライキをいかに性格付けるべきかも容易に理解できる。公務員は国家自体を構成する階層秩序として組織されており，そもそも使用者と労働者の関係には立ち得ない[11]。

10/ 　Maurice Hauriou, 'Note Affaires Winkell et Rosier', in his *La jurisprudence administrarive de 1892 à 1929*, tome 3 (Sirey, 1929), pp. 154-74.
11/ 　オーリウは，*Précis de droit administratif et de droit public*, 12th ed. (Sirey, 1933), p. 741 にお

公務員の団結とストライキが革命的事態であり，戦争状態なのであれば，政府が交戦権を行使し，復仇を行ったとしても驚くにはあたらない。国際関係に戦争と平和の法があるように，国内関係においても，紛争状態で都市や県は戒厳令を施行し，憲法上の保障を停止する。本件で郵政官庁は戒厳状態に置かれ，法的身分保障は停止された。ストライキに参加した公務員は，法令の保護の外に自身を置いたわけである。

そうした事態に対処する特別の法律が用意されるべきではないか。たしかにそうである。しかし，「法律の制定には時間がかかるし，法律ができる前に死んでしまわないようにすることが肝心である」。

とはいえ，政府のとった措置にいかなる法的根拠があるのか。1905年4月22日法律65条の適用を停止することはできるのか。ここでオーリウが提示するのは，やはり法律の違憲性の主張である。ストライキに参加した公務員について1905年4月22日法律65条を適用することは違憲性の瑕疵を帯びるがゆえに，コンセイユ・デタはその適用を排除することができる。ただし，ここにあるのは，憲法の明文の規定と法律の条文との衝突ではない。国家の存立の必要条件と法律との衝突である。国家が存立すべきことは，成文憲法の条項よりさらに根本的である。「国家の存立のための根本的な条件は，国民生活にとって不可欠な公役務が継続されることを要求し，かつ，公務員が政府と和合することを要求する」。

やはり郵政職員のストライキによる免職処分と1905年4月22日法律65条との関係が問題となった4年後の判決（CE 1 mars 1912, Tichit）に関連してオー

いて，私企業の労働者と公務員との違いを強調している。労働者は私企業の経営に参加することはない。他方，公務員は機関（organes）であり，公行政の企画・運営に参画している。行政と公務員とは対立し得ない。両者は一つである。これは，私企業の使用者と労働者とが単一の社会制度（institution sociale）に統合されていないことを意味する。行政組織は「制度」であり，そこでは使用者と労働者との対立は想定し得ない。存在するのは，多様な諸機関であり，機関相互の対立は法によって解決される。もっとも，オーリウは公務員の団結権（droit de coalition）については肯定的である（ibid., p. 748, n. 27）。公務員の組合（syndicat）結成権さえ否定する学説も，当時は珍しくなかった（cf. Adhémar Esmein, *Éléments de droit constitutionnel français et comparé*, 6th ed. (L. G. D. J., 2001（1914）, pp. 698ff.）。公務員の団結権をめぐる当時の全体状況については，Guillaume Sacriste, *La république des constitutionnalistes: Professeurs de droit et légitimation de l'État en France (1870-1914)*（Presses de Sciences Po, 2011), pp. 427-51 参照。

リウは[12]. 同じ法律の形式をとる法規範の中にも，より基本的な法律と通常の法律との間で効力の上下関係を想定することが可能であるとし，この事件でも，また先行するウィンケル判決でも，問題とされたのは，行政の階層秩序に関する基本的諸法律と 1905 年 4 月 22 日法律 65 条との衝突であって，それを理由に後者の適用が排除されたとの説明を加えている。

そこで言う行政の階層秩序に関する基本的諸法律とは何か。オーリウは憲法教科書で，共和暦Ⅷ年憲法，共和暦Ⅷ年雨月法律での行政階層秩序に関する規定，並びに 1875 年 2 月 25 日の公権力の組織に関する法律 3 条 4 項「大統領はすべての文官および武官を任命する」を挙げる[13]。

彼は続ける。「学説は私に従うことはなく，丁重にも眼鏡を拭いたらいかがかと助言する者もいた。私は事態の推移を見守ることとした——事物の背後にある本質を解明する能力を備えた者は誰か。1914 年に戦争が勃発し，1905 年 4 月 22 日法律 65 条の危険性を郵政職員のストライキよりも明らかにした。政府は直ちにデクレによりこの不幸な条項の適用を停止することを迫られた。これが 1918 年 6 月 28 日のエイリエス判決のきっかけである」[14]。

オーリウこそが事物の背後の本質を見抜いたと学界が納得したかは定かでない。しかし，彼の性格を解明するには十分のように思われる。

4　ドルおよびローラン判決[15]

ドルおよびローラン判決（CE 28 févr. 1919, Dol et Laurent）は，非常事態の法理を示す代表的先例である。1916 年 4 月および 5 月，ツーロン軍港の鎮守府司令長官（préfet maritime）は，カフェ，バーおよび居酒屋（débits de boissons）

---

[12]/ Maurice Hauriou, 'Note Affaire Tichit', in his *La jurisprudence administrarive de 1892 à 1929*, tome 3 (Sirey, 1929), pp. 174-81.

[13]/ Hauriou, *Précis de droit constitutionnel*, supra note 8, p. 285.

[14]/ Ibid. ジュリア・シュミッツは，オーリウが社会主義の攻撃から第三共和政のリベラルな体制を擁護するために「書く技法 art d'écrire」を用いたとするが（Julia Schmitz, *La théorie de l'institution du doyen Maurice Hauriou* (L'Harmattan, 2013), p. 308），「書く技法」と形容するには，記述が直截に過ぎるかに見える。オーリウによるとモスクワ共産党政権は，国外から文明自体の破壊を企んでいる（Hauriou, supra note 8, p. 290）。

[15]/ 野村敬造教授による解説「非常事態理論（Dol et Laurent 事件）」野田良之編『フランス判例百選』（有斐閣，1969）35 頁以下がある。

の経営者に対し，娼婦を客として受け入れまたは娼婦に酒類を提供することを禁止するとともに，娼婦に対して特定地区以外で客を引くこと，居酒屋を経営すること，並びに従業員として居酒屋で働くことを禁じた。禁令に違反した店舗は営業停止とされ，婦人は拘留される。娼婦であると自称する2人の女性ドルとローランは，これらの命令が司令長官の権限を逸脱しているとし，その取消しを求めて越権訴訟を提起した。

コンセイユ・デタは，秩序と安寧を維持するために公機関が行使し得る警察権限の範囲は，平時と戦時とで同一ではあり得ないとし，戦時では国防の利益が公の秩序の原理を大きく拡張し，公の安寧のために厳格な措置をとることを要求するとした上で，ツーロン軍港での娼婦の活動が拡大したため，秩序および衛生を維持し，軍事機密の漏洩を防止する見地から当局に警戒すべき義務があったことからすれば，軍と国益を擁護する目的での，婦人の行動の自由および居酒屋経営者の営業の自由への制約は，司令長官の権限の範囲を逸脱していないとした。

オーリウは本判決への評釈で[16]，本判決が危険な「戦争状態 l'état de guerre」の法理に基づいて結論を導こうとしているのではないかとの懸念を示す。これは戦時下にあることのみを根拠として政府の権限を限りなく拡張し，「巨大なスポンジ colossal éponge」のように，あらゆる違法性，あらゆる過失を消し去り，あらゆる行政責任を希薄化しかねない法理である。

こうした単純きわまりない危険な法理に頼らなくとも，本件を解決する道筋はあったとオーリウは言う。第一に，「何人も自己の背徳の援用を許されず nemo auditur turpitudinem suam allegans」の格言通り，本来，法によって保護されるべきでなく，単に許容されているにとどまる売春の自由（liberté de la galanterie）の侵害を主張する原告の訴えは受理されるべきではなかった。コンセイユ・デタは，司令長官の行動を正当化したかったがゆえに，「背徳 turpitudo」による訴えの利益の欠如という高邁な法理を確立する機会をむざむざと逃した。

---

[16]　Maurice Hauriou, 'Note Affaire Dol et Laurent', in his *La jurisprudence administrarive de 1892 à 1929*, tome 1 (Sirey, 1929), pp. 63-70.

第二に，コンセイユ・デタは，状況（circonstances）の緊要性（urgence）に訴えかけることで，先例にも即し，かつ，個別の事案の個性に適応した形で，一時的な個人の自由の制限を正当化することができたはずである。
　本判決は非常事態の法理の先例として理解されているが，エイリエス判決が大統領の権限に関する憲法的法律の条項に言及することができたのに対し，本判決は何らの実定法上の根拠にも触れておらず，戦時と平時との警察権限の範囲の違いにかんがみて，司令長官の命令を「法律の与える権限の正当な（légitime）行使」とするのみである[17]。本判決が言及する，戒厳令に関する1849年8月9日法律でさえ，これほど広範な権限を司令長官に与えるものと理解することは難しい。オーリウも，適用違憲による正当化の論理は，本判決の評釈において触れていない。

5　デルモット判決

　デルモット判決（CE 6 août 1915, Delmotte）は非常事態の法理の先例ではなく，戒厳令に関する1849年8月9日法律の解釈が問題とされた事案である。コンセイユ・デタによる解釈は，行政権に対してきわめて寛容なものであり，背景にある姿勢は，ドルおよびローラン判決と通底することが指摘される[18]。
　戒厳令に関する1849年8月9日法律9条4項は，戒厳令が宣言された場合に，公の秩序を維持するために，集会を禁ずる権限を軍当局に与えていた。アヌシーの司令官は，デルモット氏が経営する当地のカフェが騒乱の場となったこと——閉店時間を機に客であった兵士たちに帰営を命じた下士官に亭主が暴行を加えた——を理由に，新たな命令が下されるまで，当該カフェを閉鎖する命令を下した。デルモット氏は命令の取消しを求めて訴えを提起した。コンセイユ・デタは，カフェや居酒屋等での事実上の集会も，秩序を乱し，戒厳令下で軍が守るべき利益を損なう場合には，1849年8月9日法律9条4項の対象となるとし，デルモット氏のカフェを閉鎖した司令官の命令は同条項の与える権限の行使にとどまるとして，訴えをしりぞけた。

---

[17]　*Les grands arrêts de la jurisprudence administrative*, 19th ed.（Dalloz, 2013）, p. 210.
[18]　Ibid.

1849年8月9日法律9条4項の与える権限が，カフェや居酒屋等での事実上の集会——客が集まって飲酒すること——の禁止をも含むかが，本件の論点の1つであり，コンセイユ・デタはそれを肯定した。もう1つの論点は，同条項の与える集会の禁止の権限は，当該店舗を閉鎖する権限をも含むかである。コンセイユ・デタはこれをも肯定したが，理由を明快には示していない。とりわけ，1880年7月17日法律は，一般行政権および司法権に対しても，定期市や祝祭等の特殊な場合での一時的閉鎖を除いて，小売店舗の閉鎖権限を与えていない。戒厳令が一般行政権限を軍に移すものだとすれば，なぜ本来存在しない権限が戒厳令の下で出現するのかを説明する必要がある。

　オーリウによれば[19]，1880年7月17日法律は，第三共和政の下での酒類販売業の勝利の頂点を示している。1851年12月29日のデクレは酒類販売を特許制の下に置いていた。ところが1880年には，アルコール中毒に対処すべき適切な社会的視点ではなく，選挙対策が先に立っていたため，酒類販売業も，私立学校や出版業と同様，届出制の下に置かれた。とはいえ，私立学校は裁判所による閉鎖命令の対象となることがあり（1886年10月30日法律40条および42条），出版物も一定の場合には差止め・押収の対象となることがあるが，居酒屋は裁判所による閉鎖の対象ともならない。1880年7月17日法律の下では，居酒屋は行政権によっても司法権によっても，閉鎖されることはない。

　それでも軍司令官による閉鎖命令は正当である。オーリウはその根拠として，ここでも，法律間の効力の階層関係を持ち出す。1849年8月9日法律は，警察および公の秩序にかかる法律（loi de police et de sûreté）である。この種の法律は，第一に，必然的に特別法的性格を持つ。かりに個人の自由を保障する一般法が存在するとしても，特別法が一般法によって適用を排除されることはない（legi speciali per generalem non derogatur）。

　第二に，この種の法律は必然的に緊急性を帯びる。したがって，司法的にではなく，行政的に執行されなければならない。オーリウはここで，政教分離に関する行政的執行の数々を想起するよう読者に促す。修道会の解散，学校の世

19/ Maurice Hauriou, 'Note Affaires Delmotte et Senmartin', in his *La jurisprudence administrarive de 1892 à 1929*, tome 1 (Sirey, 1929), pp. 127-39.

俗化，教会と国家の分離を実現するため，人々をその住居から追い出し，家屋を封印で閉鎖して長期にわたって使用を禁止し，教会動産の目録作成を強制する行政措置は，次々に提訴の対象となったが，それらは権限裁判所によって，いずれも適法とされ，司法裁判所による介入は排除された。修道会を解散させるために私有財産を一時的に閉鎖することより，公の秩序を維持するために居酒屋を一時的に閉鎖することの方が，より深刻だと言えるだろうか，とオーリウは問いかける。江戸の仇を長崎で討っている観がなきにしもあらずの論評だが[20]，オーリウは大真面目である。

1849年8月9日法律は警察および公の秩序に関する法律であり，だからこそ，居酒屋をこの法律によって一時的に閉鎖することも認められる。雑誌の刊行が一時的に停止されることと同様である。

6　非常事態での法の欠缺——アンドレ・マティオ

非常事態において，通常時と異なる法原理が機能することに関するオーリウの説明は，成文または不文の憲法原則により，通常時に適用されるべき法律の適用が排除されるというものであった。この議論が，裁判所による違憲審査権限を否定する学説の大勢の同意を得ることはなかった。そもそもオーリウの議論には，愛国主義に裏付けられた「国家の正当防衛」の観念によって結論が先取りされ，それを正当化するために憲法が呼び出されるという，奇妙に逆転したおもむきがある[21]。

より穏当に見える説明として，非常事態における「適用すべき法の欠缺 absence de droit applicable」を想定するアンドレ・マティオの議論がある[22]。

通常時においても，行政権の責務は状況に応じて変化し得る。その変化は立法者および実定法を補完する法の一般原則の範囲内のことである。しかし，非

20/　第三共和政初期の政教分離の動きに対するオーリウの反応を詳述する小島慎司『制度と自由——モーリス・オーリウによる修道会教育規制法批判をめぐって』（岩波書店，2013）参照。Hauriou, *Principes de droit public*, supra note 9, p. 614 での，政教分離法を具体例とする行政的執行（voie d'exécution administrative）一般へのオーリウの批判をも見よ。

21/　François Saint-Bonnet, *L'état d'exception* (PUF, 2001), pp. 355-56.

22/　André Mathiot, 'La théorie des circonstances exceptionnelles', in *L'évolution du droit public : études offertes à Achille Mestre* (Sirey, 1956), pp. 413-28.

常事態においては，この範囲が余りに狭く，実定法の修正が必要となる場合がある。そのとき，行政裁判所は，危機の法（droit législative de crise）を適用する。裁判所は，立法者の意思に反して法律を適用することはできない。単に，平時における法規範に厳格に即した非常識かつ不条理な理解に基づいては，法律を適用しないというだけである[23]。

他方，実定法に修正が加えられないならば，行政裁判官は，立法の不作為（carence du législateur）を認定する。非常事態を想定した法規範の欠如に直面した裁判官は，平時において立法者を指導するのと同様の諸要素——つまり，公共の福祉および適宜性の要求——を勘案して，紛争を解決する。平時の法に反する（contra legem）かに見える判決を下すとき，裁判官は法の欠缺を認め，当該事件に関する限りで，修正された法規範が適用されるべきだと結論付ける。それは，行政を麻痺させ，一般利益に反することになる権限規範や手続規範の遵守から，行政を解放することである。エイリエス判決も，このような理解の中に位置付けることができる[24]。

そうだとすると，判例によって形成された非常事態の法理は，既存の実定法と抵触するものではなく，実定法と並行する形で，平時における判例法理と同じ手法に従って形成されたものである[25]。

マティオの言う「法の欠缺」とは，通常，理解されるところの「法の欠缺」ではない。非常事態の法理を持ち込まなければ，そこには適用されるべき正規の法令は存在する。彼が指摘するのは，「危機」の状況に即した「法の欠缺」である。明文の法規範がそこにないわけではない。しかし，平時を想定して制定されたその法規範は，非常事態において適切な結論を導くものではない。非常事態に即した法が，そこには欠けている。

果たしてこうした議論が，行政権および行政裁判を的確に枠付けることができるのか。マティオは，非常事態の法理が妥当する状況を，先例を参照しなが

---

[23] Ibid., p. 416. マティオは，「実際のところ裁判官が，法の明文に違背しない限りで，間接的にcontra legem の判決を下すことは，周知のところである」と述べる（ibid., note 5）。
[24] Ibid., p. 417.
[25] Ibid., pp. 417-18.

ら限定しようとする[26]。しかし結局のところ,「非常事態が何かを事前に正確に述べることはできない」[27] のだとすれば,この法理への疑義は強まることになる[28]。マティオは,非常事態の法理はドイツの国家緊急事態法理(Staatsnotrecht)とは異なり,行政権の宣言した国家緊急事態に対応するため,その場しのぎの仕方で法令から拘束力を剝奪するものではなく,法律へのより善い形での復帰を可能とするべく,裁判所のコントロールの下で,行政権が拘束される法の内容の柔軟化ないし変容を認めるもので,法律の支配を否定してはいないとするが[29],実質において,両者にどれほどの違いがあるかは定かとは言い難い[30]。

7 法治主義の否定——リュシアン・ニザール

オーリウとマティオは,いずれも非常事態の法理の弁護者であり,この判例法理がいかにして正当化可能かを探究した。リュシアン・ニザールの議論は[31],この法理に対してきわめて懐疑的である。

ニザールは,判例の形成した非常事態の法理には憲法上の根拠が欠如しているとした上で[32],この法理は,議会制定法を中核とする法治主義の体系と並行する別箇の法体系——非常事態法の体系——の存在を意味すると指摘する。「法治主義原理(principe de légalité)を,もはや厳密なものとして受け取ることはできない。それは,自らと並行する別箇の法規範の存在を認める一つの法規範にとどまる。……法治主義原理は,公の秩序が問題とならない限りで行政権を義務付けるにとどまる。公の秩序の観点からすれば,あるのは行政権限の相

---

[26]/ 第一に,当該状況が一見明白に異常である(situation incontestablement abnormale)こと,第二に,重要な利益(intérêt essentiel)のために行政が行動すべき状況であること,第三に,行政のとった具体的行動が,問題解決のために必要であったことである(ibid., pp. 419-21)。ほぼ同旨の近年の文献として,Jean Waline, *Droit administratif*, 24th ed. (Dalloz, 2012), p. 340 がある。

[27]/ Mathiot, 'La théorie des circonstances exceptionnelles', supra note 22, p. 418.

[28]/ Saint-Bonnet, *L'état d'exception*, supra note 21, p. 11.

[29]/ Mathiot, 'La théorie des circonstances exceptionnelles', supra note 22, pp. 415-16.

[30]/ Saint-Bonnet, *L'état d'exception*, supra note 21, p. 14.

[31]/ Lucien Nizard, *La jurisprudence administrative des circonstances exceptionnelles et la légalité* (LGDJ, 1962).

[32]/ Ibid., pp. 249-56.

対性 (relativité) という一般原理であり、法律適合性の原則は、この原理を妨げることができない。公の秩序の観念が拡張し、並行的な法規範には、法治主義と同等の重要性が与えられている」[33]。実際上、そこにあるのは、法治主義をとるか、公の秩序をとるかの二者択一である。

　法治主義原理と並行する非常事態の法理を認めることは、ニザールにとって、リベラル・デモクラシーを危機にさらすことである。「リベラル・デモクラシーが、多数決による法律の適用と、各個人へ常に保障される自律性とで定義されるとすれば、非常事態の法理の承認は、この2つの特質を否定することである。この法理はまず、行政権に対して、法律適合性、つまり多数派の意思そのものの侵害を許容する。この法理はまた、個人に対し、その自由を不可侵の権利とみなすことを禁ずる。個人の自由は本質的に不確実なものであり、公権力は、裁判官の同意の下で、必要と考える場合にはそれを撤回することができる」[34]。

　ニザールは、非常事態の法理を認めるか否かは、究極的には政治哲学 (théories philosophiques) の領域に属すると考える。一方には個人の自然権を出発点とし、国家権力への抵抗を正当化する個人主義があり、他方には国家の自己保存権を出発点とする国家理性 (raison d'État) の理論がある[35]。いずれの立場も、それを貫けば、自由で民主主義的な国家権力は維持し得ない。

8　むすび

　法による国家権力の拘束と、具体的場面における適切な解決の提示との、双方を満たすことは容易ではない。正しい統治の実現という目的からすれば、法の支配は権力者による恣意的支配を防ぐための次善の策にとどまる。アリスト

---

[33]　Ibid., pp. 261-62. Charles Eisenmann, *Cours de droit administratif*, tome 1 (LGDJ, 1982), pp. 478-82 も非常事態の法理は、法律の支配の原理の一環ではなく、非常事態において法律の適用の停止、またはそれからの離脱を認める裁判所の創設した法であるとする。もっともアイゼンマンは、善し悪しの評価ではなく、行政は、裁判官がその法律への服従を保障しようとする限りにおいて法律に服従する、という現実を見ることが肝心だとする。

[34]　Ibid., p. 277.

[35]　Ibid., p. 279.

テレスは『ニコマコス倫理学』で次のように言う[36]。

> 法はすべて一般的なものであるが，ことがらによっては，ただしい仕方においては一般的規定を行いえないものが存在する。それゆえ，一般的に規定することが必要であるにかかわらず一般的なかたちではただしく規定することのできないようなことがらにあっては，比較的多くに通ずるところを採るというのが法の常套である。その過っていることを識らないではないのだが——。しかも法はだからといって，ただしからぬわけではない。けだし過ちは法にも立法者にも存せず，かえってことがらの本性に存するのである。つまり「個々の行為」なるものの素材がもともとこのような性質を帯びているのである。

非常事態の行政の権限は，既存の法を離れて具体の必要に応ずる裁量的権限の極限的な形態である。ジョン・ロックは『統治二論』の中で次のように言う[37]。

> 事実，法が予め備えることがどうしてもできないことは数多くあるのであって，それらは，必然的に執行権力を手にする者の思慮に委ねられ，公共の善と利益とが要求するところに従って彼の命令を受けなければならない。いや，場合によっては，法それ自体が執行権力に，というよりもむしろ，自然と統治の根本法に，すなわち，社会のすべての成員はできる限り保全されなければならないという法に譲歩するのが適当なことも少なくない。

ニザールの指摘する法治主義と非常事態の法理との対立関係は，非常事態に対処する議会制定法を用意すれば解決するわけではない[38]。その法律が想定していなかった非常事態が発生する可能性を否定することはできないし，想定された種類の状況ではあっても，そもそも平時に制定された一般的法律によって非

36/ 高田三郎訳『ニコマコス倫理学（上）』（岩波文庫，1971）209 頁［1137b10］。同書 233-34 頁［1142a］におけるエピステーメーとフロネーシスの区別をも参照。
37/ ジョン・ロック『統治二論』加藤節訳（岩波書店，2007）321 頁［第 II 篇 159 節］。
38/ ということは，そうした議会制定法の存在を許容する憲法条項があれば解決するというわけでもない。カール・シュミットが指摘するように，論理を突き詰めれば非常事態とロック流の法治国理論自体が「比較不能 Inkommensurabel」である（*Politische Theologie*, 8th ed. (Duncker & Humblot, 2004), p. 20）。

常の事態に対処し得るのかという疑問は，なお残る。デルモット判決は，法律が課した制約をほとんど否定した[39]。必要の前に法はない（necessitas non subditur legi）。バルテルミーが述懐するように，「危機の状況において行政権の権限を規制し，限界付ける立法府の試みが実際上，無駄に終わることを，われわれは理解し始めている」[40]。しかも，立法者も行政官も，また裁判官も，「非常事態が何かを事前に正確に述べることはできない」[41]。

　ニザールの示した個人主義と国家理性の二項対立は，この問題を掘り進めていくには，平板で厚みがなく，抽象的なレベルにとどまっている。非常事態とは何か，なぜそれを事前に十分に予見することができないのか。非常事態に対処するはずの権力が，もはや平時に帰ることを想定せず，根底的・永続的な現状変革を追求することはないのか[42]，そして，それを支える論理はあり得るのか。それをさらに問い詰める必要がある[43]。公法学の研究対象は実定法にはとどまらず，そこで公法学が終わることはない。

---

[39]　Saint-Bonnet, *L'état d'exception*, supra note 21, p. 368.
[40]　Joseph-Barthélemy, 'Le droit public en temps de guerre', *Revue du droit public*, 1915, p. 157. 第1次大戦勃発とともに発令された戒厳令（état de siège）の下で，夜間の外出禁止，飲食店の夜8時での閉店，アブサンの販売禁止等，市民の諸自由を法律の明文の根拠なく制約する政府の措置が発せられている事態についてのコメントである。こうした措置が合法であるとすれば，公の秩序を維持し国防を保障するために政府が行動し得る旨を授権する不文の法（règle de droit non écrit）があると前提せざるを得ないと，バルテルミーは言う（ibid.）。
[41]　前掲注 *27* および対応する本文参照。
[42]　「被抑圧者の伝統は，ぼくらがそのなかに生きている『非常事態』が，非常ならぬ通常の状態であることを教える」との，ヴァルター・ベンヤミンの言葉（「歴史の概念について」VIII）を参照。
[43]　長谷部恭男「主権のヌキ身の常駐について」本書第9章参照。

第11章

モーリス・オーリウ国家論序説

本章は，国家の法的基礎に関するモーリス・オーリウの議論を概観する[1]。中心的な素材となるのは，最晩年の著作である『憲法概説〔第2版〕』である。

1 国家の法的基礎

モーリス・オーリウは，『憲法概説〔第2版〕』中の国家の法的基礎に関する説明の冒頭で次のように述べる（Précis, p.94）[2]。

> 国家の法的基礎というこの名高い問題については，かつては支持されていたものの，今では退けられるべき諸理論がある。第一に，ルソーの社会契約論がそうであり，今ではあまねく放棄されている。政治契約または政府契約（contrat politique ou contrat du gouvernement）の理論もそうであって，歴史的なもっともらしさは多少備えているものの，やはり退けられるべきである。

ここでオーリウの言う政治契約とは，社会に結集した人民が為政者と締結する契約を指す。ジョン・ロックが『統治二論』後篇の135節および162節で描いているのがそれだとオーリウは言うが（ibid.），135節は社会が政府に委託すべき立法権の範囲を描いており，162節は統治大権について説明している。無関係ではないが，適切な参照箇所と言えるか疑いが残る。参照すべきなのは，社会が政治権力を政府に信託する諸形態を描く132節であろう。

ロックによれば，自然状態での諸困難を克服するために，人々は結集して社

---

[1] オーリウの法理論全体を紹介するものとして，水波朗「M・オーリュウ」同『トマス主義の憲法学』（九州大学出版会，1987）所収がある。また，国民主権論を素材として，オーリウの方法論と国家の自己制限論を検討するものとして，今関源成「レオン・デュギ，モーリス・オーリウにおける『法による国家制限』の問題(2)」早稲田法学58巻1号（1983）105頁以下がある。

[2] 註記等で用いる文献略称については，本章末尾参照。

会を構成するが，人々がみずから政治権力を行使すること（民主制）もあり得るものの，政治権力を少数者に信託すること（寡頭制），ただ1人に信託すること（君主制）もあり得る。ルソーの社会契約論では，立法権は結集した人民自身が行使し，執行権のみが政府に委託される[3]。議論の基本的な骨格にさしたる差異はなく，ルソーの理論が排除されるべきなのであれば[4]，ロックの理論も同時に排除されるべきように思われるが，オーリウが言いたいのは，政治権力を人民が特定人（とその子孫）に委託する契約は，マグナ・カルタをはじめ，古来，例があるということであろう。

しかし，オーリウによると，たとえ政治契約が国家設立の際に実際に締結されたとしても，この契約は直ちに単なる制定法（loi）あるいは国家制度（institution de l'État）へと変容する。つまり，政治契約は国家の設立（fondation）は説明できるかも知れないが，成立した国家の法的基礎として存続することはない。国家の存続を説明し得ない。

国家の法的基礎として国家が存続する限りつねに援用することができるものを求めようとするなら，諸制度の基礎にそれを求めざるを得ない。それはきわめて単純である。慣習的同意（consentement coutumier）がそれである（*Précis*, p. 94）。

慣習的同意は，つねに団体的制度（institution corporative）[5]としての国家を対象とするわけではなく，王位（couronne）のように，それを通じて国家が承認される象徴的制度を対象とすることもある。慣習的同意とされるのは，慣習的

3/ 『社会契約論』第3篇第1章。

4/ オーリウは，*Principes* 1910, pp. 222-23でルソーの社会契約論に批判を加えているが，その内容は不明瞭である。政治契約を認めないことは政府の存在を認めないことになるという指摘のようであるが，ルソーの議論の正確な理解とは考えにくい。オーリウの真意は，持続する国家の基礎にあるのは契約ではあり得ず，制度であるという点にある可能性がある（ibid., pp. 204-05; see also *DNA*, pp. 25-26）。もっとも彼は，団体が契約の外形をとりつつ設立される場合もあることを認める（*TIF*, pp. 119-20）。なお，オーリウにおける契約と制度の区別については，小島慎司『制度と自由』（岩波書店，2013）129頁以下参照。

5/ オーリウの言うinstitutions corporativesは，厳密には，病院や孤児院，養老院等の財団（établissements）を含むが（*TIF*, p. 119），彼が理論的検討の対象とするのは，第一次的には多数人からなる団体（社団）としての制度である。団体としての制度は，多数人の明示的意思によって設立されることもあれば，慣習的同意によって成立することもある。団体としての制度の代わりに，「身体化した制度」と訳すことも考えられないではないが，日本語として異様さがある。

法規（règle de droit coutumière）と同じ条件の下で形成されるからである。いずれにおいても，特定の社会環境において，権力が先例を定立する。先例は，制度の組織化であったり，裁判であったりする。裁判から共同体の慣習（usus communis）が生まれるように，制度についても慣習が形成される。時が経つと，慣習は法的信念（opinio juris）を生み出し，法的性質を帯びる（Précis, p. 95）。

国家が，株式会社と同様に，多数人による明示の誓約（covenant）によって創設されるとしたら，そこには合同行為（Vereinbarung）があることになる（Précis, p. 95; cf. TIF, p. 122）。実際には，きわめて例外的な場合を除くと，国家は誓約によって創設されることはない。人々の同意は，創設の後に生み出され，それを我々は慣習的同意と呼ぶ。同意は創設と同時に与えられるのではない。ヴァージニアのように誓約によって創設された場合でも，政治契約と同様，誓約は国家制度の中に飲み込まれる。そして制度としての国家は，慣習的同意によってしか持続し得ない。

国家は，制定法によって基礎付けられることもある。憲法典がある国では，確かに，国家は憲法によって基礎付けられる。しかし，国家は憲法典が制定される以前から，慣習的に承認されている。憲法典を備える国家も，慣習的同意なしには存続し得ない。制定法が国家の一定の要素，組織，手続を規律することは認めざるを得ないが，より深くにある現実としての国家制度，根本的な均衡としての国家制度は，慣習的同意によって承認される。憲法典も組織法律も，慣習的同意の中に浸されている（Précis, p. 95）。

慣習的同意の対象となるものは，何より憲法原理（principes constitutionnels）と呼ばれるものである。憲法原理が憲法典や法律に書き込まれることは稀であるが，それでも憲法原理は確かに，憲法典と法律を支配する。そのことは，法律の合憲性が裁判所によってコントロールされる国々で，明らかとなる。そこではほとんどの場合，憲法の条文の名において違憲性が宣言されるのではなく，憲法を支配し，憲法の真の正当性を構成する諸原理の名において，違憲性が宣言される（Précis, p. 96)[6]。

6/　オーリウは，こうした憲法原理の典型として，フランスやアメリカの権利宣言を念頭に置いて

人民の慣習的同意の対象となるのは，憲法組織の細部ではなく，これらの基本原理である。

かくして，最も近代化し制定法化の進んだ国家であっても，その核心には慣習が存続する。その含意は広範にわたる。慣習は持続に支配され，制定法は一時性，現在性に支配される。社会秩序が持続性を確保するために作り出した諸制度中，最も卓越した制度である国家が，持続に支配されないはずがない。だからこそ，持続的に形成され，文書に取り込まれることのない慣習的同意と，合同行為のように文書に取り込まれた同意とを混同してはならない。国家の歴史的形成は，同時に法的形成でもある。なぜならそれは，慣習的だから（*Précis*, p. 96; cf. *TIF*, pp. 103-05）。

慣習的同意の理論は，政治契約と同様，国民の自由と政府の権利の両方を基礎付けることができる——それも，国家形成の時点において中央政府と国民社会とが同時に存在したという歴史的事実とも符合する形で。実は，政治契約よりも多くを説明できる。国家の現実の要素として，政府と国民社会に加えて，公共的なるもの（chose publique），つまり国家の公共的作用とその人的・物的手段にも着目するからである（*Précis*, pp. 96-97）。

オーリウの言う慣習的「同意」は，むしろ「忍従 acquiescement」に近い。オーリウは，圧力が暴力にまで及ばない限り，人民の与える同意は法的に有効だと言う（*TIF*, p. 89）[7]。契約や合同行為の場合と異なり，人民は同意を与える内容について交渉することはない。主観的意思に基づいて制度が成立するわけではなく，すでに客観的に存在する全体として均衡のとれた制度を一括承認（adhérer）するか否かが問われる[8]。その限りでは，運送・保険・銀行等の附合

いると思われる（cf. *TIF*, p. 117）。彼は公序と個人主義的正義の諸原理が，憲法の正当性の基礎にある文明社会の構成原理（constitution sociale）であるとする（*Précis*, p. 339）。

7/ 「強いられた同意も同意ではある *coactus voluit, sed voluit*」（*TIF*, pp. 89 & 122）。オーリウは，慣習的同意はスメントの言う「日々のプレビシット」とも異なると言う。あらゆる国家の基底に危険極まりないプレビシット，ナポレオン流の人民への訴えがあるわけではない（*Précis*, p. 96, note 1; cf. *Principes* 1916, p. 631）。

8/ 他方でオーリウは，人民の承認（adhésion）を取り付ける上での儀礼と手続の重要性を強調する。議会での定足数，議事日程，審議と票決にとどまらず，逐次の選挙での票決等を通じて少数派を含む人民全体の承認を獲得することができる（*Principes* 1910, pp. 697-706）。手続の法源として

契約 (contrat d'adhésion) に似ている。ただ、附合契約は加入しないことも可能であるが、非常事態を除けば (cf. *Principes* 1916, p. 658)、国家について一括承認しないという選択肢は、人民にとって事実上ないであろう。

2　制度とその基礎

オーリウによると、国家は制度の一種であり、すべての制度——少なくともすべての団体的制度 (institution-corps) ——がそうであるように[9]、メンバーの慣習的同意によって基礎付けられる。制度に関する説明は、『憲法概説〔第2版〕』71頁以下で展開される。

オーリウはまず、社会秩序 (ordre social) 概念を持ち出す。それは「緩やかで統一のとれた動きと、その存在理由とによって活動するシステム」である。確立した社会秩序は、現状を維持しようとする諸力とそれを変化させようとする諸力とに刺激を受け、必然的に変容を被る。

秩序を保ちつつも緩やかで統一のとれた動きにより駆動する社会システムを理解するために、生物 (organismes vivants) の発達を見てみようとオーリウは言う。生物が常時、その形態 (forme) を保ちながらも、そのすべての部分にわたって変容しつつあることは疑いがない。子どもが成熟し、老化していくように、形態も変化はする。しかし、組織内の分子レベルの変化には比べようがない。生物の構成要素は循環系を通じて急速に新陳代謝するが、形態は比較的安定している。生物は、秩序付けられながらも、つまり形態を保ちつつも、変容する。生物が組織体 (organisme) だからである。

オーリウはここで、組織体の定義を示す。それは、「構成要素の持続的更新にもかかわらず、その形態を維持するシステムである。形態は、構成要素その

の重要性を強調する *Principes* 1916, p. 158 も参照。

[9] オーリウは、制度には団体としての制度と物としての制度 (institution-chose) があると言う。前者は、「団体を形成する社会制度であり、個体性 (individualité) と倫理的人格性 (personnalité morale) を指向する。後者は不活性な物である」(*Principes* 1910, p. 126)。前者は自律的に目的を実現し社会的機能を遂行するが、物にそうした活動はない。地方自治の領域で言えば、県会や委員会は団体としての制度であるが、村道は物としての制度である (ibid., p. 127)。定立された法規も物としての制度である (*TIF*, p. 97)。オーリウによれば、団体としての制度が法規を定立するのであって、法規が制度を作るのではない。レオン・デュギの主張に反し、法規の役割は二次的である (*TIF*, p. 128)。

ものの均衡により，そして統御（gourvernement）によってのみ形成される」(*Précis*, p. 71)。

　社会集団や社会システムは，生物と同様，秩序付けられている。社会組織は，幾世紀を経て，その人的構成や社会状況の大部分は更新されながらも持続する。統御され，内部における均衡が本質的に保たれているため，形態は維持される。

　オーリウは，社会組織を経済的な分業や機能分化によって説明すべきではないと言う（*Précis*, p. 72）。社会組織における経済的な分業や機能分化は，最初に起こるわけではなく，後から起こることである。まず形成されるのは政治秩序である。中核となる指導者・創設者が現れ，そして統御にあたる諸機関と統御の均衡が形成され，最後に同意が形成される。

1) 中心的な指導者または創設者の役割は，社会状況の中に理念（idée）を埋め込むことである。創設されるべき組織の理念であり，実現すべき事業（entreprise）とされる理念である。それは組織の構成を含意し，したがって，潜在的にはその形態を含む。
2) 組織体の統御にあたる諸機関が現れる。社会組織は生物と同様，統御される。諸機関は創設者によって準備されることもあれば，自生的に形成されることもある。当初は，単一の機関のみが現れ，専制的となることもあるだろう。組織全体の形態を維持すべく，変容の中で必要な秩序を保つのは，この統御機関である。それは，すでに創設された組織体の名において統御する。中心となる創設者と統御機関の出現は，指導者と被指導者の分化をもたらす。これは政治的な性格のもので，経済活動上の分業とは関係しない（*Précis*, p. 72）。
3) 理念に導かれた組織体の統御が進むと均衡が形作られ，それによって形態の持続がもたらされる。諸機関と諸権力が分化する。ローマ共和国における政務官の両頭制が，ローマ共和国の持続に貢献する統治の均衡をもたらしたように。近代の議院内閣制諸国における両院制も同様である。ある権力の行使に複数の機関の協調が求められる。それによってもたらされる均衡は，議会の権力の濫用を抑制し，議会制を持続させる[10]。諸機関および

諸権力の均衡が，制度の統御にあたる部分がその任務に服すること，つまり指導理念（idée directrice）の示す事業（entreprise）の実現に貢献することを保証する（Précis, p. 73)[11]。

4) 最後に，組織体が内部の均衡によって完成体に近づくにつれ，それは承認（assentiment）の対象となる。承認するのは，組織体内部のメンバーだけでなく，周囲の社会環境にある人々もである。承認の対象は組織体であり，とりわけ組織化の魂と言い得る事業の理念である。理念は多数の人々の意識へと反映され行き渡る。この段階で，社会組織は慣習的制度（institution coutumière）となり，その形態は，内部の理念の働きや統御機関の働きによってだけでなく，同意によっても維持される（Précis, p. 73; cf. TIF, pp. 105-06)[12]。

オーリウは，こうして制度化された社会組織の諸特徴をまとめて，多数人からなる団体としての制度（institution incorporé）に次のような定義を与える。

社会組織が持続可能（durable）となるのは——つまり包含する人的要素の継続的更新にもかかわらず特定の形態を保持し得るようになるのは——それが制度化されたとき，つまり一方で，統御の任にあたる諸機関の権力が機関・権力相互の均衡を

---

[10] オーリウは，当時のフランスにおいて均衡しているのは，国家の意思決定を執行する執行権力（pouvoir exécutif），決定の内容を審議する審議権力（pouvoir délibérant），そして国家の決定ないしその提案を承認するか否かを判断する投票権力（pouvoir de suffrage）の 3 権であると言う（Précis, p. 351）。レファレンダムを否定する国家でさえ，第 3 権の登場により，否応なく直接民主政と化している（ibid.）。

[11] 権力が指導理念に服することをオーリウは，「制度の奇瑞 phenomène de l'institution」と呼ぶ（TIF, p. 104）。魂となる理念に導かれ，それに身を捧げることで，構成員は贖われる。指導理念（idée directrice）は，必ずしも制度に内在化せず行動の計画や組織を要素としない「目的 but」とも，また確定性を含意する「機能 fonction」とも異なる（TIF, pp. 98-100）。このことばはクロード・ベルナールから借用されたものであるが（ベルナール『実験医学序説』三浦岱栄訳〔岩波文庫，1970〕156 頁参照），ベルナールにとってこの概念は仮象の思考手段で，究極的には物理・化学的考察に還元されるべきものである。他方，オーリウは，指導理念が社会学的に観察可能な実在であることは肯定しながらも，その観念上の実在性（réalité spirituelle substantielle）について結論を避けている（TIF, p. 128）。

[12] 支配的力を他の諸力が受け入れ（acceptation），諸力の均衡により持続性が保障されたとき，すべての構成員の間に社会的平穏が確保され，事実上の状態は，法的状態（états de droit）へと変容する（Principes 1910, p. 135）。

通じて，創設当初からの指導理念に従い，他方で，この理念と諸権力の均衡のシステムが，その形態において，制度のメンバーおよび社会環境の同意に基づいて承認されたときである。

「要するに，持続的要素たる制度の形態は，諸権力の均衡のシステムと理念をめぐって形成される同意とからなる」(*Précis*, p. 73)。

さまざまな理念は人々を指導するだけでなく，社会組織を支え，持続させる。このため，指導理念の欠けた人民や民族には制度もない。定住する人々に不可欠な国家という制度を真剣に受け止めることのできない民族もある。そこでは，国家制度を移植しても単なる装飾となり，その背後で個人的支配や部族組織が存続する。公共 (chose publique) の理念を実現し得ない人民がいる (*Précis*, p. 74)。

理念の働きにより敏感な人民にあっては，巨大な社会組織の典型である国家という制度のおかげで，数多の社会集団にとって，自分たちの置かれた社会状況の変化が十分に緩やかで統一がとれていることが保証される。とくに行政組織の発達した大規模な近代国家では，国土を覆い尽くす強力な行政組織の階層秩序によって国民は枠付けられる。身分，教育，軍務，選挙，租税等，関係する数多くの公役務の枠組みの下で，市民は互換可能な番号に置き換えられ，枠組みの働きに従う[13]。さらに職業団体の枠組みが付け加わるが，それも時が経てば，行政的枠組みへと吸収されていくであろう[14]。

---

[13] オーリウは，市民 (国民) としての身分管理と公役務の提供との相互連関を指摘しようとしているのであろう。第三共和政初期での社会福祉制度の導入とほぼ同時期に，国民と外国人とを厳格に区別するパスポートや身分証明書の仕組みが導入された。紀元前のアテナイでペリクレスが，両親ともにアテナイ人である子どものみをアテナイ市民として認める法律を提案したのも，裁判等の公務に日当を支払う制度の導入と同時期のことである (Vincent Azoulay, *Pericles of Athens*, trans. Janet Lloyd (Princeton University Press, 2014), pp. 81-83)。

[14] こうしたオーリウの国家理論は，標準的な国民主権論とは整合しない。彼によれば，国民主権 (souveraineté nationale) とは，「団体として組織された国民に存する国家の主権」である (*Principes* 1916, p. 615)。国家主権は，権力の分散と分立，成文憲法の到来，および人権宣言の誕生を通じて，国民主権となる (ibid., p. 623)。時が移るにつれ，国民主権は貴族政的なものから，民主政的なものへと変化する。国民 (nation) は，団体として組織され，階層秩序を備える。被治者は有機的諸制度の網の目の中で暮らし，選挙された代表たるエリートによって指導され，エリートの統

こうした緩やかで統一のとれた枠組みの秩序は，枠組み自体の変化をももたらす。人的素材が流動するだけではない。職業組合が新たに生まれ，修道会は破壊され，大学の創設によって高等教育は変容し，産業化により変容する公役務もある。しかしこうした変化は緩やかに，慎重に生じ，一度に影響を被るのは少数の形態のみである。鉄道の改修工事を考えれば分かる。社会生活に困難が及ぶことは稀である。こうした形態と制度の変化に高度の配慮を加えることは政府の重要な任務である。こうして見れば，人々の統治（gouvernement）というより諸制度の統治が肝要である。制度の要点は，人々の持続ではなく，社会秩序の持続にある（*Précis*, p. 75）。

　社会秩序は，諸制度の組織とその統御により，隊列を組んだ軍団が敵地を前進するように，見知らぬ時の中を秩序立って通過していく。国家は，軍列（*agmen*）と同様，秩序立った行進を威厳を持って維持すべき文明の軍隊（armée civile）である。その効用は以下の通り，明らかである。

1) 行軍は途上の危険に備える。伏兵，事故，異変を避ける必要がある。発展する秩序の感覚を備えた人民は，革命，未知の困難との遭遇とその反動を避ける。確実に，規律正しく歩みを進める。
2) 秩序立った行軍は，より遠くへの，より長期間の進軍を可能とする。個々人と同様，人民の活力，未知への愛と意思には限りがある。活力の供給が制御されなければ，短期間の急速な進展の後に，多大の損失を伴う休息が，無気力状態が懸念される。
3) 秩序立った行軍は，落伍者の遺棄，熱情や士気の離齬による隊列の乱れを防ぐ。また，諸職能の組織を可能とする。
4) 行軍を組織することで，進路を定め，情報を収集し，熟慮することが可能となる。全くの冒険へと踏み出すことにはならない。
5) 行軍の秩序は何でもありではない。必要に従う。統一を維持し，諸職務を

　　御を承認すべき存在である。組織化されない平等な個人の無機質な集まりとして国政に参与し，政治の方向性を決定すべき人民（peuple）ではない。国民が適切にエリートを選出するには，比例代表，職業代表，家族単位の投票，被選挙権の限定，間接選挙制等の導入が必要となる（ibid., pp. 627-36）。

配分し，進路を決定する指揮官が必要である。隊商には道案内が，航海には水先案内人がいるように，行進・行動には指導者が必要である。そして規則が必要である。
6) 何世紀もの経験を経て，行軍に要する戦略 (stratégie) が生み出される。社会変化の動きにも戦略がある。あるときは進み，あるときは止まる。キャンプを設営し，再び旅立つ。

　こうした社会の行進の秩序が，安定性 (stabilité) と呼ばれる。制度の安定性は，強い要求ではなく，不動であることは求められない。すべては変容する。しかし，変容は緩やかで統一のとれたものでなければならない。社会の安定性は，事業活動の自由 (liberté d'entreprise) と密接に関連する。環境があまりに不安定では，未来の予測は不可能となり，事業遂行の自由はない。不安定な政治体制が企業の意欲を失わせ，事業活動の自由を無益とすることは，経験の教えるところである (*Précis*, p. 76)。

　国家を研究する際も，持続という観点を離れることはできない。国家は空間の秩序であるだけでなく，時間の秩序でもある。持続の中で把握されるべき国家は，団体たる制度 (institution incorporée) としての国家である。国家の基礎と国家の生活は，団体的制度すべての基礎・生活と同じ資格において，法的 (juridique) である (*Précis*, p. 76)[15]。

　　人民が法規に与えるのは，人々が制度に与えるのと同様の，自生的で慣習的な同意である。

しかし国家は，形態構造の完全性の点でも，またそれが内包する個人本位の秩序 (ordre individualiste) の価値実現の点でも，他の諸制度に対して優位を占め

---

[15]／ 事実状態の平穏な持続 (durée en paix) が，それに正当性を与える。これこそが，ドイツの公法理論が主張する「力が法を作る la force crée le droit」という誤った格言に隠された真実である (*Principes* 1916, p. 11)。制度として意味付けられた社会組織体は，内部に均衡に基づく安定状況 (situations établies) を作り出し，さらに規律法 (droit disciplinaire) と組織法 (droit statutaire) を分泌して社会の法的基盤となる (*Principes* 1916, pp. 164-65)。人々が取引等を通じて法的関係を構築することができるのは，こうした法的基盤があってこそである (*Principes* 1916, p. 165)。

る（*Précis*, pp. 76-77）[16]。

3 人類の定住化と文明の発生

オーリウにとって個人本位の秩序と文明的な社会生活とはほぼ同義であり、それは人類の定住化によって始まった。文明の始まりは歴史の始まりであり、国家という政治制度、私有財産や個人本位の法的取引等の社会制度の多くの始まりでもある（*Précis*, p. 41）[17]。

移動生活（nomadisme）を送っていた人類が定住を始めたとき、生存の必要から、土地の耕作という日常的労働と収穫物の貯蔵が行われるようになった。いずれも、労働を嫌悪し、浪費に流れる人間の本性に反し、移動生活を送る人類には見られなかったものである。また、生活の安全を守るため、都市が建設され、文明が発生した。

移動生活では、労働も生産もない。人口もまばらで、自然は誰のものでもなく、共同利用される。共産主義政党はこれこそが正義にかなうと主張するが、人口も膨大で諸産業の生産物によって生存する文明社会では、共産体制は不可能である。生産活動は個人主義の強いばね（ressort）なしには、持続し得ない（*Précis*, p. 43）。

産業化と文明化の進行は、不可逆である。文明化した人々はその欲求を増大させ、都市に集中し、さらなる生産を求める。都市を破壊して草原にしても、文明人が野蛮な移動生活に戻ることはない。死滅するだけである（*Précis*, p. 44）。

小部族（peuplade）単位で移動生活を送っていた一定数の人々が定住を始めると、そこに人民（peuple）が生まれる。定住化とそれに伴う社会生活の発生は、人口の増大や資源の稀少化等の自然の必要だけでは説明がつかない。説明できるとすれば、未開人も遊牧民もこの世界からとうに消滅しているはずであ

16/ オーリウによると、国家の指導理念のうち最も理解しやすいものを定式化すると、次のようになる：「全国土を管轄するものの国土を所有せず、人民の自由な行動範囲を広く残す権力による、全国に及ぶ市民社会の護民官職」（*TIF*, p. 98）。

17/ 以下 individualisme は、文脈に応じて「個人本位」または「個人主義」と訳す。個人本位の法の根幹にあるのは、権利（droits subjectifs）と法人格（personnalité juridique）である（Préface à *Précis*, p. Ⅶ）。

る。人の本性に反してでも労働するよう人々を理念をもって指導する，果敢な立法者（législateurs）により，新たな秩序を与えられた集団のみが文明への途を歩み始めた（*Précis*, p. 45）[18]。

定住化した人民の文明生活が必要とするのは，1) 個々人の意識，2) 集団の力，そして 3) 個人本位のシステムを支え逸脱を抑制する指導理念の 3 つである。

1) 経済生活，そして政治生活にとって必要な個人の意識は，自己利益の感覚，所有への欲求，権力への欲求，そして投機（jeu et spéculation）の情熱である（*Précis*, p. 46）。

移動生活期の大規模な狩猟も，定住生活初期の耕作の開始も，新たな生き方に賭け，投機する意図を持つ一団の人々によってなされた。文明生活の下で資本を投下して行われる事業も同様である。個人本位の組織体を動かしているのは個々人の利益だけではなく，投機の精神である。投機の行われない個人本位の社会は企業精神に欠けた，死んだ社会である（*Précis*, pp. 46-47）。

個人本位の法秩序は，投機と企業を基軸とする。そこでは，人は現在ではなく，未来を生きる。主観的権利は潜在力（virtualité）であり，取得（acquérir）の手段である。その限りで権利は財である。法的人格とは取得能力であり，現実に享受するには，取得を企てる必要がある。すべては現在の消費ではなく将来の取得に向かう。消費ではなく，生産へと向けられる（*Précis*, p. 48）。

2) 個人のエネルギーに対抗して均衡をもたらすのは，集団の力である。個人本位の社会秩序も社会集団を消滅させようとはしない。家族の権利，国家の権利，職業組織の権利でさえ承認される。家族や国家に対する個人の義務をも定める。個人本位の秩序にとって肝心なのは，経済生産において個人の事業が中核であり，社会集団の事業は，国家のそれを含めて，背景に

18／ ルソー『社会契約論』第 2 篇第 7 章の描く「立法者」を意識しているのであろう。指導理念の神秘（mystique）が大衆を導くとする *TIF*, p. 109 をも参照。

位置することである。産業化された私的生活の法である私法こそが一般法であり，公法は一般法に対する特別法であることに，それがあらわれる (*Précis*, p. 48)。

社会生活の動態的把握においては，個人の推進力が作用であり，集団のそれは作用と均衡すべき反作用である。国家は，経済と政治とを区分することで，この均衡を組織する。経済生活は私的事業の領域であり，国家は，政治的事業と人々に対する権力行使の領域である。国家は個人本位の諸事業に対する反作用であるが，強大な国家権力から諸事業を保護する必要がある。憲法上の保障は，本質的には私人の経済活動の自由を保障する。

憲法によって穏和化された国家は，私的社会に役務（service）を提供すべき存在である。その不可欠の機能は，(a)個人本位の社会を保護し，平穏と秩序を維持すること，(b)行政活動を通じて社会を統御し，役務を提供すること，(c)刑事組織と教育活動を通じて個人主義の逸脱を抑止すること，である (*Précis*, p. 49)。

3) これで終わりではない。個人本位の社会秩序の均衡は，第三の要素によっても保たれている。文明化を駆動する一連の理念である。個人のエネルギーだけでは，集団を抑制して個人本位の秩序を確立することはできない。宗教と道徳の諸理念の助けが必要となる。

定住化で開始した文明生活は，人々の知性を開花させ，意識を高めた。移動生活と異なり，定住した人々は決まった途を辿る必要はない。国土で，村落で，自宅で，自由に行動する。定住によって危険は減り，余暇が増え，精神が解放される。私有財産の意識は親密な人間関係を育み，人間関係の摩擦は自己への内省をもたらす (*Précis*, pp. 49-50)。

社会風潮を枠付け，持続的な社会制度へと体現される理念が事実として現れる。宗教や道徳がそれである。定住社会の宗教は，すぐれて個人本位の宗教である。個々の信徒の救いを目指すだけでなく，その神も，非人格的宿命ではなく，個体化し行動する人格である。神は世界を創造し，運命を変える。西欧文明は，ユダヤ＝キリスト教を通じて宿命論と汎神論から逃れることができた。創造的行為によって因果関係を支配し，事業を企てる精神がもたらされた (*Précis*, p. 50)。

しかし，ユダヤ＝キリスト教の最大の貢献は，その道徳律によって，誤りを犯し，逸脱しがちな個人の本性に枠をはめることである。逸脱行動を抑止するすべての社会装置は道徳律に基礎を置き，道徳律は宗教的信条に基礎を置いている (Précis, p. 51)。

持続可能な制度の枠組みを提供したことも，西欧文明への理念の貢献の一つである。変化に抵抗するこの枠組みが社会の動きを緩やかとし，人々に対して，事業活動の計算を可能とする程度の安定性の意識をもたらした (Précis, p. 51)。

4 団体の実在性

オーリウは1917年に公表したレオン・ミシューの追悼文で，法人論に対するミシューの貢献を要約している。19世紀終わりのフランスを支配したのは，サヴィニー以来の法人擬制説であった。意思を有し実在するのは個人のみであり，個人の集合体である団体に本来，意思はない。団体を個人と同様の意思主体とする想定は，擬制 (fiction) である。団体が意思決定し，法的交渉をなし得るかのように語ることができるのは，国が団体に法人格を付与するからである (NM, p. 505)。

法人擬制説の難点は，法人格を付与するか否かの国家の決定が恣意的となることである。団体の人格は現実とは対応しない。それは，国家が法律に基づいて付与する特典である。付与も撤回も国家の自由であり，撤回されれば法人は解散され，無主物となったその資産は国庫に帰属する (NM, p. 505)。

擬制説に対抗したのは，ギールケに代表されるドイツの有機体論 (organicisme) である。団体は生物と同様に成長し，個々の構成員の意思とは独立の，固有の団体意思を有するに至る。しかしミシューによると，有機体論者の欠陥は，固有の団体意思の存在を主張するにとどまることである。彼らは団体意思が生成するプロセスも，またそれを団体意思とする特性も論証しようとしない[19]。そもそも，団体に固有の意思が現実に備わっているのであれば，団体が

---

[19] Léon Michoud, *La théorie de la personalité morale et son application au droit français*, Première partie (LGDJ, 1906), pp. 70-71. 有機体論の不条理さについては，長谷部恭男『憲法の境界』(羽鳥書店，2009) 第1章第3節参照。

法人格を得るために，法が介入する必要はないはずである。固有の意思主体として，当然に法人格が認められるであろう (*NM*, p. 507)。

擬制説と有機体論に共通する誤りは，団体の主観的意思にこだわったことである。擬制説は団体に主観的意思はないことを理由に，その人格は純然たる擬制であるとし，有機体論はそれに対抗するために団体にも固有の主観的意思があるという不条理な主張をした。ミシューは団体の客観的側面に着目すべきだとする。団体の実在性を示すために，それが意思を備えた精神的実在 (êtres psychologiques réels) だと主張する必要はない。個人は本来的な精神的実在であって，法はそれに法人格を付け加える。団体は精神的実在ではなく，人格の諸要素を備えるだけであるが，それでも法はそれを倫理的人格とすることができる。そこでの法の役割は恣意的ではない。集団の実在性を決定づけるもの，共同利益 (intérêt collectif) があるからである。個々の構成員の利益と別個の団体の利益は，現に存在する (*NM*, p. 506)。

団体の意思とされるものは，団体の代表・機関の意思である。機関による団体の意思決定は，法の力によってのみ生まれる。団体は共同利益に基づいて固有の倫理的人格 (personnalité morale) を有するが，意思は法的意思 (volonté légale) でしかなく，自然の意思を持たない。これは子どもや精神障害者が代表による法的意思のみを持つのと同様である。制限能力者と同様，肝心なのは主体の利益であって精神的意思ではない (*NM*, p. 507)。個人に権利が認められるのも，個人の利益を保護するためである。団体に法人格が認められるのも，その固有の利益を保護するためである[20]。法人格は承認されるのであり，創設されるのではない。

オーリウは，ミシューと同じ途を辿るわけではないが，ミシューの「理論的努力と軌を一にする (concorder)」と彼は言う (*Principes* 1916, p. 283)。ミシューの言う「共同利益」とオーリウの言う「社会的事業の理念 idée de l'œuvre sociale」は確かに違う。しかしいずれも，倫理的人格を社会的事業の理念によって基礎付けようとする (*Principes* 1916, p. 284)。

オーリウにとっても，団体の倫理的人格と法人格 (personnalité juridique) と

---

[20] Michoud, op. cit., pp. 110-12.

は別である[21]。団体は機能するシステムとなったとき個体性を獲得し[22]，構成員の間で団体の目的に関する一致が生じ内部で統御の組織化が進んだとき，倫理的人格となる（*LMS*, pp. 154-55）。社会理念を実現しようとする共同体は共通の意思が行き渡ることで主観化するが，それをなし得るのは，団体としての組織化が進むことによってである（*Principes* 1916, p. 107）。倫理的人格たる団体が自ら機関を設置するのではない。それは論点窃取の虚偽論である。機関の存在前には，団体は意思を持ち得ない（*TIF*, pp. 103 & 124）。

「法人格は，社会制度の倫理的存在を法の要請に適応させるための技術にすぎない……法人格は，倫理的人格に取り付けられた単なる仮面（persona）である」（*Précis*, p. 205）[23]。

倫理的人格の完成体では，団体の構成員に対する諸機関の責任が形式立った組織として表現される。完成した倫理的人格の典型は，憲法典を備えた代表制の，とりわけ議院内閣制の近代国家である[24]。株式会社もそうである（*Précis*, pp. 205-06）。

オーリウの議論はミシューのそれと同様，団体実在論の一種と言うことはできるであろう。ただ，彼の団体実在論はギールケやメイトランドが主張したような，団体固有の主観的意思が現にあるという奇妙奇天烈な実在論ではなく，より穏当なものである。団体固有の理念に指導され，活動を統御し諸力の均衡を組織化することで安定性を維持し，構成員の慣習的同意によって正当性を得た団体は客観的に実在する。しかし，その団体が法律学で言う主観的意思を持つには，法に基づく機関を備える必要がある。法人格はあくまで法の与えた仮

21/ オーリウにおける倫理的人格と法人格の関係については，小島・前掲注*4*『制度と自由』142頁以下，とくに153頁以下参照。

22/ オーリウによると，生物であれ社会的組織体であれ，内部の作用と外部環境の動きを区別し得るシステムとなったとき，個体性が備わる（*LMS*, p. 144）。

23/ 個人の場合も，法人格としての意思と個人の中で渦巻く多様で変化に富む想念や意思とは別である（*LMS*, pp. 148-49）。行為能力の制限された個人は，この別個性を典型的に示す（ibid., p. 150）。

24/ オーリウの言う代表制（gouvernement représentatif）は，指導理念の枠内で公共の福祉のために政府諸機関が活動する国家であり，市民が政治参加する国家とは限らない（*TIF*, pp. 110-11）。そこでは，国家は身体化（incorporé）してはいるが，必ずしも人格化（personnifié）してはいない。

面であり，実体はそれ以前に客観的に存在する。したがって，法人格を付与するか否かは，国家が恣意的に決定できる事柄ではない[25]。

5 制度の均衡の意味

オーリウが主要な批判の対象としている議論の一つは，ドイツ流の国家法人理論である。すでに学問として確立していた私法学に遅れをとって形成されたドイツの近代公法学は，政治学，哲学，歴史学等の周辺諸分野からの独立を果たし，法律学として自己を純化すること（Isolierung）を目指した[26]。条文，先例等の具体的素材から体系的な一般原理を抽出し，そこから現実の法律問題への帰結を「論理的に」導き出すこと，政治状況や哲学理論，歴史的経緯等の夾雑物を排除し，内在的かつ客観的に問題を解決し得る学問体系として自己を純化し確立することが，ゲルバーやラーバント等，近代公法学の父たちの目標であった。

そうした学問的純化の核心的手段とされたのが，国家法人理論である。国家を法人として観念し，さまざまな公法上の法律問題を国家とその機関（代表）との授権関係，機関相互の支配・服従・並存関係，国家の意思（典型は法律）とその執行の関係等として把握することで，公法学は私法学と同等の法律学たることを標榜することができた[27]。

法人たる国家の意思に関わるこうした法律関係に還元し得ない事柄は，法律学の外に廃棄処分されなければならない。国家がいかにして成立するかという問題もそうである。国家法人理論を体系的にフランスに導入したカレ・ドゥ・マルベールによれば，「法律学は，いかなる事実状況で，またいかなる実際上

25/ 団体には構成員と組織という客観的側面と，機関を通じて表明される意思という主観的側面とがある。オーリウによれば，団体について身体（corps）と魂（âme）とを区別するこの議論は，トマス・アクィナスの教理を転位したものである（*PDP* 1916, p. XXIV）。彼の国家論のキリスト教的背景については，本章第7節参照。

26/ Yan Thomas, *Mommsen et "L'Isolierung" du droit* (Boccard, 1984), p. 32.

27/ ゲルバーによれば「公法学（Staatsrecht）とは，国家権力の学であり，以下の問題を扱う——国家は何を意思し得るか（国家権力の内容と範囲），いかなる機関がいかなる形式に則って国家の意思を表明することができ，またすべきか。国家の法人格性（Persönlichkeit）にこそ，公法学の出発点と核心とがある」(Carl Friedrich von Gerber, *Grundzüge des Deutschen Staatsrechts*, 3rd ed. (Bernhard Tauchnitz, 1880), pp. 3-4.)。

の要因の影響で国家が誕生したかを探究することはない。それを任務とするのは，歴史家や社会学者であって，法律学者ではない」[28]。オーリウ自身は，「国家の誕生と生涯と死とは，歴史学にのみ属する」とするイェリネクのことばを引用しつつ[29]，「法人としての国家の意思表明でないすべてのものは，法律学から除外されてしまう」と指摘する (*TIF*, p. 92)。

オーリウは，イェリネク流の客観的法秩序たる法人としての国家観念を受け入れる。「国家の自己制限 autolimitation de l'État」は，法的存在である以上，国家は所定の権限と手続の下，その機関を通じてしか行動し得ないという客観的事態を示す標語である (*Principes* 1916, pp. 31-33)[30]。

しかしオーリウは，公法学の「純化」には抵抗する。オーリウの国家の基礎付けは，社会学と歴史学の知見を導入しつつ，制度としての国家が生成し，法を分泌することで自らを制限する過程を記述すると同時に，その存在と機能を法律学的に正当化することを目指す。国家は，個人本位の社会秩序を安定的に維持するために出現する。それは，先行して存在する定住民たちの組織する諸制度を内包し，それらを支える制度，つまり「諸制度の制度 l'institution des institutions」(*Principes* 1910, pp. 125-26) である。

慣習的な国家の歴史的形成は，国家の法的形成でもある。ものごとの発生の経緯の説明は，同時に結果の正当化の論理である。「法を歴史から分離することはできない。論理的には，国家の自己制限は不条理として現れる。歴史的には，それは憲法上の真理である」(*Précis*, p. 101)。オーリウにとって，社会的・経済的な生成と変容の過程の記述は，結果の正当化でもある。この種の企図が陥りがちな陥穽は，あまりに多くのことを論証してしまうことである[31]。

オーリウの企図があまりに多くのことを論証してしまう理由の一つは，彼が

28/　Raymond Carré de Malberg, *Contribution à la théorie générale de l'État*, tome I (CNRS, 1962 (1920)), p. 51. See also pp. 66-67.
29/　Cf. Georg Jellinek, *L'État modern et son droit*, Première partie (Panthéon -Assas, 2005 (1991)), p. 217. オーリウの引用するイェリネクのことばを，イェリネク自身はヘーゲルに帰しているが，参照されている箇所（『法の哲学』341節以下）に，正確に対応する表現は見当たらない。
30/　今関・前掲注 *1* 111頁参照。もっとも1918年の論稿では，国家の自己制限の理論を，個人の自由を否定し国家の専制権力を基礎付ける邪悪な理論として断罪している (*DNA*, pp. 16-17)。
31/　Cf. Julia Schmitz, *La théorie de l'institution du doyen Maurice Hauriou* (L'Harmattan, 2013), p. 335.

個人主義を称揚し，個人の自由と幸福の重要性を強調するにもかかわらず，個々人が自律的に実践的理由について判断し，行動すべきことを議論のそもそものベースラインとしていないことにある。個人の判断は誤りがちである。ルソーやカントに由来する国家理論・法理論は，個々人の主観的意思を権威の正当化根拠とする点で誤っている[32]。しかし，個人の自律的判断がベースラインでないとすると，制度が十分に正当化されているか否か，制度に従って行動することが正当か否かは，何に照らして判断すればよいであろうか。歴史的・社会学的生成の結果であることが自働的に正当性を保証するのであれば，現に存在するものはすべて正当である。しかし，オーリウはその点に関して一貫していない。

6 渾然たる渦巻からの脱出

オーリウによれば，国家は団体としての制度の一種である。事業の理念によって指導され，統御の諸機関を備え，均衡した安定状態を持続させ，構成員の慣習的同意の対象となる。そうして生成し，持続する国家はすべて正当な国家であろう。しかしオーリウは明らかに，ソヴィエト連邦を正当な国家だと考えていない[33]。十分に個人本位の社会を内包しておらず，彼の期待するような諸権力の均衡が実現していないことがその理由かも知れない[34]。しかし，ソヴィエト連邦も，国家として生成し持続しているからには，実現すべき事業の理念があり，固有の均衡によって安定状態が持続しており，統御の諸機関を備え，構成員の慣習的同意を得ているはずである。

また，国家は多種多様な制度の１つに過ぎない[35]。オーリウは，形態構造の

32/ 後掲注 *36* 参照。

33/ オーリウにとって，ドイツ第二帝国も正当な国家ではなかった。それは自然法の普遍的価値から逸脱して自国至上主義におぼれ，正義や法より力を称揚し，個人の自由と財産を否定する集産主義国家である（DNA, pp. 14-19）。

34/ オーリウは，公私が区分され，公権力と私有財産とが分化した社会にしか，本来の意味における国家は存在しないと言う（*Principes* 1916, p. VII）。

35/ 多種多様な制度はそれぞれ，固有の法を分泌する。国家はその内部で，多様な制度による多様な事業を可能とする。オーリウの理論は，部分社会の法理を支える潜性を秘める。田中耕太郎の部分社会論と制度理論との関連性については，小島慎司「日本における制度法学の受容」高見勝利先生古稀記念『憲法の基底と憲法論』（信山社，2015）274-75 頁参照。

完全性と，内包する個人本位の秩序の価値実現の点で，国家が他の諸制度に対して優位を占めるとするが，個人本位の秩序は他の制度内部でも実現し得るであろうし，個人本位の秩序の価値を十分に実現しない国家も存在する。形態構造の完全な制度も，彼自身が挙げる株式会社のように，他にも存在する。制度が，少なくとも完全な制度のすべてが正当性を備えるのだとすると，制度理論は，国家固有の正当性を十分に論証しているとは言い難いように思われる。

　この陥穽から抜け出す途は少なくとも2通りある。第一は，諸制度および諸国家の生成と持続の過程に関する制度理論を純粋に社会学的な記述の理論として純化した上で，何が正当な制度であり，何が正当な国家であるかは，制度や国家の外部にある価値基準に照らして判断するという途である。事実と規範は峻別される。オーリウは，最終的にはこの途を辿ろうとした可能性がある[36]。しかしこれでは，制度理論の法ドグマーティクとしての性格はほとんど失われる。法律学には属さない社会学の理論として処理されることになる。国家の生成と持続の問題を法律学から駆逐することになる点では，彼が批判してやまないドイツ流の国家法人理論と変わるところはない。

　第二に，制度理論にある程度までの正当化の力を認める途がある。この途を辿るためには，制度理論がいかなる意味で，どの範囲で正当化の力を持つかを見極める必要がある。1つの有力な候補となるのは，人々の社会的相互作用を調整する制度の機能に着目する道筋である[37]。

　定住化によって開始した文明社会では，オーリウが描くように人々は個々人の利害と投機の意識にもとづいてさまざまな相互作用を展開する。そのためには，人々の行動の前提となる客観的諸制度が確立している必要がある。国家によって保護される契約締結にはどのような条件が要求されるか，どのような行

---

[36]　Cf. Schmitz, op. cit., pp. 346-50. オーリウによると，正義の理念の主要な構成要素は自由，すなわち誤りを犯しがちな個人という悲観的個人観である。個人が第一であり，社会は個人の幸福に奉仕する手段である。しかし，誤りがちな個人の自由を抑制し規律する社会組織が必要となる（*DNA*, pp. 13-14 & 23-24）。これに対し，ルソー等の楽観的個人観では，個人は善であり社会制度が悪であると考え，個人の意思のみに基づいて社会制度を根本的に再構築すべきだとする（*DNA*, p. 25）。

[37]　調整問題とその解決については，さしあたり，長谷部恭男『権力への懐疑』（日本評論社，1991）第2章，同『憲法の円環』（岩波書店，2013）第1章等参照。

動が逸脱行動として国家による刑罰や賠償の対象となるか，国家が介入しないとされる私的領域はどの範囲か等の問題は，人によって見解の違いはあれ，大部分の人々が従うべきルールが設定され，実際に大部分の人々がそれに従って行動することが肝心な問題である。そうであれば，こうした諸制度が生成し，大部分の人々がそれに沿って行動する以上，そうした行動は持続していくであろうことが期待できる。こうした調整問題を解決する諸制度に必要なのは，人々の明示の誓約ではない。忍従で十分である。人々はそれぞれ自己の利害を理由として，これらの諸制度に沿って行動する。慣習の生成と持続も，こうして説明される[38]。

　調整問題には，複数の解決手段（調整均衡）がある。大部分の人々が一致した行動をとるべきだと大部分の人々が考えているにもかかわらず，解決手段が複数あるために大部分の人々がどの手段をとるかが大部分の人々にとって分からない，というのが調整問題状況である。結論の選択肢が複数あるだけでなく，いずれの結論をとるかによって，社会集団間の利得が大きく異なる場合もある。ジェレミー・ウォルドロンの言う「政治の状況」である[39]。しかし，利害の対立はあっても，すべての構成員に共通する利益を理由に，社会全体として統一された結論が要求されることは誰もが承知しているため，いったん採用された結論の持続性は保障される。その限りで，「政治の状況」はなお調整問題状況である。調整問題状況を解決することにより，人々の忍従を得た具体的秩序は，その存在と機能によって自働的に正当化される[40]。解決すべき調整問題の規模と広がりに応じて，国家と国家内の公私の諸制度の役割と正当性が区別される。

　オーリウは，制度内の諸力の均衡は，同じ重さの分銅が平衡をとるようなものではないと言う。それは生物内部の均衡と同様，諸力のうちの1つが他に優越することで成り立つ（*Principes* 1910, p. 134）。議院内閣制における権力の均衡

---

[38]/　長谷部・前掲注 *37*『権力への懐疑』39-41 頁。
[39]/　Jeremy Waldron, *Law and Disagreement* (Clarendon Press, 1999), pp. 101-05; 長谷部・前掲注 *37*『憲法の円環』7-8 頁参照。
[40]/　長谷部・前掲注 *19*『憲法の境界』15-18 頁参照。人々の忍従を獲得するためには，そうした具体的秩序は，根本的な政治道徳上の要請の範囲内になければならない（同上）。

も同様で，議会と政府の均衡は，同等性に基づくものではない。つねに，一方が他方に優越するが，劣位に立つ側が優越する側の支配力を限定する手続上の抵抗手段を備えていることで，均衡は成り立つ（*Précis*, p. 369）。優劣関係の下で成り立つ均衡が，なお全構成員に共通する利益に基づいて受容され，持続することで，制度の安定性は保たれる[41]。オーリウの言う制度の均衡は，「政治の状況」での特定の結論の持続として理解することができる。制度の構成員が，制度内の制御にあたる諸機関を権威として受け入れるのも，これらの諸機関が制度内部の調整問題を解決するからである[42]。

しかしこうした道筋を辿ることは，オーリウが明示的には指摘しなかった調整問題の解決機能こそが制度の，そして国家の正当化根拠であり，制度と国家の生成と持続を説明すると認めることである。結局のところ，オーリウの制度理論それ自体には，制度を正当化する力もその生成と持続を説明する力も欠けていることになる。

これで終わりだろうか。国家の基礎に関するオーリウの議論は現代流の社会理論・法理論に，悪くするとゲーム理論に，内実のすべてを吸収し尽くされてしまうものであろうか。プロクルステスの寝台に合わせて，オーリウの足を引き伸ばしたり切り揃えたりしているだけではないか。

7　むすびに代えて——オーリウの霧の中へ

オーリウによると，慣習的同意によって支えられる制度の権力として基礎付けられる国家の権力は，平時における法的権力（pouvoir de droit）である。革命や外敵の侵攻によって法的権力が滅失した非常時において，つまり事実上の権力（pouvoir de fait）が成立する状況は，「率直に，法の外にあることを認めなければならない。そのときは，権力の神的起源に関する神学理論に訴えるべきである」（*Précis*, p. 14, note 5）。

---

[41]／　オーリウは，ルソーの主張に反して，法律は一般意思の表明であるとは限らないと言う。議会制民主主義国家の法律も，せいぜい議会および有権者の多数派の意思に過ぎない（*Principes* 1916, p. XVII）。

[42]／　権威と調整問題の解決の関係は，ジョゼフ・ラズの一連の業績がこれを分析している。たとえば，Joseph Raz, *Between Authority and Interpretation* (Oxford University Press, 2009), p. 216 参照。

もっとも，権力の起源が神にあるとの神学理論は，非常時の権力だけではなく，すべての権力に妥当する（Précis, p.29）。「すべての権力は神から来る omnis potestas a deo」[43]。人間の集団は，政府なくしては存続し得ないこと，人間は自然の必要への服従を好まないこと，自由への愛の故に人間は自分自身にしか従おうとしないこと，あるいは，それも自身の自由に属するかに見える超越的意思に従うことしかしないこと——こうした形而上学・神学が正義と善，偉大な宗教的理念として発現する。法がこの法則を免れることはあり得ない。平常時においては，法は，形而上学の表層を威厳をもって覆う。人は表面しか見ることがない。しかし，法の外衣が欠けた事実上の権力にあっては，背後の形而上学・神学が姿を現す（Précis, p.29）。

事実上の権力をもたらす革命は2種類に分かれる。社会革命と単なる政治革命である。

社会革命（révolutions sociales）は，従前の政府を破壊するだけでなく，国家という制度自体を，基本的自由，家族，私的財産という行政的・社会的枠組みの中における国家を破壊する。こうした個人本位の社会制度を家族，私有財産を禁圧する共産主義の社会制度に置き換えようとする。ソヴィエト・ロシアの革命がそれである。そこでは，政治的憲法を採択するだけで法的権力へと復帰するには，文明的諸制度との隔絶があまりに大きい（Précis, p.32）。ロシアには，事実上の権力しかあり得ない。文明的な社会秩序の基本要素を確立することができない。しかも，この政府は，抵抗権の行使が正当化されるほどに恣意的・専制的である。この政府が外国政府の承認を得ていることは確かだが，国際法上の政府の承認は，国内公法上のそれと同等の意義は持ち得ない（Précis, p.32）。

---

[43] パウロ『ローマ人への手紙』13.1。オーリウによれば，王権神授は君主制の原理であり，民権神授は革命の原理であり，諸個人を構成員とする国家法人こそ，立憲制の原理である。神の似姿たる人間にならって法人という社会組織がイメージされる（Principes 1916, p.XII）。オーリウの法理論を，政教分離を強行する第三共和政を弁証するパリ大学法学部に対抗し，カトリシズム自然法論に基づいて反抗攻勢をかけた地方大学公法教授陣の動きの中に位置付けるものとして，Guillaume Sacriste, La république des constitutionnalistes: Professeurs de droit et légitimation de l'État en France (1870-1914) (Presses de Sciences Po, 2011), esp., pp.435-437 & 492-505がある。教授資格試験に首席で合格し，赫赫たる学問的業績にもかかわらず，オーリウが羨望したパリ大学の講座に招聘されなかったのも，彼の頑ななカトリシズムのためであった（ibid., pp.197 & 396-98）。

一般的には，事実上の政府は無政府にまさり，社会秩序は政府なしには維持し得ず，権力は神に起源を有する自然な事物であり，慣習的同意を得ることで法的権力へと変容することが期待される。これが神学的道徳の教えるところであり，賢慮と実際の教えるところでもある（*Précis,* pp. 32-33）。

　オーリウによれば，制度としての国家の権力を含め，すべての正当な権力の正当性を支えているのは，結局は神学理論である。政府なくしては文明生活を維持することのできない人間の本性，堕罪によって歪み，正しい人倫から逸脱しがちな人類の変わらぬ本性が，秩序を維持すべき正当な政府の存在を説明する[44]。共産主義国家の正当性の欠如も，それによって説明される[45]。

　しかし，共産主義にも固有の人間観，歴史観がある。国家とは，生産手段を所有する支配階級が，被支配階級の担う労働から生み出される剰余価値を収奪・搾取するための暴力装置に他ならない。しかし，生産力の発展は，生産関係と上部構造との矛盾をもたらし，最終的にはプロレタリア革命を通じて抑圧の手段であった国家の死滅を導き，贖いの時が到来する。資源の稀少性から解放されたその段階では，人々はもはや利己心にとらわれることなく，長時間労働からも解放されて自由にその才能を開花させ，善き本性を実現する。オーリウが称賛してやまない制度の働きも秩序の維持も，そこでは必要がない。人間の本性自体が変容する。抑圧されていた，人本来の姿が蘇る。

　２つの比較不能な信仰の対立がここにはある。オーリウはその１つを自らの意思で選択した。客観的なもののみがはじめにあるわけではない[46]。しかも彼は，比較不能な多様な価値観が共存する社会の存在も信じていない。二重の意味で，彼の選択は主観的である。

---

[44]　*DNA,* pp. 23-24; Cf. Schmitz, op. cit., p. 345.
[45]　全体としては正当な国家が不当な活動をすることもある。オーリウによれば，フランス政府が，非嫡出子を嫡出子と同等に扱い，離婚を許容し，教会を攻撃するのは，その例である（*Principes* 1916, pp. 763-64）。
[46]　オーリウは，ブルジョワの生活と労働者の生活の分断が解消したその日には，議会制共和国という「非論理的 insulte à la logique」な現体制も消え去り，直接民主政の範囲の拡大した制度へと席を譲るであろうとする。ただ，そのためには，人民のより完璧な教育が必要となる（*Précis,* p. 341）。

II　憲法の限界

＊オーリウの著作については，下記の略称を用いた。

DNA : 'Le droit naturel et l'Allemagne', first published in 1918, reprinted in his *Aux sources du droit* (Centre de philosophie politique et juridique de l'Université de Caen, 1986 (1933)).

LMS : *Leçon sur le mouvement social* (Larose, 1899).

NM : 'Notice sur les œuvres de Léon Michoud', *Revue du droit public*, tome 33 (1917).

Précis : *Précis de droit constitutionnel*, 2nd ed. (Sirey, 1929).

Principes 1910 : *Principes de droit public* (Sirey, 1910).

Principes 1916 : *Principes de droit public*, 2nd ed. (Sirey, 1916).

TIF : 'La théorie de l'institution et de la fondation—Essai de vitalisme social', first published in 1925, reprinted in his *Aux sources du droit*.

第 *12* 章

判例の遡及効の限定について

1　はじめに

　平成 25（2013）年 9 月 4 日に出された大法廷決定は，非嫡出子の法定相続分を嫡出子のそれの 2 分の 1 とする民法 900 条 4 号ただし書前段の規定（以下「本件規定」という）を，遅くとも本件相続開始時である平成 13（2001）年 7 月当時において憲法 14 条 1 項に違反していたとした上で，この決定の事実上の拘束性について，次のような判断を加えている[1]。

① 平成 7 年 7 月 5 日大法廷決定をはじめ，それ以降の最高裁の裁判が，平成 13 年 7 月より以前に相続が開始した事件につき，相続開始時点での本件規定の合憲性を肯定した判断は変更されない。
② 平成 13 年 7 月以降，本決定までの間に開始された他の相続については，本決定の先例としての事実上の拘束性により，本件規定は無効とされることになり，また，本件規定に基づいてされた裁判や合意の効力等も否定されることとなるはずであるが，すでに関係者間において裁判，合意等により確定的なものとなったといえる法律関係までをも現時点で覆すこととすれば，法的安定性を著しく害することとなり，相当ではない。
③ したがって，本決定の違憲判断は，平成 13 年 7 月から本決定までの間に開始された他の相続につき，本件規定を前提としてされた遺産の分割の審判その他の裁判，遺産の分割の協議その他の合意等により確定的なものとなった法律関係に影響を及ぼすものではない。

1/　同日には 2 つの大法廷決定が出されているが，以下の記述は民集 67 巻 6 号 1320 頁以下に登載された決定にかかるものである。問題となる相続開始の時点が異なることを除けば，2 つの決定の本質的内容に違いはない。なお，決定で示された遡及効の限定の持ち得る具体的帰結については，伊藤正晴「民法 900 条 4 号ただし書前段の規定と憲法 14 条 1 項ほか――最大決平成 25・9・4」ジュリスト 1460 号（2013 年 11 月号）88 頁以下および尾島明「最高裁の違憲判断の遡及効――嫡出でない子の相続分に関する違憲決定について」法の支配 175 号（2014 年 10 月号）84 頁以下参照。

④ 他方，関係者間の法律関係が確定的となっていない事案については，本決定により違憲無効とされた本件規定の適用を排除した上で法律関係を確定的なものとするのが相当である。

遡及効を制限した本決定には[2]，3名の裁判官の補足意見が付されている。
このうち，金築誠志裁判官の補足意見は，最高裁判所による法令の違憲判断の効力について個別的効力説を前提とすべきだとし，したがって，最高裁の違憲判断も他の事件については先例としての事実上の拘束性しかないが，法の平等な適用という観点からすれば，本件の相続開始時以降の他の裁判所も，本決定の判断にしたがって本件規定を違憲と判断するべきことになるはずであり，本決定の違憲判断の効果は遡及するのが原則だとする。しかし，先例の事実上の拘束性を基礎付ける法の平等適用の原則はそもそも合理的な理由に基づく例外を許すはずであるし，事実上の拘束性に期待される役割が法的安定性の実現にある以上，拘束性を認めることがかえって法的安定性を阻害するときは，その役割を後退させるべきであると結論付ける。

金築裁判官はまた，先例としての拘束性に関する法廷意見の判示は，違憲判断と密接に関連するものであって，単なる傍論と評価されるべきではないとする。さらに「裁判所による法解釈は正しい法の発見にとどまる」[3]という考え方については，裁判所による法解釈は，「通常，何ほどかの法創造的な側面を伴うことは避け難い」のであって，「裁判所による法解釈の在り方を上記のように限定することは，相当とは思われない」と付言する。

千葉勝美裁判官の補足意見は，本決定の事実上の拘束性を制限する法廷意見の判示は，最高裁による違憲判断が法的安定性を大きく阻害する事態を避けるための措置であって，「この点の配慮を要する事件において，最高裁判所が法令を違憲無効と判断する際には，基本的には常に必要不可欠な説示というべき

2/ 将来効・不遡及効の分類については，後掲注 *10* 参照。もっとも，学説・判例における分類の仕方と各区分の呼び名には揺らぎが見られる。

3/ 正しい法の発見にとどまる以上，その効果も遡及するはずだ，という含意が想定されているのであろう。ちなみに，判例の遡及効とは，ある時点での裁判所の判断が後の時点での裁判所の判断を拘束する効果であって，判断の対象となる事実・事件がいつの時点で発生したかと論理必然の繋がりはない。

ものである。その意味で，本件遡及効の判示は，いわゆる傍論（obiter dictum）ではなく，判旨（ratio decidendi）として扱うべき」だとする[4]。

　千葉裁判官はさらに，将来効のみを有する法原理の明示については，これが立法作用に含まれる権能であって，「司法作用として可能かどうか，あるいは適当かどうかが問題とされるおそれ」があるが，最高裁の違憲判断の効力について「個別的効力説を前提にしたとしても，先例としての事実上の拘束性が広く及ぶことになるため，そのままでは法的安定性を損なう事態が生ずることは当然に予想されるところ」であるから，「このような事態を避けるため，違憲判断の遡及効の有無，時期，範囲等を一定程度制限するという権能」も「違憲審査権の制度の一部として当初から予定されているはず」であり，「憲法は，これを違憲審査権行使の司法作用としてあらかじめ承認しているものと考えるべきである」と結論付ける。

　本章は，主にアメリカ合衆国の判例を素材として，どのような場合に判例としての遡及効が限定されるべきかについて論ずる[5]。アメリカは判例法国であり，先例に法的拘束性が認められる以上，先例に事実上の拘束性しか認められない日本とは事情が異なるのではとの疑問があるかも知れないが，そもそも裁判所を「事実上」拘束している事態を「法的」な拘束と区別することにどれほどの意義があるかが疑わしい。本決定の法廷意見および金築，千葉の各補足意見が指摘するように，たとえ事実上の拘束性であっても法的安定性を大きく阻害するおそれのある例外的な場合に，それを何らかの形で限定する工夫がなされることは自然である。また，アメリカにおいても，下級審の裁判官が連邦最高裁による判例変更を予想して，先例に反する判断を下すことは珍しくはない。判例法国と成文法国との違いは，程度の違いである。

---

[4] 「判旨」であるとのこの言明は（金築裁判官の同様の言明も），違憲との結論に至る正当化の道筋において不可欠という意味というよりは，この判示が結論に至る上で必須の考慮要素であり，当事者や関係諸機関がこの判示を十分に尊重すべきことを含意するものとして受け取るべきであろう。

[5] イングランド，インド等での遡及効の限定の事例については，イギリス貴族院の判決 National Westminster Bank Plc. v. Spectrum Plus Limited [2005] UKHL 41 におけるニコルス卿の意見参照。この判決では，7名中5名の裁判官が，制定法の解釈変更の場合を含めて，純粋将来効判決の可能性を認めている。

2 アメリカ合衆国の事例

(1) 古典的思考様式

　アメリカ合衆国においても，立法作用と異なり，司法裁判所の判断は，それが先例を変更するものであったとしても，原則として遡及すると考えられている。伝統的な思考様式からすれば，裁判官は法を発見するのであって，それを創造するわけではない。イギリスよりはアメリカにおいて言及されることの多いブラックストーンのことばを借りるならば，裁判官の職務は「新たな法を宣言することではなく，古き法を維持し，解釈することにある」[6]。先例が明らかに理性に反している場合には例外的に先例が変更されることもあるが，先例の変更と言われるものも，こうした思考様式からすれば，法を変更しているわけではなく，従前から存在する法のより善き理解を示しているに過ぎない[7]。再びブラックストーンのことばを借りるならば，「こうした場合においても，後の裁判所は，新たに法を創造するのではなく，古き法を誤解から解き放つと主張する。なぜなら，もし先例が明らかに不条理で正義に反しているならば，そうした判決は悪法（bad law）ではなく，むしろ法ではない（not law）とされるからである」[8]。

　こうした観点からすれば，先例を変更する判決の効果も当然，遡及することとなる。1910年の連邦最高裁判決に付された反対意見でホームズ裁判官は，「最高裁が将来についてのみ法を創造することには何らの法的根拠もない。裁判はほぼ千年近く遡及効を持ち続けてきた」[9]と指摘する。

(2) 不遡及効が認められた事例

　もっとも，こうした古典的な法解釈観および司法作用観だけでは，適切な解

---

[6]/　William Blackstone, *Commentaries on the Laws of England* (University of Chicago Press, 1979 (1765)), vol. 1, p. 69.

[7]/　Stuart Banner, *The Baseball Trust: A History of Baseball's Antitrust Exemption* (Oxford University Press, 2013), p. 199.

[8]/　Blackstone, *Commentaries*, vol. 1, p. 70.

[9]/　Kuhn v. Fairmont Coal Company, 215 U. S. 349, 372 (1910) (Holmes, J., dissenting); cf. Banner, *The Baseball Trust*, p. 199.

決に至ることのできない事件もある。とくに社会情勢や人々の意識の変化に対応して法解釈の変更が求められる事例がそうである。20世紀半ばまでには，連邦最高裁は例外的な場合に将来効，つまり不遡及効を認めるようになる[10]。

1969年に出されたCipriano v. City of Houma判決[11]では，公益事業運営のための市債発行の有効性が争われた。州法によって，市債の発行にあたっては住民投票による承認が要件とされていたが，当該州法は，固定資産税の納税者のみに投票への参加を認めていた。連邦最高裁の執筆者を明示しない判決（per curiam）は，固定資産税を納税しない住民も市債の発行によって影響を受ける以上，彼らを投票から排除するには真にやむを得ない州の利益（compelling state interest）を促進するためにそうした措置が必要であることを示すべきであるが，州は合理的基礎（rational basis）しか示していないとして，市債の発行を違憲と判断した。

しかし，連邦最高裁は，この違憲判断に完全な遡及効（full retroactive effect）を認めると当該州法の下で市債を発行してきた市当局や市債保有者等の多くの者に重大な不利益をもたらすとし，「連邦最高裁の判決が遡及的に適用されると重大な不公正（substantial inequitable results）を帰結するときは，効果を遡及させないことで『不正義ないし苦難（injustice or hardship）』を避けるべき十分な根拠が先例中に存する」ことから，違憲判断は将来についてのみ適用されるとした。つまり，関連する法令によって住民投票の結果を争う余地がなお残されているか，あるいはすでに訴えが提起されて継続中である場合にのみ違憲判断の効果が及ぶこととなる。逆に言えば，すでに効果の確定した市債の発行や，既発行の市債の効力については，違憲判断の効果は及ばない。

刑事事件に関しては，1966年のミランダ判決[12]が，被疑者としての権利を告

---

[10]/ Banner, *The Baseball Trust*, p. 200. 将来効には当該事件の当事者にも変更後の法原理が適用されない純粋将来効と，当該事件の当事者および同種の事件で訴訟係属中の当事者（のうち一定範囲の者）には遡及的に適用される選択的将来効とがある。さらに，判決後，一定期間（たとえば1年）を経た後に効果が生ずることとし，その間に適切な立法がなされることを期待する特殊な将来効が検討されることもある。最大判昭和60・7・17民集39巻5号1100頁に付された寺田治郎等4裁判官の補足意見は，最後の先端的な将来効について言及する。

[11]/ 395 U. S. 701 (1969).

[12]/ Miranda v. Arizona, 384 U. S. 436 (1966).

知されないまま得られた供述が違法収集証拠として排除されるとした際，連邦最高裁はミランダ・ルールを，ミランダ判決後に事実審理（trial）が開始された事件に限って，将来的にのみ適用した[13]。その後，Griffith v. Kentucky 判決[14]で連邦最高裁は，刑事手続について新たに設定された憲法上のルールは，未確定の同種の事件にはすべて遡及的に適用されるとしている。

1971 年の Chevron Oil Co. v. Huson 判決は[15]，不遡及効を認めるか否かにおける判断要素として，①当該判決が新たな法原理を設定したものか，②効果を遡及させることが，新たな法原理の機能を促進するかそれとも阻害するか，③遡及的に適用された場合，重大な不公正を帰結するか否かを挙げている。その後，1993 年の Harper v. Virginia Department of Taxation 判決は[16]，Griffith 判決を受けて民事事件においても，連邦最高裁が連邦法に関して採用した法理は，未確定のすべての事件について，当該事案の発生が最高裁による当該法理の採用の事前か事後かにかかわらず遡及的に適用されるとしている。

現在の連邦最高裁が，刑事・民事を問わず，未確定の事案の一部についてのみ遡及効を否定する選択的将来効に消極的であることがうかがわれる[17]。

(3) プロ野球への連邦独禁法の適用

他方で，先例の正当性に深刻な疑義が提起されていたにもかかわらず，法的安定性への配慮から先例が変更されなかった例を挙げることもできる。1922 年に出された Federal Baseball Club of Baltimore v. National League 判決で[18]，連邦最高裁は，プロ野球の興行は純粋な州内事項であり，興行のために

---

[13]/ Johnson v. New Jersey, 384 U.S. 719 (1966). 本判決において，ウォレン長官の法廷意見は，刑事手続におけるルールが遡及するか否かは，関係する憲法上の保障の価値や条文上の地位に依るのではなく，事実審理手続における真実解明の適確さを保障する他の手段が用意されているか等を勘案しつつ，個別に判断するしかないとする（384 U.S., at 728-729）。

[14]/ 479 U.S. 314 (1987).

[15]/ 404 U.S. 97, 106-107 (1971).

[16]/ 509 U.S. 86, 97 (1993).

[17]/ 刑事事件については確定した判決についても新判例を遡及適用する例がある点については，浅香吉幹「アメリカ合衆国における法形成」長谷部恭男ほか編『岩波講座・現代法の動態 1 法の生成／創設』（岩波書店，2014）217 頁参照。

[18]/ 259 U.S. 200 (1922).

州境を超えて人員を移動させる必要があるとしても，それは付随的な要素であって，興行を州際通商（interstate commerce）とするものではないとした。このため，連邦法であるシャーマン法（独禁法）はプロ野球には適用されないというのが結論である。

その後「州際通商」の観念が飛躍的に拡大し，それに伴ってプロ野球に並ぶ他のスポーツ・ビジネス（フットボール，バスケットボール，ホッケー）がシャーマン法の適用対象とされるに至って，プロ野球に関する先例の価値に深刻な疑義が提起されるようになる。

1953年の Toolson v. New York Yankees 判決で[19]，簡略な法廷意見（per curiam）は，Federal Baseball Club 判決がプロ野球興行を連邦独禁法の対象にならないとして以降30年もの間，連邦議会はプロ野球を同法の対象としようとしなかったことを指摘した上で，かりにこの分野に独禁法によって矯正すべき問題があるとすれば，それは将来効のみを持つ立法によってなされるべきだとし，先例の変更を拒否した。

Federal Baseball Club 判決がプロ野球の興行が「州際通商」に当たらないとしたことに着目する限り，連邦議会にプロ野球を連邦独禁法の対象とする権限はそもそもないはずであるが，連邦最高裁は遡及効を持つ判例変更によって対処することを避け，むしろ，連邦議会にその意思があるなら積極的に行動するよう——つまりプロ野球興行は州際通商に当たるという——メッセージを送ったものと見るべきであろう[20]。問題とされた球団による選手の留保が，きわめて多数の選手に関わっている上，連邦独禁法が3倍額賠償を認めていることが勘案されたものと考えられる。

連邦最高裁はさらに，1972年の Flood v. Kuhn 判決でも[21]，長年にわたるプロ野球興行への連邦独禁法の適用除外を変更するのであれば，最高裁ではなく，連邦議会がそうした行動をとるべきだとして，自らの先例を再確認した。バーガ裁判官の補足意見は，Toolson 判決の正当性に対して疑義を示しつつ，それが誤りだとしてもそれはきわめて多くの人々が長年にわたって依拠してき

---

[19]　346 U. S. 356（1953）.
[20]　Banner, *The Baseball Trust*, p. 121.
[21]　407 U. S. 258（1972）.

た誤りであり，今やそれを是正するための「最も不都合の少ない途（the least undesirable course）は，連邦議会に解決を委ねることだ」とする[22]。

他方，マーシャル裁判官の反対意見は，現行法によればプロ野球興行は州際通商に当たり，連邦独禁法の対象となるとした上で，かりに球団のオーナー達が先例に依拠したことによる利益を保護すべきであれば，判例変更に不遡及効を与えれば足りると指摘する[23]。

連邦議会での立法活動は遅々として進まず，ようやく1998年に成立したカート・フラッド法（Curt Flood Act of 1998）が，大リーグの選手の雇用について連邦独禁法が適用されることを規定するとともに，それ以外のきわめて広範な事項（放送権，マイナー・リーグ，球団間の関係，フランチャイズ等）について独禁法が適用除外となることを定めている。大リーグ選手の雇用関係については，今や選手の組合との団体交渉で主要事項（球団による選手の留保期間，フリーエージェント制等）が決定されるため，結局のところ，プロ野球の経営に関して独禁法が広く適用除外となる法状態は変わっていない[24]。

3　むすび

プロ野球に関するアメリカ連邦最高裁の判例からは，先例を信頼した多数の当事者の行為が蓄積しており，かつ，将来効のみのある立法による事態の解決が期待できる場合には，司法は先例の変更に慎重な態度をとることがうかがわれる[25]。逆に言えば，立法による事態の解決が期待薄である場合，裁判所は先例を覆すとともに，その判断に将来効のみを与える選択肢を考慮すべきことが示唆される。

平成25年9月4日の大法廷決定は，厳密に言えば平成7年7月5日の先例

---

[22]　407 U.S., at 286（Burger, C.J., concurring）.
[23]　407 U.S., at 293（Marshall, J., dissenting）.
[24]　Banner, *The Baseball Trust*, pp. 246-47.
[25]　先例の拘束性の根拠としてしばしば言及されるBurnet v. Coronado Oil & Gas Co. 判決に付されたブランダイス裁判官の反対意見は，先例の「誤りが重大なものであっても，立法による是正が可能である場合には」先例に従うことが賢明であると指摘する（285 U.S. 393, 406 (1932)（Brandeis, J., dissenting））。こうした考え方の意義と射程については，長谷部恭男『憲法の円環』（岩波書店，2013）第11章「憲法判例の権威について」参照。

を覆してはいない。しかし，必要な変更を加えた上で見れば，両決定において考慮されるべき事項に大きな差異はなく，一方で，法の変更の効果を遡及させることがどの程度の影響を及ぼし得るか，他方で，議会の立法による問題解決の見込みがどの程度あるかが問われている。

平成7年の大法廷決定には，民法900条4号ただし書前段を違憲とする5名の裁判官の反対意見が付されている上に，本件規定を違憲とした場合に発生する広範に及ぶ影響を考慮するならば，その合理性に疑問があるとしても，立法による対処が望ましいとする千種秀夫裁判官および河合伸一裁判官の補足意見，さらには，本件規定の「立法理由との関連における合理性は，かなりの程度に疑わしい状態に立ち至った」としながらも，まずは「立法政策として改正を検討」すべきことを示唆する大西勝也裁判官の補足意見（園部逸夫裁判官が同調）が付されていた[26]。

Flood v. Kuhn 判決の法廷意見がそうであったように，平成7年決定の多数意見も，かりに合理性に疑問があるとすれば，将来効のみを有する立法によって対処することが適切であるとの立場をとっていたことがうかがわれる。少なくとも，4名の裁判官による2つの補足意見は，本件規定の合理性に強い疑いがあることを指摘し，国会に立法による是正の必要性を伝えるメッセージとして理解されるべきであろう[27]。

その後20年近くの歳月が過ぎて，立法による問題の解決が見込み薄であると判断した最高裁は，平成7年決定の反対意見がすでに示唆していた，先例の不遡及的適用という例外的処方に訴えたものと思われる。金築裁判官が指摘するように，立法作用と司法作用の区分は截然としたものではない。

2(2)で述べたように，現在のアメリカの判例は連邦法に関して，少なくとも未確定の事件の一部についてのみ遡及効を選択的に否定することについては消極的な態度をとっており，さらに刑事事件については確定した事件について

---

[26]/ 最大決平成7・7・5民集49巻7号1789頁。
[27]/ より一般的に言えば，裁判所はある法制度が衡平に著しく反する場合でも，その効力を否定することがより大きな害悪を引き起こすおそれがあると判断する場合には，効力の否定を差し控えるべきである。Cf. Joseph Raz, *The Authority of Law*, 2nd ed.（Oxford University Press, 2009），p. 331, n. 35.

も遡及効を及ぼす例が見られる[28]。しかしそれらの先例は，日本の最高裁がときにそうした判断を下すような[29]，社会環境や国民の意識の変化により，かつては合憲とされた法令が，過去のある時点以降，違憲となるに至ったという事例に関するものではない。この点で，アメリカの判例の大まかな傾向に基づいて，日本の今回の最高裁決定における遡及効の限定を評価することは，必ずしも当を得たものではない。

　裁判所の呼びかけにもかかわらず，国会が立法による問題の解決に消極的であり続ける状況では，窮余の策として最高裁が判例を実質的に変更するとともに，その遡及効を限定することは，今後も起こる可能性は否定できない。

---

[28]　政府は尊属殺重罰規定違憲判決に関して，違憲判断の効力は遡及しないとの前提に基づいて，必要な場合には個別の恩赦によって救済をはかったと言われることがある（昭和48年4月6日衆議院法務委員会での田中伊三次法務大臣答弁）。ただ，遡及効が皆無だとすると，恩赦によって個別の救済をはかられねばならない理由も不確かとなる。

[29]　在外邦人選挙権訴訟（最大判平成17・9・14民集59巻7号2087頁），国籍法違憲判決（最大判平成20・6・4民集62巻6号1367頁），一人別枠方式に関する違憲状態判決（最大判平成23・3・23民集65巻2号755頁）等がその例である。今回の平成25年9月4日大法廷決定も同様の論理を採用する。

第 13 章

砂川事件判決における「統治行為」論

1 はじめに

統治行為に関する日本の判例法理は「内在的制約」説と呼ばれる。苫米地事件最高裁判決[1]は，次のように述べる。

> わが憲法の三権分立の制度の下においても，司法権の行使についておのずからある限度の制約は免れないのであつて，あらゆる国家行為が無制限に司法審査の対象となるものと即断すべきでない。直接国家統治の基本に関する高度に政治性のある国家行為のごときはたとえそれが法律上の争訟となり，これに対する有効無効の判断が法律上可能である場合であつても，かかる国家行為は裁判所の審査権の外にあり，その判断は主権者たる国民に対して政治的責任を負うところの政府，国会等の政治部門の判断に委され，最終的には国民の政治判断に委ねられているものと解すべきである。この司法権に対する制約は，結局，三権分立の原理に由来し，当該国家行為の高度の政治性，裁判所の司法機関としての性格，裁判に必然的に随伴する手続上の制約等にかんがみ，特定の明文による規定はないけれども，司法権の憲法上の本質に内在する制約と理解すべきである。

一見して分かる通り，この説示は問題となった解散権の行使に関する有効無効の法的判断が可能であることを前提としている。原告が請求しているのは，解散が無効であるために彼がなお衆議院議員の地位にあることを前提とする歳費の支払いであり，当事者の具体的権利義務に関する争いであることも疑いがない。それは法律上の争訟である。

つまり最高裁は，法律上の争訟の解決を「固有の権限」[2]とする司法裁判所の

---

[1]/ 最大判昭和 35・6・8 民集 14 巻 7 号 1206 頁。傍点，筆者。
[2]/ 最判昭和 56・4・7 民集 35 巻 3 号 443 頁〔「板まんだら」訴訟〕。

本質から内在的に導かれる制約として，統治行為の理論を基礎付けているわけではない。それは，問題となる国家行為の高度の政治性を根拠とする外在的制約である。「内在する制約」だという形容は，憲法の「特定の明文による規定はない」が，こうした隠された制約はあるという結論の言い換えにとどまる。

　本章の課題は，砂川事件最高裁判決にあらわれた「統治行為」論を検討することである[3]。そこでも，憲法の特定の明文に依拠することなく，最高裁は，「日本国とアメリカ合衆国との間の安全保障条約（旧安保条約）」の合憲性について，それが「主権国としてのわが国の存立の基礎に極めて重大な関係をもつ高度の政治性を有する」ことを根拠として，「その内容が違憲なりや否やの法的判断は，その条約を締結した内閣およびこれを承認した国会の高度の政治的ないし自由裁量的判断と表裏をなす点がすくなくない」とし，「それ故，右違憲なりや否やの法的判断は，純司法的判断をその使命とする司法裁判所の審査には，原則としてなじまない性質のものであり，従つて，一見極めて明白に違憲無効であると認められない限りは，裁判所の司法審査権の範囲外のもの」だとした[4]。

2　わが国の存立の基礎

　国の存立の基礎に関わる国家行為については，たとえ法的な判断が可能であっても，それにこだわるべきではないという主張は，関連する多様な論点を含んでいる。たとえばマキアヴェッリは『リウィウス論』で次のように言う[5]。

> 祖国の安全がかかっているとき，正か不正か，慈悲深いか冷酷か，称賛に値するか卑劣か等を考慮する余地はない。他のあらゆる考慮を除外して祖国を救い，その自由独立を維持する途のみをとるべきである。

価値の多元性を前提とした上で[6]，祖国の安全がかかる場合は，衝突する他の

---

[3] 本章の内容は，長谷部恭男『憲法の imagination』（羽鳥書店，2010）所収の「法と戦略」と重なる点が多いことをお断りしておきたい。

[4] 最大判昭和34・12・16刑集13巻13号3225頁。傍点，筆者。

[5] Niccolò Machiavelli, *Discourses on Livy*, trans. Harvey Mansfield and Nathan Tarcov (University of Chicago Press, 1996), III, 41 [p. 301].

[6] Isaiah Berlin, 'The Originality of Machiavelli', in his *Against the Current*, ed. Henry Hardy

すべての価値への配慮を度外視し，それのみを追求すべきだという主張である。ここまで徹底していなくとも，国政の枢要にある者がときに道徳の要求に反する決定をせざるを得ないことは，広く認められている。国の命運のかかる究極の危機に際しては，人命の差引を含む剝き出しの功利計算に基づいて，国家権力の核心にある暴力機構の発動を決断せざるを得ないこともある。政治家であっても，個人として反道徳的な行動は一切採るべきではないという主張は，自ら動物を屠る覚悟がないのなら，牛肉は食べるなという主張と同程度に偽善的である。政治家が道徳的に常に潔白であり得ると正気で信ずる者はいない[7]。肘上まで血で汚れている政治家は論外だが。

道徳でさえ究極の危機に際しての政治的決定を抑制することができないのであれば，法はさらに頼りにならない。1962年のキューバ・ミサイル危機に際してケネディ大統領のアドバイザーを務めたディーン・アチソンは，海上封鎖措置の国際法上の合法性について，次のように断言する[8]。

> 法は究極の権力にかかわる問題を扱うことはない。……いかなる法といえども，その法を作り出す国家を破壊することはできない。国家の生存は法の問題ではない。

国家の生存は，あらゆる意味で法の問題ではないとは言い難い。国家そのものも，法によって構成されているからである[9]。ホッブズやルソーが指摘したよ

(Princeton University Press, 2001). バーリンは，「マキアヴェッリが正しいとすれば，……人はいかに生きるべきかという問いに対する正しい，客観的に妥当な解決が発見可能だという信念は，原理的に誤っている」と言う (ibid., pp. 66-67)。

[7] Michael Walzer, 'Political Action: The Problem of Dirty Hands', in his *Thinking Politically: Essays in Political Theory*, ed. David Miller (Yale University Press, 2007), p. 279. マックス・ヴェーバー『職業としての政治』脇圭平訳（岩波文庫，1980）86-101頁が指摘する福音の掟と結果責任を伴う政治的判断との原理的対立をも参照。

[8] Remarks by Dean Acheson, *Proceedings of the American Society of International Law* (1963), p.14. 同様の考え方は，1950年の国家安全保障会議報告第68号（NSC-68）の背景にもあるとされる (Stephen Griffin, *Long Wars and the Constitution* (Harvard University Press, 2013), p. 62)。海上封鎖措置は実施に移されるまで連邦議会にも知らされることはなく，憲法上も疑義のある武力の行使であった (Mariah Zeisberg, *War Powers* (Princeton University Press, 2013), pp. 150-51)。キューバにミサイルが設置されることは，アメリカの安全保障に喫緊の問題を突き付けたわけではない。しかし，それを座視することは，冷戦を戦い抜くアメリカの意思の欠如と受け取られ，同盟国の信頼を掘り崩すおそれがあった (ibid., p. 161)。

[9] レオ・シュトラウスは，国家が憲法という衣装をまとうことなく，裸で現れることはないと言

うに，国家は人為的構成物であり，人々の約定によって成り立つ。ルソーが社会契約と呼ぶこの憲法の基本原理こそ国家の生命であり，国家間に生起する戦争は，相手国の憲法の基本原理を攻撃目標とする[10]。マキアヴェッリが他の何をおいても守れと主張する祖国とは，つまるところ，祖国を構成する憲法の基本原理である[11]。

さらに問題を複雑にするのは，一国の憲法の基本原理は1つとは限らないことである。それは多元的で相互に衝突する。究極的には比較不能な相衝突する原理群のうち，いずれをより根底的と見るかについては見解が分かれ得るし，それを客観的に調停する途はない。

「わが国の存立の基礎」は何か，それに関する究極の対立をいかに解決すべきか。砂川事件で問われていたのは，そうした問題である。歴史の岐路に直面しているという最高裁の高揚感は，判決の文面からもうかがうことができる。

3 統治行為論なのか

砂川事件判決で示された議論は，統治行為論としては異形である。「わが国の存立の基礎に極めて重大な関係をもつ高度の政治性」を根拠として，旧安保条約の合憲性の判断が「純司法的判断をその使命とする司法裁判所の審査には，原則としてなじまない」としながらも，「一見極めて明白に違憲無効であると認められ」るか否かについては，判断をするというのであるから。

約半年後，ほぼ同じ構成の大法廷が下した苫米地事件判決は，こうした留保を付していない。「直接国家統治の基本に関する高度に政治性のある国家行為

う (Leo Strauss, *On Plato's Symposium* (University of Chicago Press, 2001), p.59)。
10/ 国家の生存とそこで暮らす国民の生存とは，別である。国家という約束ごとを取り去っても，そこで生きる人々やその財産が消失するわけではない。ホッブズやルソーが説くように，国家という約束ごとが，人民の生命・財産の安全のために作られるものならば，戦争の結果として人民の生命・財産が危機にさらされたとき，憲法の基本原理を擲ってでも人民の生命・財産を守るという選択が浮かび上がる（長谷部恭男『憲法の理性〔増補新装版〕』〔東京大学出版会，2016〕第2章第6節参照）。ポツダム宣言を受諾した日本政府が行った選択である。
11/ 憲法の基本原理は，そこで暮らす人々の生活様式と密接に関連する。第2次大戦中のイギリスによるドイツ諸都市の爆撃は，約20万人の死者，約78万人の重傷者をもたらし，その大多数は一般市民であった。ナチスの勝利という到底是認し得ない帰結に対抗して，人類の文明と道徳とを守るために必要不可欠な究極の危機にあったという状況のみが，このテロ爆撃をかろうじて正当化することができる (Michael Walzer, *Just and Unjust War*, 5th ed. (Basic Books, 2015), pp.254-61)。

のごときはたとえそれが法律上の争訟となり，これに対する有効無効の判断が法律上可能である場合であつても，かかる国家行為は裁判所の審査権の外にあ」ると言い切っている。解散権の行使もたしかに高度の政治性を帯びるであろうが，いずれがより「わが国の存立の基礎に」深く関連するかと言えば，それは安全保障条約の方であろう。しかし，安保条約については，「一見極めて明白に違憲無効であると認められ」るかについて，最高裁はなお審査すると言う。

砂川事件判決に附された奥野健一および高橋潔裁判官の意見は，多数意見は「本件安保条約は裁判所の司法審査権の範囲外のものであるとしながら，違憲であるか否かが『一見極めて明白』なものは審査できるというのであつて，論理の一貫性を欠く」と指摘する。ただ，両裁判官の意見は同時に，「多数意見は条約には裁判所の違憲審査権は及ばないという意見と本件安保条約は統治行為に属するから審査権がないという意見とを最大公約数的に包括したもの」だとも指摘する。そして，多数意見による最大公約数的な包括は，「結語として安保条約は一見極めて明白な違憲があるとは認められないといいながら，その過程において，むしろ違憲でないことを実質的に審査判示している」と述べる。

つまり，砂川事件判決の多数意見は，①旧安保条約は条約であるが故に裁判所の違憲審査権が及ばないという説，②同条約は統治行為であるが故に裁判所の違憲審査権が及ばないという説，そして③同条約は実質論として違憲ではないという説のすべてを最大公約数的に包括している[12]。

裁判官たちが多様な見解を抱くとき，幅広い見解を包含した多数意見を構成しようとすれば，それは「首尾一貫性を欠く」ものとなりがちとなる。日常生活においても，類似の出来事にはよく出会う。砂川事件判決についても，そうしたモーメントが働いていたのであろうか[13]。

---

[12]/ もっとも，個別意見の中に①説を明示的に採用するものは見当たらない。
[13]/ 論理の一貫性は，最高裁にとって常に他の考慮を上回る考慮要素とは言えない。対立する見解や及び腰の政治部門に対して，一致したフロントを示すことにより大きな意義があることもあり得る。最近では，非嫡出子法定相続分違憲決定（最大決平成25・9・4民集67巻6号1320頁）がその例と言い得るであろう。

駐日米大使館からハーター国務長官に1959年8月3日発送された文書は，田中耕太郎長官が，同年夏，共通の友人宅において，在日米大使館首席公使ウィリアム・レンハートに対し，砂川事件の判決はおらそく12月となるであろうこと，評議において「14人の同僚裁判官たちの多くが自説を長々と論じたがること」を懸念していること，また世論を「動揺させる unsettle」ような少数意見を避けて，実質的な全員一致の判決を生み出すよう評議が進むことを期待していることを述べた旨を伝えている[14]。

また，同年11月5日に駐日米大使館から国務長官に発送された文書は，マッカーサー駐日大使が田中長官との談話から得た印象として，①何人かの裁判官は，一審の伊達判決は駐留米軍の合憲性について判断する権限なく下されたとの狭い手続上の根拠に基づく判決を求めていること，②最高裁が駐留米軍の提起する法的論点を進んで取り扱うべきだと考える裁判官もいること，さらに③日本国憲法下において，条約は憲法に優位するかという広範な憲法問題と取り組むことを望む裁判官もいること，を挙げている[15]。

砂川事件が発生した1957年は，日本国との平和条約が署名された1951年から6年後のことであり，同時に署名された旧日米安保条約は，砂川事件上告審判決によれば，日本国との平和条約と「密接不可分の関係」にある。上告審判決の翌年には，安保条約の改定が迫っていた。田中長官が，世論の動揺を抑えるべく，実質的な全員一致の判決を目指したこと，そのため，自説を長々と論じたがる裁判官たちの多様な見解を可能な限り広く包括する（首尾一貫性に欠ける）多数意見を構成しようとしたことは，容易に推察し得る。

多数意見は，憲法9条2項が「保持を禁止した戦力とは，わが国がその主体となつてこれに指揮権，管理権を行使し得る戦力をいうものであり，結局わが国自体の戦力を指し，外国の軍隊は，たとえそれがわが国に駐留するとしても，ここにいう戦力には該当しない」とした上で，駐留米軍は，「外国軍隊であつて，わが国自体の戦力でないことはもちろん，これに対する指揮権，管理権は，すべてアメリカ合衆国に存し，わが国がその主体となつてあたかも自国

---

[14]/ 布川玲子＝新原昭治編著『砂川事件と田中最高裁長官——米解禁文書が明らかにした日本の司法』（日本評論社，2013）60-61頁。訳には必ずしも従っていない。

[15]/ 前掲注 *14* 64-67頁。

の軍隊に対すると同様の指揮権，管理権を有するものでないことが明らかである」とする。また，その駐留の目的は，

> 専らわが国およびわが国を含めた極東の平和と安全を維持し，再び戦争の惨禍が起らないようにすることに存し，わが国がその駐留を許容したのは，わが国の防衛力の不足を，平和を愛好する諸国民の公正と信義に信頼して補なおうとしたものに外ならないことが窺えるのである。
> 　果してしからば，かようなアメリカ合衆国軍隊の駐留は，憲法9条，98条2項および前文の趣旨に適合こそすれ，これらの条章に反して違憲無効であることが一見極めて明白であるとは，到底認められない。

違憲無効であることが一見極めて明白であるどころか，米軍の駐留が憲法の諸規定に適合することは疑いがないというのが，多数意見の趣旨である。統治行為論に基づく司法審査権の否定に留保を付けることで，むしろ旧安保条約が合憲であることを強調する論理の運びとなっている。

上告審判決について，マッカーサー駐日大使から国務長官に宛てられた文書は，田中長官の賢明な指導が15人の裁判官の全員一致の判決をもたらしたこと，彼の功績が日本の憲法の発展にとってのみならず，日本を自由主義陣営（FREE WORLD）に統合する点でも，金字塔を打ち立てたことに賛辞を送っている[16]。

4　もう一度「わが国の存立の基礎」へ

ディーン・アチソンは「国家の生存は法の問題ではない」と言う。そこで言う国家とは，アメリカ合衆国の憲法の基本原理のことである。その維持と生存を妨げる法があるとすれば，それを顧慮する必要はない。それが，彼の言明の意味である。

アチソンは1945年から47年まで国務次官を，49年から53年まで国務長官を務めた。マーシャル・プラン，トルーマン・ドクトリンの策定，NATOお

---

[16]　前掲注 *14* 68-70頁。大使の言う FREE WORLD が，砂川判決多数意見の言う「平和を愛好する諸国民」と対応することは疑いがない。

よび日米安保体制の創設など、当時のアメリカの外交戦略の立案と実施の中心となった人物である。国務省時代のアチソンが考案したアメリカの基本戦略は、ドイツと日本に自前の核武装を許さない代わりに、アメリカが核の傘を供与し、同時に両国に通常兵力を駐留させることで抑止力を保障することであった。勢力拡大をはかる共産主義陣営に対抗して、ドイツと日本を「平和を愛好する」自由主義陣営につなぎ止めるために考案された戦略である[17]。この戦略の視点に立つ限り、ドイツと日本にとって、自由で民主的な憲法秩序を守ることとアメリカの世界戦略に従うことは「密接不可分」である[18]。

田中長官も、戦後日本の憲法の基本原理は、自由で民主的な政治体制の維持であり、9条の示す平和主義は、それと衝突する限りにおいては譲歩すべきだと考えた。彼は砂川判決の補足意見でさらに、「一国が侵略に対して自国を守ることは、同時に他国を守ることになり、他国の防衛に協力することは自国を守る所以でもある」とし、「我々は、憲法の平和主義を、単なる一国家だけの観点からでなく、それを超える立場すなわち世界法的次元に立つて、民主的な平和愛好諸国の法的確信に合致するように解釈しなければならない」とする[19]。アメリカの世界戦略に合致すべく、憲法9条の意味も解釈し直す必要がある。

憲法の基礎には、相互に衝突する多様な原理が存在する。各人にとっての完全な自由は、完全な平等とも、完全な安全とも両立しない。自由で民主的な政治秩序と平和主義とが衝突するとき、前者が優越すべきだ（完全にではなくとも）、という立場は1つの選択である。最高裁は砂川事件でそうした選択をし

17/ Philip Bobbitt, *The Shield of Achilles* (Anchor Books, 2003), pp. 652-57.
18/ もっとも、日本が武力攻撃を受けたとき、アメリカ政府が集団的自衛権を発動して日本を防衛することが、安保条約によって確実に保障されているわけではない。「戦争の宣言 declare War」が連邦議会の権限として留保されている以上（U.S. Const. art I, §8, cl. 11）、北大西洋条約を含めて、安保条約一般にそうした「自動執行力」はないというのがアメリカ政府の一貫した立場であり、学界の通説でもある（Laurence Tribe, *American Constitutional Law*, 3rd ed., vol. 1 (Foundation Press, 2000), p. 660, n. 14; 長谷部恭男『続・Interactive 憲法』〔有斐閣、2011〕60 頁）。
19/ 1958 年に公表された「世界平和の基本的諸条件」横田先生還暦祝賀『現代国際法の課題』（有斐閣、1958）（後に『続世界法の理論(上)』〔有斐閣、1972〕に「世界平和の基本条件」として所収）にもあらわれているように、彼の議論は、自衛権論と集団的安全保障論が渾然一体となっている点でも特異である。

た。政治家が折々に直面する道徳的ディレンマにおいて，1つの決断をせざるを得ないように。

採用されなかった原理も，原理としての地位を失うわけではない。バーナード・ウィリアムズは，道徳的要求に反して社会全体の利益に適う決断をした政治家にとっても，その道徳が道徳としての身分を失うわけではないと言う。その道徳はなお彼（彼女）に妥当し，悔悟の念を抱かせ続ける[20]。ディレンマに悩む政治家による統治は，心情倫理を捨て去り責任倫理と一体化した政治家による統治より，国民にとって善い統治である。

採用されなかった憲法原理について悩み続ける最高裁は，そうでない最高裁よりも，司法機関として相応しい。田中長官の補足意見が与える違和感は，それが自由で民主的な基本秩序を守るべきだと言いつつも，多元的な諸価値の存在ではなく，一元的な価値秩序の存在を前提とし，何の悩みもないかに見える点にある。一元的世界観を前提とする点においては，彼が敵視する「科学的」共産主義と選ぶところはない[21]。

5 むすび

日本の外交・防衛政策について評論する識者は，「国際社会の要請」や「国際社会の評価」について語ることがある。ここで想起すべきなのは，カントの「意味の原理 principle of significance」であろう[22]。経験に基づいて真偽を判定し得ない言明に意味はないという原理である。この原理に照らせば，「国際社会の要請」や「国際社会の評価」について語る言明に意味はない。筆者はこれまで，イギリス政府の要請，アメリカの特定新聞の評価，特定中国人の見方等を見聞きしたことはあるが，「国際社会の要請」や「国際社会の評価」なる

20/ Bernard Williams, 'Politics and Moral Character', in his *Moral Luck*（Cambridge University Press, 1981），pp. 59-60. 本書第2章第4節参照。
21/ 彼の平和観については，前掲注 *19*「世界平和の基本的諸条件」参照。田中の「世界法」理論は，アリストテレスを栄養源とするトマス主義と必ずしも神の存在を前提としないグロチウス，カント等の近代の自然権論とをさして区別することなく扱い，しかも人類の霊的再生を求める教皇の回勅で講演を締め括る等の雑多性とこだわりのなさにおいて目を見張るものがある。彼の自然法観については，前掲注 *19*『続世界法の理論（上）』278-81頁参照。
22/ Peter Strawson, *The Bounds of Sense*（Routledge, 1966），p. 16.

ものに出会ったことはない。今後もないであろう。「国際社会」に「アメリカ政府」を代入すれば、少なくとも意味は分かる。「国際社会」というシンボルで指示されているのは、しばしば「アメリカ政府」である。衰えが見えるとはいえ、現在も、世界の隅々にいたるまで関心を示す国家は、アメリカ合衆国に限られる。

　第2次大戦後の数十年、アメリカの世界戦略に従うことは、自由で民主的な憲法秩序を守ることとさして齟齬をきたすものではなかった（少なくとも最高裁の憲法解釈によれば）。しかし、今後もそうであるという保障はない。アメリカの世界戦略も状況によって変化し、それに応じてアメリカの憲法秩序も（必ずしも憲法典の変更を伴うことなく）変化するからである。

　冷戦が終結し、体制の正統性をかけて全国民を常時、核兵器の脅威の下に動員する必要のなくなった各国は、全国民の福祉を較差なく向上させる責務から解放された。むしろ、グローバルな規模で活動する企業を誘致し、投資を呼び込むため、市場の開放、規制の撤廃と緩和、公的部門の縮小等を通じて、企業の社会保障負担・税負担を軽減する一方、個人の選択の自由を旗印に、生活上のリスクを「自己責任」として個人に転嫁する底へ向かっての競争に巻き込まれているかに見える。フィリップ・バビットの言う「国民国家」から「市場国家 market state」への変貌である[23]。それは、多くの国民国家がゴムマリのように隣接し、衝突し合う世界から、中心なきネットワークと化した大小の市場国家が相互浸透しながら重層的に共棲する世界への転換でもある。

　冷戦を勝ち抜く鍵となった高度の軍事技術と市場経済は、今や地球規模の核兵器（部品）の市場取引をもたらし、情報技術を基盤とする市場インフラの整備は大量の商品・サービスの自由な流通をもたらす一方で、金融・通信・交通の基幹に対するテロ攻撃への脆弱性を増大させている。市場国家の歪んだ鏡像であるテロの国際組織も地球規模で人員と資金と兵器を調達し、自爆テロ等の具体の活動を各国のローカル組織にアウト・ソーシングして自らのリスクを軽減する。「イスラム国 Isis」のように比較的存在の明瞭なテロ組織でさえ、人員や支配領域について明確な輪郭を持つことはない[24]。

23/ Philip Bobbitt, *Terror and Consent* (Knopf, 2008).

ポスト近代の市場国家の中にも，被治者の「同意 consent」を基礎とする国家とその「恐怖 terror」に立脚する国家とを区別することはなお可能である。しかし，敵と味方とを判別することが容易であり，したがって大量報復による抑止戦略が有効であった世界は，過ぎ去りつつある。異なる体制を代表するアメリカと中国も，金融・経済を通じた利害の重複が複雑さを増し，もはや正面切った軍事的対決を想定することは困難となっている。長期にわたって「冷めた戦争 cool war」が継続する蓋然性が高い[25]。

　アメリカの世界戦略は，自国の体制が，そして自国への脅威も変貌するにつれ，根本的な転換を遂げつつある。平等に主権を備えた国民国家の集まりである国連の決議を含め，その戦略に前に法があるとは期待しない方が賢明であろう。同じことは，アメリカと同等の地位を目指す中国についても言い得る。法は戦略的な考慮要素の1つにとどまる。

　今，アメリカの世界戦略に従うことは，自由で民主的な憲法秩序の維持と，はたして不可分一体であろうか。とりわけ，解釈変更によって集団的自衛権の行使を禁ずる憲法の枠を取り払い，「積極的平和主義」の名の下，アメリカとの共同の軍事行動に進んで踏み出すことが[26]，日本の「国」を守ることになるであろうか。深い疑念を抱かざるを得ないのは，さらに，アメリカの具体的な軍事行動が明確で中長期的な戦略に基づいているとは限らないことにもよる。

　軍事行動を主導する大統領は，アメリカの国内政治力学によってその地位に就くのであって，世界の平和と安定を管理する能力に基づいて選ばれるわけではない。申し訳程度に関与する連邦議会は，票にも直結せず自身も専門知識を持たない問題から距離を置き，大統領に下駄を預けようとする。明確な目標も定められず，情報分析も不十分なまま，目的と手段の冷静な衡量抜きに，朝

24/ 「イスラム国」は住民から徴税さえしていると言われるが，支配下の市民に「保護サービス」を供与する代償に「税金」を徴収することは，暴力団やマフィアをはじめとして組織的犯罪集団一般の特質であり，特に不思議なことではない。

25/ 　Noah Feldman, *Cool War: The Future of Global Competition* (Random House, 2013).

26/ 　2014年10月8日に公表された「日米防衛協力のための指針の見直しに関する中間報告」は，従来の指針にあった「周辺事態」「後方地域」等の概念を取り払い，米軍が戦闘行為を行っている地域との地理的関係を考慮することなく，地球上のいかなる場所においても自衛隊による多様な協力が可能となるとしている。憲法の枠を超えているのみならず，日米安保条約の枠をも踏み超えている疑いが強い。

鮮，ヴェトナム，アフガニスタン，イラク，リビア等で生煮えの軍事作戦が開始され，莫大な犠牲を帰結したり，現地の大混乱をもたらしたりしているのは，そのためである。

　アメリカについて行けば大丈夫，であるはずはない。

第*14*章

大日本帝国憲法の制定
―― 君主制原理の生成と展開

1 君主制原理の生成と展開

(1) フランス1814年シャルト

　現代日本の公法学は大日本帝国憲法の遺産を，ときにそれと意識することなく，受け継いでいる。中でも核心的な観念のいくつかは，日本では天皇主権原理と呼ばれることの多い君主制原理（monarchisches Prinzip）に遡ることができる。明治日本がこの原理を継受したのは，直接にはドイツ諸邦からであるが，その起源はさらに，フランス1814年シャルトに遡ることができる[1]。

　1814年4月のナポレオン退位後，ルイ18世は同年5月3日にパリに入り，18日にシャルト起草委員会の委員を任命した。4回の委員会会合の末，国王は6月4日に両院にシャルトを伝達した[2]。

　シャルト前文は[3]，王権の根拠が神の摂理（divine Providence）にあり，それがブルボン家に伝わる歴史的権利であることを確認する。フランスの全政治権力は国王の一身（personne du Roi）に存するが，王の「先祖は時代の変化に即して諸権力の行使（l'exercice）に変容を加えることを厭わなかった」ことが指摘される。つまり，始源的には王が全権力（主権）を保有するが，その行使に関して王が自由な意思に基づく委譲（concession et octroi），つまり自己制限を

---

[1] 本来的な憲法制定権者として想定されている国民に押しつけられたものを「押しつけ憲法 imposed constitution」とする標準的な視点からすれば，これらの欽定憲法はいずれも典型的な押しつけ憲法である（cf. Michael Stolleis, *Public Law in Germany, 1800-1914* (Berghahn Books, 2001), pp. 163-64）。

[2] Marcel Morabito, *Histoire constitutionnelle de la France de 1789 à nos jours*, 14th ed. (LGDJ, 2016), pp. 181-82. 迅速な起草・制定は，早期撤退を望む占領軍の希望でもあった。

[3] 前文（préambule）は，起草委員会事務局長のBeugnot伯が6月4日の前夜に急拵えで完成させた（Alain Laquièze, *Les origines du régime parlementaire en France (1814-1848)* (PUF, 2002), pp. 57-59）。

行った結果がシャルトである。シャルトの存在にもかかわらず、王はなお、不可分一体の全権力の保持者であり、したがって自由にシャルトを変更することもできる[4]。政治権力観において、シャルトは革命前のアンシャン・レジームの思考様式に連なる[5]。

シャルトが定立した憲法体制は、制限君主制（monarchie limitée）である[6]。神聖不可侵とされる国王は、権力の行使に関しても、ほとんど全権力をコントロールする。司法権は国王の名において、国王の任命する裁判官により行使され（57条）、行政権は国王のみに属する（13条）。法律案の提出権は国王のみにあり（16条）、議会両院は法案の内容の審議と表決に参加するものの、国王は法案に対する修正を拒否することができる（46条）。法律裁可権は国王のみにある（22条）。さらに彼は、法律を執行し、国家の安寧を維持するために必要な命令を発する（14条）。全国家権力は不可分の形で国王に属し、権力の分立は存在しない。議会が新たな法律の成立を妨げることができ、租税の徴収に両院の同意が必要とされる点において（48条）、体制はかろうじて「制限」君主制である。それは、君主の権力が何者にも制約されない絶対君主制とも、また、権力が分立し、行政権の首長である君主が立法権にも関与する議会君主制（7月王政がその典型）とも異なる。とはいえ、全国家権力を君主が保有し、その行使を制限する憲法の存在も君主の自由意思にのみ依存する以上、制限君主制と絶対君主制との間に本質的な差異はない[7]。

(2) ドイツ諸邦の君主制原理

1814年シャルトは君主制原理の原型（Muster）であり[8]、1818年から20年

---

[4] ルイ18世もシャルル10世も、王令（ordonnance）によってシャルトの内容に変更を加えた（Stéphane Rials, 'Essai sur le concept de monarchie limitée', in his *Révolution et contre-révolution au XIXe siècle*（Albatros, 1987), pp. 109-11)。

[5] Laquièze, op. cit., p. 66. つまりシャルトは、国の基本構造を包括的・始源的に定めてはいない。それを定めるのは、王国の基本法（lois fondamentales）である（Rials, op. cit., p. 101)。

[6] Rials, op. cit., pp. 112-25.

[7] Rials, op. cit., p. 121; Laquièze, op. cit., pp. 75 & 80-81.

[8] カール・シュミット『憲法理論』尾吹善人訳（創文社、1972）67頁。もっとも、君主制原理が両国で果たした役割には違いがある。ルイ18世の目的は、王政復古と彼自身の身柄の安全を確保することであったが、ナポレオン支配下で領域を拡張し、新たな人口を獲得したバイエルンやバー

にかけて制定された南ドイツ諸邦の憲法のモデルとなった。これら諸邦の憲法も，君主に属する国家権力の実体（substance）と，君主の委譲によって欽定された憲法の諸条項により制約される国家権力の行使（exercice）とを区別した[9]。

これら諸邦においても，議会は特権身分を代表する議院と納税額による制限選挙で選出される議院とで構成され，人民の自由と財産に影響（Eingriffe in Freiheit und Eigentum）を及ぼす法規を制定するには，後者の議院の同意が必要とされた。君主は無限定な法律裁可権，つまり立法拒否権を有し[10]，フランスのシャルトに倣って，法律を執行するとともに国家の安全を維持するために必要な命令を制定する権限をも有する。議会（Landtag）の同意なしに租税を徴収することはできない。他方で，大臣任免権は君主のみにあり，大臣は副署制度を通じて君主に対して責任を負い，君主は議会の召集・休会および解散の権限を有する。大臣が議会に対して負う責任は，要求に応じて議会に出席し，演説等を通じて議会に情報を提供するとともに，質疑に応答する義務にとどまる[11]。

これらの諸憲法も，神聖不可侵の君主のみが憲法制定権力を含む全国家権力を独占的に保有するとの君主制原理に立脚していた。「国王は国の元首である。国王は主権的権限のすべてを保有し，この憲法において国王の定める諸条項に従いそれを行使する」と定める 1818 年 5 月 26 日のバイエルン憲法第 2 篇第 1 条は，そうした思考様式を典型的に示す[12]。憲法は，ヴュルテンベルクのように人民（の代表）との交渉の帰結として制定された場合でさえ，君主の自主的な委譲の賜物とされる。立法権の「行使」についてのみ，人民の特定の自由と

デンにとっては，新たな国家体制を確立することが肝要であった（Markus Prutsch, *Making Sense of Constitutional Monarchism in Post-Napoleonic France and Germany* (Palagrave, 2013), p. 119）。

[9] ベッケンフェルデ「一九世紀ドイツ立憲君主政の国制類型」村上淳一訳，ハルトゥング＝フィーアハウスほか著『伝統社会と近代国家』（岩波書店，1982）491 頁。

[10] ラーバントが述べるように，立法権の本質は，法律の内容確定にではなく，それに拘束力を与える裁可にある（Paul Laband, *Das Staatsrecht des Deutschen Reiches*, vol. 2, 4th ed. (J. C. B. Mohr, 1901), pp. 3-4）。

[11] Stolleis, op. cit., pp. 61-64; Jacky Hummel, *Le constitutionnalisme allemand (1815-1918)* (PUF, 2002), pp. 48-56.

[12] 1818 年バイエルン憲法の起草作業の中心となったのは，ハイデルベルク大学教授であったゲオルク・ツェントナー（Georg Friedrich von Zentner）である。君主制原理を定式化した憲法条項も，彼の提案になるものである（Prutsch, op. cit., pp. 92-93）。

財産を侵害する場合に，君主と議会の協働が求められる。そもそもは全権力が君主に帰属している以上，憲法の規定上，帰属の明らかでない権限は，君主に帰属するとの推定（praesumptio pro rege）が働く。

君主制原理は1820年5月のウィーン大臣会議最終文書57条により，ドイツ同盟全体に及ぶ制度保障の対象とされ[13]，また，1850年1月のプロイセン憲法にも受け継がれた。同憲法では，法律案の提出権は議会にもあり（64条），議会の法案修正権に制限はない。同憲法の特質は，国王の大権を列挙している点，そして軍隊を憲法擁護義務から免除する108条2項と統帥権を国王の排他的留保の下に置いた46条にある。

(3) 君主制原理に内在する論理的困難

君主制原理は，神授の王権を根拠に議会への政治権力の移行を押し止めようとするもので，政治的イデオロギーとして不安定であっただけでなく，全国家権力を独占的・統一的に保有する君主が，その自由な委譲（自己制限）によって憲法を自ら定め，権力の行使を制限すると主張する点で，論理的な困難を内在させていた。君主は，自らの権限の行使を自身の主権的権限に基づいて制約することが本当にできるのだろうか[14]。

君主が主権的権限を保有し続けるのであれば，彼の権限は実際には制限されているとは言えない。もし実際に制限されているのであれば，彼はもはや主権的権力者ではない。アルフ・ロスが指摘するように，主権に基づく主権の限定は論理的悪循環を必然的に伴う[15]。「全能の神は自身でさえ持ち上げることのできないほど重い石を創造することが可能か」という神学上の問題と同型のパラドックスである。その石を創造し得ない神は全能ではなく，創造し得たその

13/ ベッケンフェルデ・前掲注 *9* 490頁；Ernst Rudolf Huber, *Deutsche Verfassungsgeschichte seit 1789*, Band Ⅲ, 3rd ed. (W. Kohlhammer, 1988), p.7; Stolleis, op. cit., p.62; Hummel, op. cit., pp.71-74. この57条の制定にも，ツェントナーが関与している（Prutsch, op. cit., p.135）。57条は，自由都市を除くドイツ同盟諸国の統治権は一体として元首に統合され，身分制議会が参与し得るのは特定の権利の行使（Ausübung bestimmter Rechte）に限られるとする（ベッケンフェルデ・前掲注 *9* 512頁注12）。同盟国に君主制原理に違背する法制が導入されたとき，同盟はその執行停止と廃棄を求めることができる。

14/ Cf. Léon Duguit, *Traité de droit constitutionnel*, 3rd ed., tome 2 (Boccard, 1928), p.775.

15/ 長谷部恭男『権力への懐疑』（日本評論社，1991）160-61頁参照。

とき，神はもはや全能ではない[16]。

　かりに主権の自己制限なるものが論理的に可能であれば，天皇主権から国民主権への変化も，法的革命ではなく法的連続性を保った主権の移行として説明されることとなり，日本国憲法の国民主権原理の基礎には，それを支える天皇主権がいまだに存続していることになるであろう。

　なお，ここで問われているのは，ゲオルク・イェリネク等により，法秩序の構成要素たる諸国家機関が当該法秩序の定める権限内でのみ行動し得ることを指して「国家の自己制限」と形容される際の「自己制限」とは意味が異なる。後者は国家を法人として（整合的な法秩序として）把握し得ることの単なる言い換えであり，国家を巡る事象の法的理解のために必要な思惟の上の前提を静態的に描いているだけで，そこに論理的困難は全くない[17]。ただし，それを「自己制限」と呼ぶことは，何らかの主体が自身を意図的に（willkürlich）制限するという神秘的・動態的イメージを招きかねず[18]，ミスリーディングではある。自己制限ないし自己拘束という概念に出会ったときは，いずれの意味で使われているかを見分ける必要がある。

2　大日本帝国憲法の基本原理

(1)　天皇主権原理 —— 君主制原理の日本的現象形態

　大日本帝国憲法の起草にあたって伊藤博文たちに助言を与えたカール・ヘルマン・レスラー（Karl Hermann Roesler）は，ミュンヘンおよびチュービンゲンで学び，ロストックで公法学講座の教鞭を執った[19]。彼が原案を策定した憲法前文（上諭）は[20]，「国家統治ノ大権ハ朕カ之ヲ祖宗ニ承ケテ之ヲ子孫ニ伝フル

---

[16]　ロスの指摘する論理的困難は，彼自身が認めるように，より上位の権威を想定することで回避可能であるが（長谷部・前掲注 15），君主制原理は君主より上位の権威をそもそも想定していない。かりに上位の権威（例：王国の基本法）があるとしても，それは君主制原理の廃棄を禁止している（ウィーン大臣会議最終文書が確認するように）。

[17]　Georg Jellinek, *Allgemeine Staatslehre*, 3rd ed. (Athenäum, 1976 (1914)), p. 386; Maurice Hauriou, *Principes de droit public*, 2nd ed. (Sirey, 1916), pp. 31-33; ハンス・ケルゼン『純粋法学〔第2版〕』長尾龍一訳（岩波書店，2014）300 頁参照。

[18]　Jellinek, op. cit., p. 386 は，国家の自己制限は意図的ではない（keine willkürliche）とする。

[19]　Stolleis, op. cit., pp. 383-84. ロェスレル，とも呼ばれる。

[20]　上諭の起草の経緯については，稲田正次『明治憲法成立史の研究』（有斐閣，1979）239 頁以下

所ナリ朕及朕カ子孫ハ将来此ノ憲法ノ条章ニ循ヒ之ヲ行フコトヲ愆ラサルヘシ」と述べる。「神聖ニシテ侵スヘカラ」（3条）ざる天皇は，「国ノ元首ニシテ統治権ヲ総攬シ此ノ憲法ノ条規ニ依リ之ヲ行フ」（4条）。君主制原理が直輸入され，それが天皇主権原理と呼ばれたことは，明らかである[21]。

　天皇は法律を裁可し（6条），帝国議会を召集・停会し，衆議院を解散する（7条）。大臣は天皇に対してのみ責任を負い（55条），司法権は，天皇の名において裁判所が行使する（57条）。天皇は，法律の執行および公共の安寧秩序を保持するために必要な命令を発する（9条）[22]。権力の分立はなく，天皇の発議がなければ憲法の改正もない（73条）。

　君主制原理に基づく制限君主制が細部に至るまで綿密に模倣されているのは，憲法のテクストのみではない。伊藤博文名義で公刊された『憲法義解』[23]は4条の注釈で，「蓋し統治権を総攬するは主権の体なり。憲法の条規に依り之を行ふは主権の用なり。体有りて用無ければ之を専制に失ふ。用有りて体無ければ之を散漫に失ふ」とする。主権の「実体 substance」とその「行使 exercice」を区別する1814年シャルト以来の君主制原理の要諦も，正しく継受されている[24]。

　明治憲法施行の初期にあっては，侵害留保の原則の妥当範囲に関して，憲法22条以下の各条に規定された事項（「憲法上の立法事項」）についてのみ法律の根拠が必要であって，それ以外の事項については，臣民の権利・自由を制限す

参照。

21/　稲田正次『明治憲法成立史（下）』（有斐閣，1962）288-92頁によれば，4条はバイエルン，ヴュルテンベルク両憲法の規定を下敷きにしており，井上毅の諮問に応じたアルベルト・モッセは，その淵源がウィーン大臣会議最終文書57条にある旨を回答している。

22/　『憲法義解』は9条に関連して，「命令は獨〔り〕執行の作用に止まらずして，又時宜の必要に応じ，其の固有の意思を發動することある者なり」とする。なお31条義解を見よ。

23/　実質的には井上毅の筆になるところが大きい（稲田・前掲注21『明治憲法成立史（下）』859頁以下および宮沢俊義「憲法義解解題」『憲法義解』〔岩波文庫，1940〕所収参照）。

24/　君主制原理を井上毅が直接に学んだのは，シュルツェ（Hermann Schulze）の『國權論』からである（稲田正次『明治憲法成立史（上）』〔有斐閣，1960〕537-42頁）。井上は1881年の「獨逸書籍飜譯意見」で，Schulzeに言及するとともに，バイエルン，ヴュルテンベルク両邦の憲法を引用しつつ，君主制原理が「我国体ニ適シタル」ことを指摘している（井上毅伝記編纂委員会編『井上毅傳史料篇第一』〔国学院大学図書館，1966〕254頁以下，稲田・前掲注20『明治憲法成立史の研究』231-32頁）。

る場合であっても，行政は法律の根拠なくして行動し得るとの説が通説であったが，後半期においては，美濃部達吉の主導する一般的な侵害留保説が支配するに至った[25]。

　美濃部にとって,「臣民の権利」に関する憲法上の規定は「法律上には重要なる効果なく……其の規定なきものと雖も，其の規定あるものに比し法律上別段の差違」はない[26]。憲法上の権利規定は限定列挙ではなく，主要な権利の例示にとどまる。臣民の自由一般が一体として法律の留保による保護の対象である。「朕ハ我カ臣民ノ権利及財産ノ安全ヲ貴重シ及之ヲ保護シ此ノ憲法及法律ノ範囲内ニ於テ其ノ享有ヲ完全ナラシムヘキコトヲ宣言ス」との憲法上諭の文言は，自由一般に関する侵害留保原則を確認したものである（撮要179頁）。生来の自由に対する，行政権による違法な侵害を除去することが目的であれば，憲法に規定された権利自由のカタログにさしたる意味はない。

　ドイツにおいて政党を基盤とする内閣が，第1次大戦の敗戦間際に至るまで成立しなかったのに対して，日本では，帝国議会に与えられた立法への協賛権（5条）と予算承認権（64条）を梃子として，憲法公布の約10年後の1898年には政党内閣（隈板内閣）が組織され，1924年から1932年の5・15事件までは，憲政の常道として衆議院の多数派の支持を得て内閣が組織・運営される慣行が成立した。

(2)　美濃部学説の位置──学的「純化」の行方

　大日本帝国憲法下で主流の学説となった美濃部達吉の議論が，君主制原理に立脚するものではなかったことには留意が必要である。美濃部は，国家は国民によって構成される法人であるとし（撮要15頁），天皇が全統治権を始源的に保有するとの考え方を否定した（撮要23頁）。このため，天皇の権限（大権）も法人たる国家の機関としての権限に過ぎず,「原則として常に憲法に其の根據を有するものと認むべく，憲法の規定する以外に於て別に憲法に依らざる天皇

---

[25]　塩野宏『法治主義の諸相』（有斐閣，2001）106頁以下。当初の通説は,「特定の権利の行使」についてのみ等族会議の関与を認めるウィーン大臣会議最終文書57条の規定に忠実な立場と見ることもできる（cf. Hummel, op. cit., p. 69）。

[26]　美濃部達吉『憲法撮要〔改訂第5版〕』（有斐閣，1932）177頁。以下「撮要」と略す。

の大権あることを主張する為には,其の特別の根據を證明することを要す」る (撮要 222 頁)。天皇が行使する大権は,立法・司法・行政の 3 権のすべてを含むが,「憲法ノ条規ニ依リ之ヲ行フ」とされる以上,立法については議会の協賛が必要であり,司法は天皇の名において裁判所がこれを行い,残る行政権は国務大臣の輔弼を必要とする (撮要 224 頁)[27]。

つまるところ,美濃部の国家法人学説は,君主制原理の日本的現象形態である天皇主権原理を,その核心において否定していた。自説と憲法 4 条の文言との整合性に関して,「憲法の文字に依りて國家の本質に關する學問上の觀念を求めんとするが如きは憲法の本義を解せざるものなり」(撮要 23 頁) とする言明は,彼の学問の面目を示している。

美濃部が継受したのは,19 世紀後半にドイツで確立した近代公法学の理論枠組みである。すでに学問として確立していた私法学に遅れをとって形成された近代公法学は,政治学,哲学,歴史学等の周辺諸分野からの独立を果たし,法律学として自己を純化すること (Isolierung) を目指した[28]。条文,先例等の具体的素材から体系的な一般原理を抽出し,そこから現実の法律問題への帰結を「論理的に」導き出すこと,政治状況や哲学理論,歴史的経緯等の夾雑物を排除し,内在的かつ客観的に問題を解決し得る学問体系として自己を純化し確立することが,ゲルバーやラーバント等,近代公法学の父たちの目標であった。

そうした学問的純化の核心的手段とされたのが,国家法人理論である。国家を法人として観念し,さまざまな公法上の法律問題を国家とその機関 (代表) との授権関係,機関相互の支配・服従・並存関係,国家の意思 (典型は法律) とその執行の関係等として把握することで,公法学は私法学と同等の法律学たることを標榜することができた。ゲルバーによれば[29],

> 公法学 (Staatsrecht) とは,国家権力の学であり,以下の問題を扱う —— 国家は何を意思し得るか (国家権力の内容と範囲),いかなる機関がいかなる形式に則っ

---

[27] 美濃部達吉『逐条憲法精義』(有斐閣,1927) 58 頁および 129 頁も参照。
[28] Yan Thomas, *Mommsen et "L'Isolierung" du droit* (Boccard, 1984), p. 32.
[29] Carl Friedrich von Gerber, *Grundzüge des Deutschen Staatsrechts*, 3rd ed. (Bernhard Tauchnitz, 1880), pp. 3-4.

て国家の意思を表明することができ，またすべきか。国家の法人格性（Persönlichkeit）にこそ，公法学の出発点と核心とがある。

したがって，こうした法律関係に還元して説明することのできない概念が憲法の条文上に現れた場合は，法的には説明のつかない「政治的」なものとして分別され，処分される必要がある。「政治的」ということばを「法学と関連のない」という侮蔑的意味合いを込めて使う例は，「政治的意味の代表」や「政治的美称」等，日本国憲法下の憲法学にも見られる。

美濃部は，法律学は純粋な論理的推理の学ではなく，社会的正義・社会的利益を考慮することが法律学者にとって遥かに重要な任務であるとするなど（撮要「序文」6頁），純化を徹底しないかのような素振りを示すこともあるが，国家法人理論を用いて制定法規の文字の背後にあるものを見定めようとする姿勢（撮要「序文」4-5頁）が彼の学問の核心にあることは疑いがない。美濃部にとって，天皇一人に主権が帰属するという憲法の文面は，天皇が現人神であるとか日本の国体が万邦無比である等という神がかりの主張と同様，法律学からは排除・無視されるべきものである。「國初以來日本が萬世一系の皇統を上に戴き，君民一致，嘗て動揺したことのないこと」は，「決して現在の國法を意味するのではなく，國の歴史及び歴史的成果としての國家の倫理的特質を意味する」にとどまる[30]。法律学的に見れば，天皇もあくまで国家機関の1つとして行為し得るに過ぎない。

少なくとも1930年代初頭までの美濃部は，君主制原理とそれに立脚するドイツ流の官僚内閣主義に代えて国家法人学説を置き，それに立脚した英国流の立憲主義，つまり法治主義と議院内閣制とを唱導する立場をとった（撮要123-25頁）。前述のように（1(3)），主権者がその保有する主権に基づいて自らの権限の行使を限定するという議論に内在する克服し難い論理的困難からすれば，君主制原理の法律学からの廃棄は，公法学説のあり方として筋の通った穏当なものと見ることができよう。存在するのは国家という法人，つまりは法秩序に過ぎず，法秩序は具体的な法の創設のあり方をも自ら規律する。法秩序を超え

---

[30]　美濃部・前掲注 *27*『逐条憲法精義』73頁。

た立場から法秩序を創設し,破壊する主権者という観念自体が思考の混乱を示している[31]。

しかし,アングロ・サクソン流の自由主義・民主主義と君主制原理を根幹とするドイツ型立憲主義とが本質的に相容れないものとされ,第1次大戦をこれら2つの政治体制の闘争とする見方さえあったことからすれば[32],美濃部の辿ろうとした道筋が平坦でなかったことは自然なことであった。

3 君主制原理の諸帰結と日本国憲法

(1) 発生の経緯と正当化の論理

国民の権利・自由を侵害する法規範を「法規 Rechtsnorm oder Rechtssatz」として観念し,実質的法律事項とする学説や,実質的行政を全国家権力から実質的立法および実質的司法を控除したものとして観念する議論,天皇の国事行為に関する助言と承認を大臣副署制ないし大臣助言制に準える理解,さらには憲法上帰属の明らかでない権限の帰属を推定する議論など,現代日本の公法学が,大日本帝国憲法期の学説・実務から継承したものは少なくなく,しかもその中には,ドイツ諸邦の憲法を通じてフランス1814年シャルトへと遡ることのできる君主制原理から派生したものもある(それと論理的次元を異にする国家法人理論から派生したものも多いが)。

しかし,発生の起源を,自由主義・民主主義とは縁遠く,しかも克服し難い論理的困難を内在させる君主制原理へと辿ることができるからと言って,そこから派生した学説や法原理が現代日本社会において妥当性を持ち得ないとの結

31/ ゲルバーは,君主を「国家権力の全内容を包括する機関」として位置付けることで君主制原理との接合を図ろうとしているが (Gerber, op. cit., p. 7, note 2),結局は君主個人の権限が憲法に先行することを認めている (ibid., p. 88)。君主制原理と国家法人理論とは,かつてゲルバー自身が指摘していたように (*Ueber öffentliche Rechte* (Laupp, 1852), pp. 19 & 61),究極的には整合し得ない。

32/ ベッケンフェルデ・前掲注 *9* 488 頁参照。もっともシュミットは,この原理を内実の欠けた「空虚な殻 leere Hülse」だとする(前掲注 *8*『憲法理論』69 頁)。これに対して,イギリス流の議会優位の体制と君主制原理とが対蹠点にあるとする典型的論者としては,シュタールを挙げることができる。彼によれば,君主制原理の下では,君主自身に統治権限が認められ,君主のみに法律案提出権が留保され,議会に予算案を否決する権限は認められない (Friedrich Julius Stahl, *Das monarchische Princip* (J. C. B. Mohr, 1845), pp. 14-18; cf. Prutsch, op. cit., pp. 190-92)。

論が直ちに導かれるわけではない。

　たとえば実質的法律概念に関して侵害留保の原則をとるべきか否かは，全部留保説など，それに代替し得る候補が，法律事項の該当性の判断にあたって，侵害留保に比肩し得る明確性と指導性を持ち得るか否かに即して判断されるべきものであろうし，実質的行政概念に関する控除説についても，それに代わる学説が控除説と同等の論理的一貫性と包括性とを有し得るかに即して判断されるべきであろう。現憲法下において，全国家権力を本来的に保有する憲法以前の行政権者を観念し得ないことは，現憲法が，控除説に対応する権限を各行政機関（の総体）に授権することがあり得ないことを意味しない。

　もっとも，国会を国の最高機関とする憲法41条の文言を根拠に，憲法上帰属の明らかでない権限の国会への帰属が推定されるとの学説には[33]，君主制原理の下での君主への権限推定と同等の説得力を認めることはできない。国会は，憲法以前の全権力の保有者ではない。また，国会の代表する国民がそうした保有者であるとしても，そこで言う「国民」とは，法人として国家権力を保有する「国民」である。いずれかの機関が「国民」に帰属する権限を特権的に行使し得るというのであれば，その根拠をやはり示す必要があろう。いずれにしても，発生の経緯とは異なる正当化の論理が必要となる。本質性理論と呼ばれることのある重要事項法理は，その候補の1つである。

　また，天皇の国事行為がそもそも実質的決定権限を含んだものであり，その権限を内閣に移行させるための制度装置として国事行為に関する助言と承認を位置付ける学説について言えば[34]，現憲法が君主制原理を採っていない以上[35]，本来的に天皇の国事行為が実質的権限を含むと考える根拠はない。憲法典に別途その根拠を求めようとしても，天皇が「国政に関する権能を有しない」とする4条がその途をそもそも遮断しているのではないかとの疑問が向けられよう。とりわけ衆議院の解散権についてはそうである。

---

[33]／　清宮四郎『憲法Ⅰ〔第3版〕』（有斐閣，1979）203頁。
[34]／　宮沢俊義＝芦部信喜補訂『全訂日本国憲法』（日本評論社，1978）60頁以下。
[35]／　現憲法における天皇制は，ベルギー憲法の王制と同様（ベッケンフェルデ・前掲注 **9** 512頁注17），国民が設定したものであり，その根拠は憲法典にある。

(2) 君主制原理の諸帰結の否定

現在の憲法法理の中には，国会単独立法の原則や独立命令の排除，明文化された議院内閣制の諸原理など，君主制原理の諸帰結を意識的に否定する趣旨で成立した法原則もある。君主制原理を廃棄し，自由な民主制国家となることを約束することで第2次世界大戦を終結させた以上は，自然な帰結である。

ただし，これらの法原則を正当化するために，君主制原理の逆の極端に位置する人民主権原理，つまり憲法以前において憲法制定権力を含む全国家権力を保有する人民（日本国民）が存在し，その人民の自己制限を通じて憲法が制定されたとの立場をとるべき必然性はない。こうした人民主権原理は，君主制原理と同様の論理的困難――人民は自己の主権を根拠として自身の権限を制約することが論理的に可能か――に加えて[36]，憲法制定以前の諸個人の集積にとどまる人民が，いかにして憲法を制定する法的意思主体として行動し得るのかという人民主権論固有の論理的困難にも罹患しており[37]，首尾一貫した法理論として理解することは難しい。

人民が，たとえばレファレンダムや憲法制定会議議員の選挙という形で制憲過程に参加するためには，その制度化が必須の前提となる。法的権限を与えられ制度化された人民は，選挙人団であれ全人民集会であれ，本来の主権の保有者たる人民自体ではなく，その機関にとどまる。人民主権にあっては，主権の「保有」と「行使」の分離は本来的である。憲法の存在を前提とする主権論は，いずれの機関が最高機関と言えるか，というレベルの主権論にとどまる（撮要43頁）。

最後になるが，君主制原理がもはや廃棄された今，この原理とともに導入された天皇制という制度を憲法によって保障し続ける意味がなお残っているかという問題がある。この制度が基本権の体系内に，生来の平等な基本権を保障されず，身分に即した特権と義務のみを有する天皇および皇族という「身分制の飛び地」を現出させていることが，日本国憲法の根底にある近代立憲主義にと

---

[36] Cf. Olivier Jouanjan, *Une histoire de la pensée juridique en Allemagne* (1800-1918) (PUF, 2005), pp. 252-53.

[37] 長谷部恭男『憲法の境界』（羽鳥書店，2009）第1章参照。ヘーゲル『法の哲学』273節末尾が夙に，誰が憲法制定権者であるべきかという問いの空虚さを指摘している。

って重大な不整合をもたらしていることを考慮するならば，この問題は今後も鎮静化するとは考えにくい。

初出一覧

I　法と道徳の間

第 1 章　権利の機能序説
長谷部恭男ほか編『岩波講座 現代法の動態（Dynamics of Contemporary Law）1 法の生成／創設）』（岩波書店，2014 年）

第 2 章　法の不整合，道徳の不整合──バーナード・ウィリアムズの道徳観に寄せて
書き下ろし

第 3 章　憲法 96 条の「改正」
論究ジュリスト 9 号（有斐閣，2014 年）

第 4 章　個人の尊厳
岡田信弘ほか編『憲法の基底と憲法論──思想・制度・運用（高見勝利先生古稀記念）』（信山社，2015 年）

第 5 章　普遍的道徳と人格形成の間
全国憲法研究会編『日本国憲法の継承と発展』（三省堂，2015 年）

第 6 章　嘘をつく権利？──カントと不完全な世界
石川健治編『学問／政治／憲法──連環と緊張』（岩波書店，2014 年）

第 7 章　絆としてのプライバシー
松井茂記ほか編『自由の法理（阪本昌成先生古稀記念）』（成文堂，2015 年）

第 8 章　漠然性の故に有効
長谷部恭男ほか編『現代立憲主義の諸相（高橋和之先生古稀記念）(上)』（有斐閣，2013 年）

II 憲法の限界

第 9 章　主権のヌキ身の常駐について――Of sovereignty, standing and denuded
　法律時報 87 巻 9 号（日本評論社，2015 年）

第 10 章　非常事態の法理に関する覚書
　宇賀克也 = 交告尚史編『現代行政法の構造と展開（小早川光郎先生古稀記念）』（有斐閣，2016 年）

第 11 章　モーリス・オーリウ国家論序説
　早稲田大学法務研究論叢 1 号（2016 年）

第 12 章　判例の遡及効の限定について
　論究ジュリスト 13 号（有斐閣，2015 年）

第 13 章　砂川事件判決における「統治行為」論
　法律時報 87 巻 5 号（日本評論社，2015 年）

第 14 章　大日本帝国憲法の制定――君主制原理の生成と展開
　論究ジュリスト 17 号（有斐閣，2016 年）

事項索引

あ

アーキテクチャ …………………………108
アルフ・ロスのパラドックス ………35, 43
位階…………………………………61-63, 68
委任独裁 ………………………144, 147, 148, 151
意味の原理 …………………………………211
意味論 ………………………………130, 136, 137
越権訴訟 ……………………………153, 156, 159
エピステーメー ……………………………18, 130
応報刑論 …………………………………15, 81
押しつけ憲法 ………………………………215

か

階級闘争 ……………………………148, 156, 191
戒厳令 ………………………………160, 161, 167
価格 …………………………………………59, 60
書く技法 ……………………………………158
革命的統治 ……………………142, 143, 145, 148
学問的純化 …………………………………184, 222
格率 ………14, 58, 61, 72-76, 82, 91, 96, 109
過度の広範性の故に無効 …………………125
慣行 …………………………………………112
慣習的同意……169-172, 174, 177, 183, 186, 189, 191
帰結主義 ……………………………………64, 65
絆 ………………………………113, 115, 117, 121
擬制説 ………………………………………182
基礎付け……………………4, 29, 30, 32, 37, 38
客観的法秩序……13, 14, 17, 59, 61, 97-100, 104, 109, 119, 120, 185
客観法の原則…………………………………98
教皇 …………………………………………149, 150
共同利益 ……………………………………182
恐怖政治 ……………………………………103, 144
均衡……114, 173-175, 177, 179, 180, 183, 186, 188, 189
近代人の自由 ………………………………101
近代立憲主義 ……16, 50, 51, 54, 60, 69, 70, 110, 141, 226
君主制原理…………147, 215-218, 220, 221, 223-226
傾向性 ………………………………………75
決疑論 ………………………………74, 83, 100
権威 …………………7, 14, 19, 20, 36, 132-134
厳格審査 ……………………………………9
権限の推定 …………………………………218, 225
検索エンジン ………………………………116
現実の悪意 …………………………………131
憲法制定権力 ………53, 141, 143-145, 147, 217, 226
憲法の基本原理 …………170, 206, 209, 210
原理 …………………………………………111
権力分立 ……………………………………144, 150
公役務の継続性 ……………………………154
公共財 ………………………………………67
控除説 ………………………………………225
恒真式 ………………………………………4, 43
合同行為 ……………………………………170, 171
功利主義 ………………………………40, 41, 94, 95
国民公会 ……………………………………141
国民国家 ……………………………………212
個人の自律 ……………………120, 127, 132, 186
個人の尊厳 ………53-55, 57, 59, 60, 67-69, 74, 119
個人本位 ……………………………………178, 179, 187

古代人の自由 ……………………………101
国家の自己制限 …………………168, 185, 219
国家法人理論 ……………………184, 222-224
国家理性 ……………………………165, 167
語用論 ……………………………130, 132, 137

さ

裁判官の良心 ………………………………19, 21
冷めた戦争 ……………………………………213
山岳派 ……………………………142, 143, 145
シーシュポス命令………………………………35
自己言及 …………………………………46, 48
自己授権……………………………………………48
事実上の公務員 …………………………………152
市場国家 …………………………………………212
自然状態 ……………………14, 50, 79, 98, 109, 168
実践理性……………………………18-21, 58, 133-135
自動執行力 ……………………………………210
市民的不服従 …………………………………100
社会契約 …………………………………168, 169
州際通商 …………………………………199, 200
集団的自衛権 ……………………………210, 213
重要事項法理 ……………………………………225
主権 ……………………52, 53, 54, 62, 67, 141, 144,
　　　　　146, 147, 149, 156, 175, 203, 204,
　　　　　217-220, 224, 226
主権独裁 ……………………………………144-148
準則 ……………………………………………111, 127
将来効 ……………………………………197, 198, 200
諸制度の制度 ……………………………………185
ジロンド派 ……………………………………142
侵害留保 …………………………………220, 221, 225
人格形成責任 ………………………………80, 81
人権 ……………………………53, 63, 65, 66, 109, 111
心情倫理……………………………………40, 211

信託 ……………………………………168, 169
政教分離 …………………………………161, 162
制限君主制 ………………………………216, 220
政治契約 …………………………………168, 169
政治の状況 ………………………………188, 189
正戦論 ……………………………………………151
制度 ………157, 172, 176, 177, 186-189, 191
正当化………3, 4, 6, 9, 30, 35, 39, 41, 42, 45,
　　　　　46, 48, 52
正当な理由 ……………………128-130, 133, 134
制度保障 …………………………………218, 226
責任倫理……………………………………40, 211
絶対君主制 ……………………………………216
戦争状態 …………………………………157, 159
先例の拘束性 ……………………………………194
阻却事由 ………………………………4, 25, 44
組織体 ……………………………………172-174
組織犯罪集団 ……………………………………79, 96

た

第三者の違憲主張の適格 ………………………125
第三者法理 ……………………………………107
他者からの視点………………………………………64
妥当性 ……………………………42, 45, 46, 49, 50
団体実在論 ……………………………………183
団体たる制度 ………………169, 172, 174, 177
中間審査 ……………………………………………9
調整問題……………………………70, 132, 188, 189
直接的規制………………………………………69
定言命法 ………………58, 73, 75, 76, 78, 80, 82,
　　　　　88-90, 93, 97
適用違憲 …………………………………155, 160
テュテュ ……………………………………9-12
天皇主権原理 ……………………………220, 222
同意 ……………………………………………175

統御 …………………173-175, 183, 186
統治行為 ……………147, 203, 204, 206
陶片追放 ……………………102, 103
独裁者 ………………………………146
徳島市公安条例事件 ……122, 126, 135
匿名性への権利 ………………………105

な

内容中立規制……………………9, 67
内容に基づく規制 ………………………9
人間性原則……………89, 91-93, 95, 98
人間の尊厳 ………………………55-57
認定のルール …………46, 47, 112, 113

は

ハード・ケース ……………………20, 27
排除的理由……………………………36
排除の許容……………………18, 110
背徳の法理 …………………………159
漠然性の故に無効 …………122, 125, 137
判旨 …………………………………195
判例の拘束力…………………………76
比較不能な価値 ………14, 15, 69, 109, 117, 120, 137, 166, 191, 206
非常事態………145-151, 152-155, 158, 160, 162-167, 172
表見上の法………………………………28
表現の自由 ……4, 16, 66, 67, 110, 116, 119, 120, 131
附合契約 ……………………………171
付随的規制……………………………69
部分社会の法理 ……………………186
部分的規範……………………………26
普遍的合法則性原則…………89-91, 93, 95, 96, 98

プライバシー ………66, 105-108, 111-113, 115-120
ブランデンバーグ法理 ………………131
フロネーシス …………………………18, 130
ベースライン ………………92, 109, 186
法学的三段論法 …………………7, 29, 43
法規 …………………………………224
法人擬制説 …………………………181
法治主義 ………………………164-166, 223
法的な正当化 ……………7, 42, 44, 49, 50
法の欠缺 …………………………162, 163
法の支配 ………24, 30, 103, 126, 127, 165
傍論 …………………………………195

ま

マフィア………………………………79
身分制の飛び地 ……………………226
ミランダ判決 ………………………197
目的の王国 …………………………94, 95

や・ら

有機体論 …………………………181, 182
余計な理屈……………………………83
立憲的統治 …………………………145
立法者 …………………………146, 179
論理的導出……………………3, 6, 9, 44

■ 著者紹介 ■

長谷部 恭男（はせべ　やすお）

1956 年　広島県生まれ
1979 年　東京大学法学部卒業
　　　　学習院大学法学部教授，東京大学法学部教授等を経て，
現　在　早稲田大学法学学術院教授

主要著書

『権力への懐疑──憲法学のメタ理論』（日本評論社，1991 年）
『テレビの憲法理論──多メディア・多チャンネル時代の放送法制』（弘文堂，1992 年）
『憲法』（新世社，第 6 版，2014 年）
『憲法学のフロンティア』（岩波書店，1999 年）
『比較不能な価値の迷路──リベラル・デモクラシーの憲法理論』（東京大学出版会，2000 年）
『憲法と平和を問いなおす』（ちくま新書，2004 年）
『憲法の理性』（東京大学出版会，増補新装版，2016 年）
『Interactive 憲法』（有斐閣，2006 年）
『憲法とは何か』（岩波新書，2006 年）
『憲法の境界』（羽鳥書店，2009 年）
『憲法入門』（羽鳥書店，2010 年）
『憲法の imagination』（羽鳥書店，2010 年）
『続・Interactive 憲法』（有斐閣，2011 年）
『法とは何か──法思想史入門』（河出書房新社，増補新版，2015 年）
『憲法の円環』（岩波書店，2013 年）

憲法の論理
Essays on Constitutional Reasoning

2017 年 5 月 3 日　初版第 1 刷発行

著　者　　長 谷 部　恭 男
発 行 者　　江 草　貞 治
発 行 所　　株式会社　有 斐 閣
　　　　　郵便番号 101-0051
　　　　　東京都千代田区神田神保町 2-17
　　　　　電話（03）3264-1314〔編集〕
　　　　　　　（03）3265-6811〔営業〕
　　　　　http://www.yuhikaku.co.jp/

印刷・大日本法令印刷株式会社／製本・牧製本印刷株式会社
© 2017, Yasuo Hasebe. Printed in Japan
落丁・乱丁本はお取替えいたします。

★定価はカバーに表示してあります。

ISBN 978-4-641-22716-3

[JCOPY] 本書の無断複写（コピー）は，著作権法上での例外を除き，禁じられています。複写される場合は，そのつど事前に，(社)出版者著作権管理機構（電話03-3513-6969，FAX03-3513-6979，e-mail:info@jcopy.or.jp）の許諾を得てください。

本書のコピー，スキャン，デジタル化等の無断複製は著作権法上での例外を除き禁じられています。本書を代行業者等の第三者に依頼してスキャンやデジタル化することは，たとえ個人や家庭内での利用でも著作権法違反です。